現代教育概論

第6次改訂版

佐藤晴雄［著］

JN023131

学陽書房

まえがき

　近年、教育改革の勢いは早く、その過程で数多くの新たな施策が具体化されてきている。ここ数年の間にも、第15期中央教育審議会答申、第16期中央教育審議会答申、教育職員養成審議会答申、教育課程審議会答申、文部省「教育改革プログラム」などが相次いで公表され、1998年末から翌99年にかけて学習指導要領が改訂されるなどして、わが国の教育の在り方は大きく変わろうとしている。とりわけ今日の教育改革は、授業時数や教育内容の大幅な削減および「総合的な学習の時間」の創設など教育実践の在り方を変更するにとどまらず、完全学校週五日制の実施や中等教育学校の新設および大学の教育期間の短縮など教育制度そのものに変更を加えようとするもので、それだけに大規模かつ急激な改革だと評されるものである。言うまでもなく、その背景には、完全学校週五日制という喫緊の課題と戦後教育のひずみの是正という課題がある。

　この間、各種の実践書の出版や雑誌の特集もみられたが、本書ではそれら出版物の特色を生かしながら教育学の基礎理論を説こうと試みた。言い換えれば、教育の現代的課題をできるだけ重視した概論書が本書なのである。たしかに、教育学概論書は数えきれないほど出版されているが、それらの多くは基礎理論を中心に展開されているため、最新情報に関する解説を極力省いていたように思われる。そこで、本書では、基礎理論と結びつけながら最近の諸答申をはじめとした教育改革の動きにも十分触れようと努めたのである。ここに類書にはみられない本書の特色があるものと考える。

　ところで、筆者はこの2年間に、学校管理職および現職教師を対象にした雑誌（『教職研修』教育開発研究所）と、これから教師をめざす受験者を対象にした雑誌（『教員養成セミナー』時事通信社）の2誌に記事を連載してきた。前誌では管理職選考問題の解説と添削を担当し、後者の雑誌では全国の教員採用選考問題を分析・解説したが、このふたつの雑誌を担当して改めてわかったことは、管理職選考か採用選考かを問わず実に多くの都道府県で中教審答申を

はじめとする最新の教育改革の動向を取り上げ、重視していることである。つまり、これからの教師には、現在の教育改革の動きを十分に把握しながら、今後の教育の在り方を展望する姿勢と力量が求められているのである。

本書においては、以上のような問題意識から、教育学基礎理論とともに今次教育改革等の現代的課題も取り上げるよう配慮し、書名を『現代教育概論』とした次第である。ただし、現代教育の概論書とはいっても、本書では必要最小限の範囲で歴史的事項も扱った。たとえば、第1章をはじめいくつかの章では若干の歴史的事項についても述べてある。それら記述は教育史の観点からみれば決して十分だとはいえないが、現代の教育課題を考える場合、教育の歴史をさかのぼってみる必要があると思い、断片的ながらも歴史的事項について言及することにした。

本書は10章からなり、第1章で教育の本質と目的を取り上げ、以下の章では、教育制度、教育内容と教育課程、教育方法と学習指導、生徒指導、学校経営と学校組織、教職員制度、教育行政と教育法規、生涯学習について論じてあり、そして第10章では現代の子どもをめぐる諸問題を最新データに基づきながら考察している。各章では、当該分野に関する必要事項をできるだけカバーするよう努めたが、これで十分だというつもりは決してない。紙数の関係で割愛せざるを得なかった事項もあり、まだ著者の力量不足から十分言及できなかったところがあるかも知れない。実際、脱稿後にも新たな教育施策が予定されるなどして、校正段階で何度か書き替えたり、書き加えたりした個所もあるが、それでも漏れがでている可能性はある。それら至らない点については、忌憚のないご意見や暖かいご指導を賜れば幸いである。

なお、本書中の表記についてあらかじめお断わりしておきたい。本書を通して表記に一貫性をもたせるよう努めたつもりであるが、「教師」と「教員」の用語については併用してある。原則として、「教員」の語を用いることとしたが、対児童生徒との関係を記述する個所（たとえば、学習指導等の記述部分）では「教師」としたので、この旨ご承知いただければと思っている。

以上のように、本書は教育改革の急速な進展の最中で刊行されることとなったが、それだけに、これから教師をめざす学生や受験者のテキストとして用いられ、そしてすでに教職にある現職者等の参考図書として活用されることを切

に願っている。

　最後に、出版情勢の厳しい中で本書の刊行を認めていただいた学陽書房の社長をはじめとする関係者の方々には御礼申し上げなければならない。とりわけ、著者の遅れがちな原稿を辛抱強くまっていただき、かつ原稿を丹念に見ながら適切な助言を与えてくださった学陽書房編集第一部課長の藤谷三枝子氏と同部の鈴木和彦氏には心から感謝申し上げたい。

平成 11 年 3 月 25 日

佐藤　晴雄

改訂版刊行にあたって

　本書が平成11年に刊行されて以来、数多くの方々に読まれてきたことは、筆者にとって望外の喜びである。しかし、近年、教育改革の勢いはとどまるところを知らず、これまでの教育制度を大幅に変えつつあるため、本書の内容にも一定の手直しが必要になった。そこで、近年の教育改革の動向を新たに盛り込み、同時にデータや資料を更新する形で本書の改訂版を刊行する運びとなったのである。旧版同様に、大学の教職テキストとして、また教師を志望する方々の参考書として活用されることを心より願う次第である。

　なお、旧版同様にお世話になった学陽書房の藤谷三枝子氏には心より感謝申し上げたい。

平成15年8月15日

佐藤　晴雄

第2次改訂版刊行にあたって

　今回の改訂では、教育基本法全面改正及びいわゆる「教育三法」の改正、平成20年の学習指導要領改訂などの動きに合わせて、一部書き改めることとした。具体的には、改正された教育基本法の条文にそくして記述を改め、教育三法(学校教育法・地方教育行政の組織及び運営に関する法律・教育職員免許法)の改正によって盛り込まれた学校教員の新たな職の創設（副校長・指導教諭・主幹教諭）、教員免許更新制の導入、学校評価と情報提供の実施、指導力不足教員の対応などの事項を新たに取り上げた。また、学習指導要領の改訂を受けて、その特色についても新たに書き加えたところである。むろん、法改正に関わらない新たな課題についても触れている。

　本書は今回の第二次改訂によって通算8刷になり、実に多くの読者に読まれてきた。今後も、多くの方々の参考に資するよう最新情報への目配りに努めていきたい。

今回も引き続き、学陽書房編集部の藤谷三枝子氏には、通常の編集業務以外にも重要なアドバイスを数多くいただいたことを、感謝の意を込めて記しておきたい。

平成 20 年 3 月 1 日

佐藤　晴雄

第 3 次改訂版刊行にあたって

　第二次改訂版の刊行から 3 年を経た現在、教育をめぐる情勢は大きく変化してきている。政策はもちろん、学校や子どもをめぐる環境も変わってきた。これらの新たな動きを反映させると同時に、各種データを更新する必要性が生じたことから、ここに第三次改訂版を刊行することとなった。また、巻末には、平成 4 年以降の教育改革の動向をまとめた「教育改革年表」を付してある。

　今回の改訂で通算 14 刷になり、この間、実に多くの大学の先生方や教員志望者に活用されてきた。これからも読者の期待に応えるべく、内容の充実を図っていきたいと考えている。編集に当たって、当初から尽力いただいている学陽書房編集部の藤谷三枝子氏には、言葉では表せないほどお世話になった。ここに感謝の意を表したいと思う。

平成 23 年 3 月 15 日

佐藤　晴雄

第 4 次改訂版刊行にあたって

　初版発行の平成 11 年から 18 年が過ぎ、通算 18 刷の長きにわたり多くの方々に本書をご活用いただいたことに、まずは深く感謝申し上げたい。直近の改訂からは 6 年経つが、この間にも教育をめぐる改革が矢継ぎ早に行われてきた。義務教育学校が誕生し、「道徳」や小学校の「外国語」が教科化されるなど大きな変化があった。今回の改訂ではそうした動向を踏まえるとともに、学校や児童生徒に関するデータを更新し、最も新しいテキストや参考書としてご活用いただけるよう配慮した。編集には、細かな点にも配慮いただき、筆者

の遅々とした作業にも温かな気持ちで応じてくださった学陽書房編集部の根津佳奈子氏には改めて謝意を表したい。

平成 29 年 2 月 1 日

佐藤　晴雄

第 5 次改訂版刊行にあたって

　本書は教育学の基礎科目及び教職科目のテキストとして基本事項を押さえつつも、新たな動向やデータを適宜採り入れながら時代の変化に対応させるよう配慮して編んでいる。そこで、前回の第四次改訂版から 3 年を経過したことから、この間の教育界の新たな動きなどを加味し、またデータを更新して今次改訂版を刊行することにした次第である。引き続き、皆様のご参考書として活用いただければ幸いである。また、コロナ禍中、筆者の改訂作業が滞りがちであったにもかかわらず、辛抱強く拙稿をお待ちくださり、かつ丁寧な編集作業に尽力いただいた編集部の根津佳奈子さんには感謝申し上げたい。

令和 3 年 2 月 1 日

佐藤　晴雄

第 6 次改訂版刊行にあたって

　本書の前回改訂版刊行から 3 年を経過したところである。この間、本書で引用した文部科学省などによる各種関係調査データを更新すると共に、教育界をめぐる変化も取り上げて記述内容に加除修正を加えることとした。初版刊行以来、本改訂版は 25 年目になり、長年にわたり多くの方々の参考書や講義テキストとして活用いただいた次第である。そうした皆さまに謝意を表すると共に、相変わらず遅々とした改訂作業にも関わらず、修正事項等を丁寧に点検してアドバイスをくださった編集部の河野史香さんにも感謝申し上げたい。本書が現在の教育のゆくえに少しでも貢献できれば幸いである。

令和 6 年 3 月 1 日

佐藤　晴雄

◆第1章◆ 教育の本質と目的 ……………………………… 19

1 教育の誕生 ……………………………………………………… 19

1◎人類の誕生と直立二足歩行姿勢の確立　19

2◎文化の蓄積と教育の必要性　20

3◎本能からの解放　21

4◎「形成」から「教育」へ　23

2 教育の概念と目的 ……………………………………………… 24

1◎教育の字義　24

2◎教育の目的　27

3 子ども観と教育 ………………………………………………… 29

1◎子どもとは何か　29

2◎近代教育思想の子ども観　30

3◎現代の子ども観　32

◆第2章◆ 公教育制度と現代教育改革 ……………… 36

1 教育制度の原理と構造 ………………………………………… 36

1◎教育制度とは何か　36

2◎公教育の原則　37

3◎学校体系の仕組み　39

2 近代教育制度の成立 …………………………………………… 42

1◎「学制」の教育理念　42

2◎学校令と中央集権的教育制度の確立　43

　　　3◎教育勅語の成立と国民道徳思想の形成　45

　　　4◎義務教育制度の確立と中等高等教育の整備　46

　　　5◎国家主義体制の教育制度　47

　3　**戦後新教育制度の誕生** ……………………………………………48

　　　1◎占領期の教育改革理念　48

　　　2◎教育基本法の誕生　50

　　　3◎教育の整備・拡大期　50

　4　**現代教育改革の方向** ……………………………………………52

　　　1◎臨教審と生涯学習社会　52

　　　2◎中教審と「生きる力」を目指す教育改革　54

　　　3◎教育改革国民会議以後の教育改革　55

　　　4◎教育基本法改正後の教育改革　56

　　　5◎教育振興基本計画の策定　57

第3章　教育内容と教育課程の改善 ………………………………64

　①　**教育内容と教科書** …………………………………………………64

　　　1◎教育内容としての教科書　64

　　　2◎教科書の意義　64

　　　3◎教科書の歴史　65

　②　**教育課程の編成原理** ………………………………………………07

　　　1◎教育課程の定義　67

　　　2◎教育課程の編成原理の類型　69

　③　**教育課程と学習指導要領** …………………………………………71

　　　1◎教育課程の基準としての学習指導要領　71

　　　2◎学習指導要領の変遷　72

4 教科課程と教科外課程 ………………………………………75

　　1◎教科の定義と内容　75

　　2◎特別活動の意義と内容　76

　　3◎道徳教育と心の教育の意義　78

　　4◎総合的な学習の時間　80

　　5◎外国語教育──小学校　82

5 教育課程改善の方向 ………………………………………83

　　1◎新しい教育課程改善のポイント　83

　　2◎新しい学習指導要領とアクティブ・ラーニング　84

　　3◎教育課程と年間授業時数　85

　　4◎基礎・基本の重視　87

　　5◎学力向上と学習指導要領　87

第4章　教育方法の改善と学習指導の創意工夫 ………91

1 教育方法と学習指導 ………………………………………91

　　1◎教育方法とは何か　91

　　2◎教育方法の領域と学習指導　92

2 欧米近代教授理論の受容 …………………………………93

　　1◎一斉教授法と開発教授法　93

　　2◎ヘルバルト学派の段階教授法　93

　　3◎経験主義的学習指導法　94

　　4◎「主体的な学び」を促す新たな教育方法　96

3 学習指導と教授理論 ………………………………………98

　　1◎学習指導の原理　98

　　2◎教授理論と学習方法　90

３◎発達と学習の心理　101

4 **授業と教育評価** ……………………………………………………………104

１◎授業の要素　104

２◎学習者の適性　104

３◎授業の過程と展開　105

４◎教育評価の意義と方法　107

5 **指導方法の創意工夫と学習条件** …………………………………110

１◎「生きる力」と「ゆとり」をめざした指導法の工夫　110

２◎総合学習と体験学習・問題解決学習　112

３◎ティーム・ティーチング　113

４◎情報機器の活用とプログラミング教育　113

５◎地域教育資源の活用と「社会に開かれた教育課程」の実現　115

第5章　生徒指導の原理と方法 ……………………117

1 **生徒指導の意義** …………………………………………………………117

１◎生徒指導とは何か　117

２◎生徒指導の歴史　121

３◎生徒指導と学習指導　122

2 **生徒指導の原理** …………………………………………………………123

１◎生徒指導の方法原理　123

3 **生徒指導の内容と方法** ………………………………………………125

１◎生徒指導の内容　125

２◎生徒指導の方法　129

３◎懲戒・出席停止　131

4 少年非行と生徒指導 ··135

　　1◎少年非行とは何か　135

　　2◎少年非行と学校の危機管理　137

5 進路指導とキャリア教育 ···137

　　1◎生徒指導と進路指導　137

　　2◎キャリア教育の背景と意義　138

6 生徒指導の課題 ··142

　　1◎教師の意識変革と資質の向上　142

　　2◎生徒指導体制と教育相談の整備・充実　142

　　3◎多様な体験活動と児童生徒の参加機会の提供　143

　　4◎保護者・地域による苦情・要望への対応　143

第6章 学校経営と学校組織の改善 ··················146

1 学校経営の意義 ··146

　　1◎学校経営の概念　146

　　2◎学校経営の諸領域と機能　148

　　3◎学校経営と教育目標　150

2 学級・学年の経営 ···150

　　1◎学級経営の意義　150

　　2◎学年経営の意義　153

3 学校組織と校務分掌 ···154

　　1◎学校組織とは何か　154

　　2◎校務分掌の意義　155

　　3◎校務分掌の組織　156

　　4◎校務分掌と教員の役割　158

　　　　5◎職員会議の性格　159

　　　　6◎チームとしての学校　161

　3　学校評価と学校改善 ……………………………………………………161

　　　　1◎学校評価の意義　161

　　　　2◎学校評価の目的と方法　162

　　　　3◎学校評価の実態　163

　　　　4◎学校評価の課題　167

　4　保護者・地域の学校経営参加 …………………………………………168

　　　　1◎保護者・地域社会と学校経営　168

　　　　2◎児童生徒・保護者・地域等による経営参加　168

　　　　3◎学校運営協議会　169

第7章 教職員制度と教員の職務 …………………173

　1　教職員制度の現状 …………………………………………………………173

　　　　1◎教職員の種類　173

　　　　2◎教員の資格と身分　174

　2　教員の人事管理 ……………………………………………………………176

　　　　1◎教員の任用と任命権者　176

　　　　2◎教員の服務　177

　　　　3◎教員の勤務条件　179

　　　　4◎身分保障と分限・懲戒　182

　3　教員の職務 …………………………………………………………………184

　　　　1◎教育活動と事務業務　184

　　　　2◎教育活動に係る義務と権限　185

　　　　3◎学校の働き方改革　186

4 教員の力量形成と研修 ······································187

　1◎研修の種類　187

　2◎職務研修（行政研修）　188

　3◎職専免（職務専念義務免除）による研修　189

　4◎自主研修　190

　5◎校内研修　190

　6◎教員免許更新講習　190

5 新たな学校スタッフの誕生 ·····························191

　1◎外部人材活用の意義　191

　2◎特別非常勤講師制度　192

　3◎学校支援ボランティア　193

　4◎スクール・カウンセラー　194

　5◎スクール・ソーシャルワーカー　195

第8章　教育行政と教育法規 ·····························197

1 教育行政の基本的考え方 ·····························197

　1◎教育行政の概念　197

　2◎教育行政の基本原則　198

　3◎教育行政の性格　200

　4◎教育行政の作用　202

2 教育における地方自治 ·································203

　1◎地方自治の本旨　203

　2◎地方公共団体の事務　204

3 教育行政の組織と教育委員会制度 ···········206

　1◎教育行政の組織　206

　　2◎教育委員会の組織と権限　208

　　3◎総合教育会議　209

4 **教育法規と行政** ··210

　　1◎教育法規の概念　210

　　2◎教育法規の分類　211

　　3◎法の失効と適用の原則　212

5 **教育財政と教育予算** ·····································214

　　1◎教育財政とは何か　214

　　2◎公教育費支出の根拠　215

　　3◎教育予算の仕組み　215

　　4◎国と地方の教育予算の特色　216

第9章 生涯学習社会の学校と社会教育 ········218

1 **生涯学習の意義** ··218

　　1◎生涯教育から生涯学習へ　218

　　2◎生涯学習推進施策の展開　220

2 **生涯学習と学校教育** ·····································223

　　1◎生涯学習における学校の役割　223

　　2◎生涯学習の基礎づくり　224

　　3◎生涯学習機関としての学校　225

3 **生涯学習と社会教育** ·····································227

　　1◎生涯学習と社会教育の関係　227

　　2◎社会教育の定義　228

　　3◎社会教育の特徴　229

　　4◎社会教育の内容と方法　229

5◎社会教育職員　231

6◎社会教育施設　233

4 **学校教育と社会教育の連携** ……………………………………234

1◎地域学校協働本部　234

2◎放課後子供教室　235

3◎地域未来塾　236

第10章現代の子どもをめぐる諸問題 ……………237

1 **子どもの日常生活意識** …………………………………………237

2 **子どもの健康と体力** ……………………………………………239

1◎体格　239

2◎身体の異常・疾病　239

3 **子どもと「いじめ」** ……………………………………………241

1◎いじめの実態　241

2◎いじめの特質　244

4 **暴力行為** …………………………………………………………245

5 **登校拒否・不登校** ………………………………………………246

1◎登校拒否・不登校の実態　246

教育改革年表 ………………………………………………………249

索引 …………………………………………………………………259

凡例

・学校教育法……………………………………………………学教法
・教育基本法……………………………………………………教基法
・社会教育法……………………………………………………社教法
・地方公務員法…………………………………………………地公法
・教育公務員特例法……………………………………………教特法
・公立義務教育諸学校の学級編制及び教職員定数の
　標準に関する法律……………………………………義務教育標準法
・公立義務教育諸学校の教育職員の給与等に関する
　特別措置法……………………………………………給与特別措置法
・就学困難な児童及び生徒に係る就学奨励について
　の国の援助に関する法律……………………………………就学奨励法
・地方教育行政の組織及び運営に関する法律…………地教行法

第1章 教育の本質と目的

1 教育の誕生——なぜ教育が営まれるようになったのか

1◎人類の誕生と直立二足歩行姿勢の確立

　なぜ、教育という営みが人間に必要とされるようになったのであろうか。われわれは、その問題すなわち教育の起源を解こうとするとき、人類の誕生にまでさかのぼらなければならない。

　人類を根拠づける要素をめぐっていくつかの諸説も見られるが、人類の特徴をその頭骨や上顎の形態からとらえる説によるとその起源はおよそ1,400〜1,500万年前となり、二足歩行をその条件だとする説をとればそれは約700万年前だといわれる。また、それをホモ属とみなせば、おおよそ200万年前に人類が誕生したことになる。

　ともあれ、有力な学説によると約1,500万年前、アフリカ大陸には多くのサルと類人猿などの霊長類が森に住み、この類人猿は人類に近似した形態の頭骨や上顎をもっていたとされている。しかし、約1,200万年、大きな地殻変動が起こり、大陸の南北に蛇行する長い谷（大地溝帯）を形成し、大陸を東西に分ける障壁となった。その西側には森が残され、類人猿たちは樹上生活に適した生活を送るようになり、一方の東側は雨が降りにくくなって森林が衰退したため彼らは樹上生活をあきらめて日常生活を地上で過ごすようになったといわれる。荒くいえば、西側で生活したものはサルとして残り、東側で地上生活を

営むようになったものが現代人の祖先へと進化してきたのである。実際、人類最初の化石のほとんどが東アフリカで発見された事実がある。この間に人類は二足歩行を確立してきたと考えられている。

　その後、現代人の直接の祖先ともいわれるホモ・エレクトゥス（ホモ属）は約200万年前頃に現われ、「火を使用し、生活の重要な要素として狩猟を取り入れ、現代人と同じように走ることができた最初の人類」[1]になった。人類は、二足歩行から何百万年もかけてゆっくりと進化し、現代人の祖先に至ったのである。このホモ属は、大きな脳と小さな臼歯をもっていたが、200万年前にはこの進化系統とは別に、小さな脳と大きな臼歯をもつ系統であるアウストラロピテクス属も存在していた。しかし、アウストラロピテクス属は約100万年前に絶滅したと考えられ、したがって、現代の人類に辿り着いたのはホモ属の方だったのである。

2◎文化の蓄積と教育の必要性

　こうして現代人の祖先は誕生したが、彼らは直立二足歩行姿勢を確立したおかげで、手でモノを運びながら効率（エネルギー効率）よく移動できるようになるとともに、手（上肢）を用いて道具を製作し使用するようになる。ホモ属は石器（ハンドアックスなど）を製作していたことが明らかであり、それによって肉食文化を築き、「食料探しの場を拡大できただけでなく、子孫を残すチャンスも拡大」[2]できたのである。つまり、人類は他の動物とは異なり、道具をつくり、それを利用するという文化を形成できたのである。当然、道具は文化の財として地理的に広い範囲に伝播されるとともに、後世に伝承されることとなった。そして、新しい世代はいろいろな地域でそれを発展させながら文化を蓄積してきたのである。

　同時に、上肢の解放によって、腕の回転運動が可能になり、指が長くなって手の器用さを増してくると、より複雑な道具（文化財）を製作できるようになった。すると、文化が高度化してくるのである。ハンドアックス（握って使用す

---

1) リチャード・リーキー著、馬場悠男訳『ヒトはいつから人間になったか』草思社、1996 年、p.15。
2) 同書、p.78。

る）程度を製作していた時代に比べて、現代のわれわれがいかに複雑で高度な道具をつくることができるようになったことか。単に文化財を伝承しただけでなく、それが高度化して伝えられたからである。

　こうして、文化が蓄積され、高度化してくると、それを次世代に伝え、その発展を促す機能が求められてくる。その機能こそが原初的な形態の「教育」であり、その内容は文化財（広い意味での文化財のことで、人間の文化的活動によって生み出されたものという意味）によって形成されてきたのである。

3◎本能からの解放

（1）大脳の発達

　さらに、直立二足歩行姿勢の確立は人類の大脳を他の動物に見られないほど進化させた。つまり、四足歩行動物の場合は、脳を首だけで斜めに支えることになるため、その発達が制約されている。たとえば、キリンなどは脳の重さを長すぎる首だけで支えているために、体の割には脳が発達していない。しかし、人類は直立歩行によって大脳を全身で垂直に受けとめることになったので、大脳がある程度重くなってもそれを支えることができる。とくに、新しい脳といわれる、大脳の表面を占める新皮質部が発達して質的な進化を遂げた（下図参照）。旧い脳が本能をつかさどるのに対して、大脳新皮質部は、思考、概念操作、記

ヒトの脳の進化

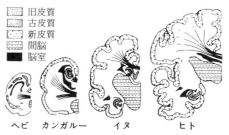

爬虫類と哺乳類の大脳半球の断面　爬虫類には新皮質は形成されていない。ヒトの大脳半球のほとんどすべては新皮質からできているが、有袋類のカンガルーでは新皮質の割合はそれほどでもない。
（資料）　瀬戸口烈司『「人類の起原」大論争』（講談社、1995年）より引用。

憶などに関する機能をもち、いわば後天的な情報を貯え、操作する役割をもつ部分である。

　この新しい脳が発達したことにより、人類は後天的な情報を蓄えることが可能になり、本能の束縛から解放され自由に行動できるようになる。動物の中でも、昆虫や魚類など新しい脳が発達していない生きものは、ほとんど本能的な行動しかできないので、しつけがきわめて困難である。むろん、サルや犬など新しい大脳が比較的発達した動物にある程度のしつけが可能なのは、本能からある程度自由だからである。とりわけ人類は、直立歩行姿勢により目線が高くなったため視野が広くなり、その結果、より高次な思考を可能にする条件を獲得してきたのである。

　実際、200万年前のホモ属は、われわれと同様の脳をすでにもっていたようである。ホモエレクトゥスは、「複雑な発声を可能にする器官を十分に備え」、「協同の狩猟や炉辺での憩いなどを通じて次第に言語を発達させていった」と推測されている[3]。そして、原人と現代人をつなぐ中間形態である20万年前のネアンデルタール人に至ると、その脳の容量はすでに現代人にかなり迫っていたといわれ、それ以来、現在に至るまで脳の容量はそれほど増加していないようである[4]。

（2）本能の弱体化と教育の可能性

　だが、人類は頭部が大きくなったため、完成体として生まれてくることが困難になった。出産前に完成体ができあがってしまうと母親の産道を通ることができなくなるため、未完成体として出産されるようになり、出生後の養育を不可欠とするに至ったといわれる。世界的な動物学者であるアドルフ・ポルトマンが、「それにしても生まれたての人間は、その姿や行動の点では霊長類のどの種類よりもなんと未成熟なのだろう」と述べて、人間は生後1歳になって真の哺乳類が生まれた段階の発育状況にたどりつく、すなわち「生理的早産」の状態で誕生してくると論じた説にも通じるのである[5]。次頁図をみれば明ら

3）寺田和夫ほか著『人類学』東海大学出版会、1985年、p.135。
4）瀬戸口烈司著『「人類の起原」大論争』講談社、1995年、p.159。
5）アドルフ・ポルトマン著、高木正孝訳『人間はどこまで動物か』岩波新書、1961年、pp.58-61。

身体各部の比率の発達

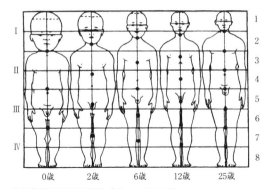

身体各部の比率の発達（Stratz による）。
左から０歳の時の４頭身が右端の 25 歳の８頭身にどんな
にかわっていくかをしめす。図中の黒点は２歳＝５頭身、６
歳＝６頭身、12 歳が７頭身であることをしめす。
（資料）　アドルフ・ポルトマン著、高木正孝訳『人間はどこ
　　　　まで動物か』（岩波新書、1961 年）より引用。

かなように、０歳児は頭部の大きさに比べて胴体の割合が小さく（４頭身）、出産しやすいコンパクトな形態をとっているのである。以上のように、人類は文化の継承と発展を遂げながら文化の財を蓄積するとともに、本能の弱体化の代償として後天的にそれを後世代が受容できるだけの大脳をもつことになったことから、その進化は出生後の教育の可能性と必要性を必然的に促したのである。いわば、そのような進化の歴史を通して、教育は人間特有の営為として発展し、制度化されてきたのである。

4◎「形成」から「教育」へ

　もともと教育の作用は生活の中に深く溶け込み、それ自体として姿を現すことはなかった。親の生活行動が子どもに対して一定の影響を及ぼすように、その作用は無意図的であり、計画性を持たない営みであった。人類の発達以来、教育はこのような自然な形で営まれてきたのである。

　このような無意図的教育作用を、教育学では「教育」と区別して、「形成」とよんでいる。仕事をする親の姿を見ながら子どもが仕事の意義を理解し、その方法を身につける過程が「形成」なのである。

　そして、人類の進化と時代の進展とともに、文化が蓄積され、社会階層が分化してくると、教育を計画的、組織的に行うことが必要となり、生活から独立した教育の機関がつくられるようになる。「学校」の誕生である。だが、当時の学校は社会で指導的立場にある一部の特権階級だけの占有物であり、そうし

た特権階級の社会階層を再生産する役割を果たしていたのである。「学校」（スクール：school）の語源がギリシャ語の「閑暇」（スコーレ：scholé）にあることからもわかるように、特権階級の象徴ともいえる「閑暇」という意味合いが「学校」に付されていたのである。

同時に、「閑暇」には人の一生において青少年期に社会的役割などが猶予されているという意味もあるように、学校教育は主として社会に出る前の準備として行われていたのである。

戦後まもない時代まで、教育は金のかかることだと認識されていたため、大学進学者には比較的富裕な家庭の子弟が多い傾向にあったことや、また大学生の多くが親の庇護下で生活し、労働や納税など社会的義務を免じられているのは、そうした意味の表れだといえよう。

2 教育の概念と目的

1◎教育の字義

（1）「教」と「育」

「教育」とは文字どおりに解釈すれば「教え育てる」ことであり、「教える」ことと「育てる」ことの2つの作用を含む概念となる。「教」の字をみると、旁の「攵」は「笞うつ」ことを意味し、偏は「子」に対して模倣させることを意味している。つまり、子どもに鞭打って何かを模倣させることが「教」なのである。その「何か」とは文化のことであるから、「教える」こととは子どもに鞭打ちながら文化を模倣させ、内面化させる営みだといえる。一方、「育」をみると、上部が「子」の生まれてくる状態を示す「𠫓」（頭部を下にして生まれてくる様子）であり、下部の「月」は肉付きであることから、生まれてくる子どもを大きくすることを表していることがわかる。その場合、「育てる」ことは子どもの内に潜在する発達していく力を待ってそれを助長することに他ならないのである。むろん、「育てる」のは肉体的発育を促すだけでなく、精神的発達を導くことも意味している。したがって、教育は外部文化の注入と内

からの発達力の助長（内面形成）という２つの作用を含む概念になる。

（2）education と instruction

　英語の場合、ふつう「教育」に当たる単語は education と instruction である。education は、もともとラテン語の educore すなわち「引き出す」ことに語源をもつように、子どもがもっている潜在的諸能力を開花させる営みを指している。また、instruction は、in（内面）と struction（構造）から合成された語であり、特定の構造を子どもに内面化させることを意味する。これは主としてスポーツなど技能分野において用いられることが多いのは、技能習得には一定のスタイル（技法＝構造）の獲得を不可欠とするからである。たとえば、テニスラケットの振り方には一定の型があり、テニスの上達のためにはこれを素振りといわれる訓練を通して獲得する必要がある。漢字の書き取りも漢字の構造を獲得するための訓練なのである。

　ようするに、英語も漢字と同様に、「教育」には子どもの内面にある諸能力の助長ないしは抽出と外部からの文化の注入ないしは内面化という２つの意味をもっていることがわかる。したがって、教育とは子どもの能力を引き出すことだとする解釈はその一面しかいい得ていないことになる。

（3）「訓育」と「陶冶」

　わが国においては、明治以来、教育を「訓育」と「陶冶」に分けてとらえてきた。訓育は、人格形成や徳育に比重を置いた教育のことで、陶冶は知識・技術の獲得に比重を置いた場合の教育を指す。したがって、「訓育」は前述した education（発達の助長）に近い概念で、「陶冶」は instruction（文化の注入機能）とほぼ同じ概念だといえそうである。

　このうち陶冶は、実質陶冶と形式陶冶の２つの概念に分けられる。「実質陶冶」とは、知識や技術など実生活に直接用いられる具体的資質を身につけさせることであり、教科でいえば主として社会科や理科、国語（言語の習得）、技術・家庭などを通して育まれる。一方、「形式陶冶」は、知識を蓄積させることではなく、記憶力や推理力、判断力、想像力、論理性など人間が行動する場合の形式面を培うことを意味し、算数・数学、国語（文章の論理的把握や詩歌

の理解・鑑賞）、音楽、図工・美術などの教科を通して行われるのである。

　今日、「陶冶」という概念はほとんど用いられないが、わが国の教育界においては知育偏重教育の弊害が指摘され、実質陶冶中心の教育から体験学習をとおした形式陶冶を重視しようとする方向にあるといってよい。この方向は、学ぶ意欲や想像力を重視する「新しい学力観」や「生きる力」の育成などに見いだすことができる。しかし、教育の字義や人類の進化の過程をみれば、教育には文化の内面化（注入）が不可欠であることを忘れてはならない。

（4）「しつけ」

　しつけとは、裁縫の「仕付け」にも通じる営為であり、いわば特定の型にはめ込むことを意味する概念である。つまり、布生地から衣服をつくる段階で、ある程度の形に仮縫いによって整えておくことを「仕付け」とよぶが、人間に対しては社会に支持されている行動様式や価値観を身につけさせ、その社会に適応できる形をつくり上げる作用を「躾け」とよんでいるわけである。わが国の歴史をふりかえると、かつて子どものしつけの一部を家庭外に委ねる慣習がみられたように、そのすべてを家庭で行うべきだという考え方は馴染みにくいように思われる。すなわち、「父母の「しつけ」だけでは、まだまだ人間が甘くなってしまうから、成人になる前に「他人」の間で「きたえ」られなければならないというのが日本人の考え方」にあり、戦前社会においてはそうした「甘えの規制に大きな役割を果たしていたのが、子ども組・若者組・娘宿・シツケ奉公・軍隊生活などでの体験」であったといわれる[6]。

　現代社会においては、そうしたしつけ機能は学校が担うようになったと解釈できる。たとえば、ムラの「子ども組」という自治的集団は学校の「組・学級」に再編成され、家庭や地域社会のしつけ機能は生徒指導に吸収されていったのである。

　しかし、子ども組は地域を基盤にした子どもたちによる異年齢集団であったが、学校の組・学級は主として同年齢の子どもからなる集団として再編成されてしまった。したがって、現代の子どもたちは学校生活においてクラブ・部活

6）我妻洋・原ひろ子著『しつけ』弘文堂、1974 年、pp.156–157。

動や学校行事を除けば、異年齢者と交流する機会がほとんどなくなり、地域生活の中でも子ども組の事実上の解体によって異年齢者との接触が少なくなったのである。むろん、今日、子ども会組織は存在しているが、その多くは子どもの自治集団だとは言い難いものになっている。

2◎教育の目的

（1）教育目的と教育目標

　無意図的な教育作用である「形成」が「教育というかたちをとらない教育、いわば、教育以前の教育」[7]であるのに対して、「教育」はきわめて意図的・目的的な営為であるため、その営為は意識的な行為の結果をあらかじめ予想し、期待することなくして存在し得ない。その場合、予想され、期待される「結果」を事前に設定したものが「教育目的」である。教育目的は学校において教育結果を左右するきわめて重要な条件なのである。

　教育界では、「教育目的」とともに「教育目標」という用語が使用されている。戦後のわが国においては、国語の字義から両用語が明確に区別されていないが、教育法制上、「「目的」を上のレヴェルに置き、それを具体的に肉付けし、細かに表現したものを、「目標」と呼ぶようになり、その用語法が支配的になっている」といわれる[8]。つまり、教育目的を教育目標の上位概念としてとらえるのが一般的なのである。現行の学校教育法においてもこの考え方がとられている。また、「目標」の関連語として、より具体的な指導の場面においては「ねらい」の語もしばしば用いられる。

（2）教育目的の可変性と普遍性

　教育目的は、時代的変化に応じて変えられるとともに、様々な国や地域がもつ諸条件や環境のもとで特有のものがつくられてきた。つまり、教育目的は時代的、地域的条件の制約を強く受ける。たとえば、わが国をはじめとする先進

7）里見実「教育の原型をさぐる」、柴田・竹内・為本編『教育学を学ぶ　発達と教育の人間科学』有斐閣、1907年、p.10。
8）大浦猛著『教育の本質と目的』学芸図書、1991年、p.53。

諸国において教育課題とされている国際化、情報化、少子高齢化などは時代的変化と地域的要請に基づくものであり、現代の教育目的の在り方に影響を及ぼす。この意味で、教育目的は可変性をもち、教育内容を左右するのである。

　しかし、教育目的は時代や地域の違いに影響されない普遍性をもっている。たとえば、1996（平成 8）年に公表された第 15 期中央教育審議会第 1 次答申（以下、「中教審第 1 次答申」とする）は、教育の在り方が時代や社会性の影響を受ける側面を「流行」とよんだのに対して、後者のこの普遍性に関わる側面を「不易」とよんだ。「不易」な価値をもつ教育とは、「豊かな人間性、正義感や公正さを重んじる心、自らを律しつつ、他人と協調し、他人を思いやる心、人権を尊重する心、自然を愛する心」を培い、また「その国の言語、その国の歴史や伝統、文化」などを学ばせることであり、いつの時代やどこの国の教育においても大切にされなければならないといわれる。

　この教育目的の普遍性は 19 世紀中頃までの数多くの教育思想家によって追求されてきた。たとえば、ヘルバルト（Herbart,J.F.,1776-1841 年）は、教育目的を規定するのが倫理学で、教育方法を規定するのは心理学だと考えたことで広く知られるが、彼は教育の究極目的を道徳的人格の完成に置いた。また、ナトルプ（Natorp,P.,1833-1911 年）は社会的教育学の創始者として名高いが、教育目的に対して倫理学、芸術学、科学的・宗教的要因が関わることを認めながらもその中心になるのが倫理学であると論じた。前述の中教審第 1 次答申が指摘した「不易」な価値も、倫理的な立場に根ざしていることがわかろう。

（3）教育目的の内容的側面

　教育目的は、以上のように時代性・地域性に規定されると同時に普遍性をもつものであるが、具体的な文言によってその内容が示される。一般的に、教育目的の内容は 3 つの側面に分類できる。すなわち、①人間の個性の伸長など個人としての成長、②人間の社会性の獲得など社会への適応、③社会・文化の継承と創造という諸側面である。

　教育基本法第 1 条は教育の目的について、「教育は、人格の完成を目指し、平和で民主的な国家及び社会の形成者として必要な資質を備えた心身ともに健康な国民の育成を期して行われなければならない」としている。このうち、「人

格の完成」および「心身ともに健康な国民の育成」という箇所は個人の成長に関わる内実であり、「平和で民主的な国家及び社会の形成者として」という文言は社会・文化の継承および社会性に関するものだと解釈できる。このような3つの側面を総合したものが現実の教育目的として具体化されるのである。

3 子ども観と教育

1◎子どもとは何か

(1)「小人」と「大人」

　教育目的はその時代や社会における子どもに対する見方、すなわち子ども観によっても強く規定される。では、子どもとは何か。その問題をオトナとの関係からみていくことにしよう。

　オトナを表す漢字には「大人」と「成人」の二通りがある。ふつう「大人」に対して「子供」という言い方を用いるが、字義からとらえると「大人」に対応するのは「小人」となる。その場合、小人（コドモ）とは大人（オトナ）を小さくした存在であり、それ独自の存在として認められるのではなく、いわば「小さいオトナ」のことを意味しているのである。中世ヨーロッパ社会において、子どもたちがオトナと同じスタイルの衣服を着用させられ、そのためにスワドリング（身体矯正のためのコルセット状の身装具）によって大人と同じ体形になるよう矯正させられたのは、こうした子ども観を象徴している。

(2)「未成年者」(「子供」) と「成人」

　一方、「成人」はどうか。「成人」とは「人」に「成った」こと、またはその人のことであり、それに対応する言葉は「未成年者」である。「未成年者」は、一定の客観的基準（年齢など）に達している「成人」という人間の完成体に至らないものに対して用いられ、当然「子供」という概念を含んでいる。

　「子供」（children）とは、「ども」という複数形が用いられているとおり、十把一からげな言い方である。つまり、一人前の人間的存在として認められない

わけである。「子供」は人格の未完成な、いわば「半人前」の存在とみなされ、その意味で「未成年者」に属するのである。

わが国の近代初期ころまでは、「七つまでは神のうち」といわれ、幼児は「みそっかす」などと称されて一人のコドモとしても十分に認識されていなかった。7歳からはコドモと認知され、そして15歳からは若者組に加わり、ムラ社会の正式なメンバーになって「成人」として認められたのである。

戦後のわが国においては、教育基本法が教育の究極目的を「人格の完成」に求めているが、この基本的考え方には子どもを「人格の未完成」な存在だとする前提認識を見いだすことができる。教育によって人格の未完成な状態の子どもを完成させるというのである。いうまでもなく、この「人格」とは、心理学でいうパーソナリティー（人柄）のことではなく、「独立した個人としてのその人の人間性」（『大辞泉』小学館）という意味のことである。

なお、2015（平成27）年に公職選挙法等が一部改正され、翌年から同法が施行されると、18歳から選挙権が認められるようになり、さらに2018（平成30）年に民法の一部改正により2022（令和4）年から18歳以上が成年（法律上は「成人」ではなく「成年」）とされるようになった。成年になると、一人で特定の契約（スマホ契約など）ができるようになり、父母の親権に服さなくなるのである。また、婚姻開始年齢は女性が16歳から18歳に引き上げられ、男女ともに18歳になった。

2◎近代教育思想の子ども観

教育の思想家をたどると、古代ギリシャのソクラテスとその弟子プラトンにまでさかのぼることができる。ソクラテスは青年たちを無知の自覚へ導くことに努め、その方法は産婆術とよばれる対話法を用いたことで知られる。プラトンはアカデミアとよばれる学校を開き、理想主義の立場から国家の教育を論じ、青年たちには音楽と体操による教育を重視した。

しかしながら、現代でも取り上げられる著名な教育思想家が多く現れたのは近代以降である。ここでは、その代表ともいえるルソーとカントを中心に、その子ども観と教育観を取り上げることにしよう。

（1）ルソーの「子どもの発見」

　ところで、ルソー（Rouseau,J.J.,1712-1778 年）は「子どもの発見」者として広く知られる思想家であるが、彼は、子どもが大人とは異なり、独自の存在価値をもっていること、子どもが未来に開かれた可能性をもつ存在であること、人間の発達には段階が認められること、そして子どもの世代は現在の大人世代の予測を超えて発達することを見いだした。彼は、子どもを大人の所有物とみる旧来の教育観を否定し、子どもの権利を認め、合自然の教育として消極教育論を説いたのである。

> ### ジャン・ジャック・ルソー
> 　18 世紀に活躍したフランスの思想家・哲学者。『社会契約論』など社会思想に関わる著書があるほか、近代教育思想家の中心的人物として自然の摂理を重視した教育論を説いた。時計職人の子どもとして生まれ、その後孤児同然の生活を送ったが、『学問芸術論』の執筆を契機に思想家としてデビューする。実子を孤児院に入れた痛みから『エミール』（1762 年）を執筆したといわれる。

　その後、近代教育思想家らによってその思想は継承されていくが、こうした子ども観は、主著『エミール』が発禁書として葬られたように当時にあって明らかに少数派に属する考え方であり、19 世紀に入っても教育の世界において支配的な思潮にはなっていなかったのである[9]。なお、ペスタロッチ（Pestalozzi,J.H.,1746-1827 年）はルソーの思想に強く影響を受け、どんな子どもにも人間性が宿っており、その本質的な諸能力を調和的に開花させることができるとする教育論を展開したのである。

> ### ペスタロッチ
> 　スイスの教育思想家。教育実践家としても貧民学校を設立するなど多くの業績を残した。ルソーに共鳴し、当時の貧困階級や孤児に目を向けた教育論をとなえた。とりわけ、その主著『隠者の夕暮』の中で「人間は玉座にあっても草の屋根の陰にあっても同じ人間である」と述べたことで知られる。そのほかの著書に、『リーンハルトとゲルトルート』『シュタンツだより』などがある。

9）塚本智宏「近代の子ども観と子どもの権利」、岩崎正吾編『教育の基礎』エイデル研究所、1996 年、pp.45-47。

（2）カントの子ども観

　また、カント（Kant,I.,1724-1804年）は「人間は教育されなければならない唯一の被造者である」と主張した。その教育に対する考え方は、人間には理性を必要とするが、子どもは「粗野のまま生まれてくる」から教育を不可欠とするという見方に基づく。つまり、子どもは粗野で、動物的衝動をもった単なる生物的存在であるから、教育によって理性的存在（大人のことだとみてよい）となることができるとした。カントはルソーの思想に共感を覚えつつも子どものしつけについてはきわめて厳しい態度をとったのである。

> **イマヌエル・カント**
>
> 　18世紀のドイツの著名な哲学者。ケーニヒスベルグ大学の教授などを務め、『純粋理性批判』などその後の哲学界に多大な影響を与えた。人格形成の観点から教育にも強い関心を持ち、その大学での講義録は『教育論』として弟子によって刊行された。

3◎現代の子ども観

（1）児童中心主義の登場

　以上のように、近代以降、ルソーに代表される、子どもの存在を尊重しようとする子ども観が登場し、19世紀後半になると児童中心主義の教育論が支持されてくる。その教育論者の一人であるデューイ（Dewey,J.,1859-1952年）は、経験論の立場から従来の教師中心の教育を批判して子どもを主体にした教育思想を展開し、わが国の大正期や戦後直後の教育論にも影響を与えた。

> **ジョン・デューイ**
>
> 　アメリカの著名な哲学者・教育学者。哲学上はプラグマティズムに属し、教育学では児童中心主義の立場をとり、その理論を検証するためにシカゴ大学に実験学校を開設するなど進歩主義教育運動をリードした。大正期に日本の新教育運動に強い影響を与え、戦後においてもその思想的影響は途絶えていない。主著に、実験学校の実践記録を基にした『学校と社会』のほか、『民主主義と教育』など。

しかしなお、現実の教育界においては教師中心の教育が支持され、子どもを教師の下位に置く傾向は続いてきた。理想や建前としては子ども中心であることが支持されるのだが、現実や本音ではその考え方は軽視される実態が見られたのである。

(2)「児童の権利条約」と子どもの人権

ところが、近年、子どもを一個の人格として認め、その権利を尊重しようとする思潮が広く受け入れられるようになった。1959（昭和34）年には「児童権利宣言」が第14回国連総会で採択され、子どもの権利に対する認識が世界的に高まった。その後、1989（平成元年）年に、「児童の権利に関する条約」が国連で採択され、わが国でも批准されたことを契機に（1994年5月批准）、その傾向は強まったのである。

同条約は児童（18歳未満）が権利の主体であることを認め、彼らが人格の完全かつ調和的な発達を遂げ、社会において個人として生活できる準備の機会を与えられ、特別に保護を受ける必要性を主張するものである。なかでも、わが国においては、児童の意見表明権（第12条）、表現の自由（第13条）、思想・良心・宗教の自由（第14条）などが注目されている。

また、児童が家庭等で虐待を受け、著しく人権を侵害される事件が多発したことから、2002（平成12）年に児童虐待の防止等に関する法律が制定された。この法律は、児童虐待の禁止・予防・早期発見や虐待を受けた児童の保護・自立支援、国・地方公共団体の責務などについて定めている。

なお、同法は、学校教職員等が「児童虐待を発見しやすい立場にあることを自覚し、児童虐待の早期発見に努めなければならない」と定めるとともに、「児童及び保護者に対して、児童虐待の防止のための教育又は啓発に努めなければならない」としている（第5条関係）。

(3) 貧困状況にある子どもへの対応

近年、経済的な不況の下で貧困問題と子どもの教育の関係が注目されてきている。2013（平成25）年に子どもの貧困対策の推進に関する法律が制定され、「子どもの将来がその生まれ育った環境によって左右されることのないよう、

貧困の状況にある子どもが健やかに育成される環境を整備するとともに、教育の機会均等を図るため」（同法第1条）の基本的理念と国等の役割、対策が求められるようになった。国や地方公共団体は、同法によって、生活支援や経済支援と並んで、就学援助や学資援助、学習支援など貧困の状況にある子どもの教育支援に必要な施策を講ずることが義務づけられた。

　この法律によって、貧困状況にある子どもの人権が従来以上に尊重されることになった。

（4）こども基本法の制定

　2022（令和4）年には、日本国憲法及び児童の権利に関する条約の精神にのっとりこども基本法が制定された（2023（令和5）年施行）。同法の目的は第一条で以下のように記されている。

　○次代の社会を担う全てのこどもが、生涯にわたる人格形成の基礎を築き、自立した個人としてひとしく健やかに成長することができ、

　○心身の状況、置かれている環境等にかかわらず、その権利の擁護が図られ、

　○将来にわたって幸福な生活を送ることができる社会の実現を目指して、社会全体としてこども施策に取り組むことができるよう、

　○こども施策に関し、基本理念を定め、国の責務等を明らかにし、及びこども施策の基本となる事項を定めるとともに、こども政策推進会議を設置すること等により、こども施策を総合的に推進することとされる。

　第三条の基本理念の中では、直接こどもが関係する全ての事項について意見を表明する機会が確保され、多様な社会的活動に参画する機会が確保されることが記されている。この文言は子どもの権利条約中の意見表明権にのっとっていることが分かる。

【参考文献】
・岩崎正吾・佐藤晴雄他著『教師をめざす人のための教育学』エイデル研究所、1986年。
・藤武・山中巌他著『教育の基礎論』福村出版、1979年。

・香原志勢著『人類生物学入門』中央公論社、1975 年。

・安彦忠彦・藤井千春・田中博之編著『よくわかる教育学原論』ミネルヴァ書房、
2020 年。

第2章

公教育制度と現代教育改革

1 教育制度の原理と構造

1◎教育制度とは何か

　教育制度とは、「一定の教育目的を達成する機構をもつものとして、その存続が社会的に公認されている組織」[1]のことだといわれる。このほかにもいくつかの定義はあるが、それらに共通する教育制度のとらえ方とは、①教育を目的にしていること、②社会的に承認されたシステムであること、③そのシステムが持続性を有するものであることにある。

　ふつう、教育制度は学校（教育）制度と社会教育制度に分類されるが、社会教育を「制度」としてとらえる傾向は弱いため、教育制度＝学校制度という考え方が根強い。社会教育は市民の自主的な活動だと認識されるからであるが、社会教育行政がそれら活動のために公民館や博物館、図書館等の社会教育施設を設置、運営し、各種学級・講座を開設して社会教育の場と機会を提供している実態を考えれば、それを教育制度の一環に位置づけなければならない[2]。これに、文部科学省や教育委員会などが行う教育行政（教職員制度を含む）や教育財政に関わる制度を加えることができる。

1）真野宮雄「教育制度」細谷俊夫他編『教育学大事典』第一法規出版、1978 年。
2）真野宮雄編著『現代教育制度』（第一法規出版、1977 年）では、学校制度、社会教育制度、教員制度、教育行政制度、教育財政制度を取り上げている。

また、生涯学習推進体制を制度とみなせば、学校制度と社会教育制度に加えて、学習・文化支援体制を含めることができる。つまり、教育委員会以外の管理下の学習・文化活動支援システム、たとえば知事・市町村長下の首長部局や民間の学習事業所（カルチャーセンターなど）が実施する学習・文化支援システムは教育制度の対象にはならないが、生涯学習推進体制の対象になるからである。これら関係は下図に示すことができる。

教育制度の領域と生涯学習推進体制

2◎公教育の原則

　現代の教育制度は公教育の実現にむけて整備されている。公教育とは、国や地方公共団体など公権力主体が関与する教育のことをいう。公教育は、「わが国では終戦後、主として用いられるにいたったことばであり、法規上の概念ではない」[3]といわれるが、戦前においてもその実態はあった。つまり、わが国の公教育は、1872（明治5）年に「学制」が公布され、明治政府によって全国を通じて小学校から大学に至る学校制度の整備が計画された事実に始まるものと解される。

　現代の公教育制度は、①義務性、②無償性、③中立性の3原則に基づく。まず、①義務性とは、もともと政府が国家に有為な臣民を育成することを目的に、国民に対して教育を強制することを意味していた。この義務性の考え方はヨーロッパ諸国においてはすでに18世紀頃にみられたが、その後、「学習権の発見と普及・定着の過程で、このような強制教育としての義務教育観は転換せざるをえない」[4]のであった。すなわち、子どもの学習権や発達権を保障するための保護者や第三者の義務づけだと認識されるようになり、義務性の意味

3）相良惟一「公教育」『教育学大事典』第一法規出版、1978年、p.498。
4）桑原敏明「現代公教育制度の原理」伊藤・真野編著『教育制度の課題』第一法規出版、1975年、p.8。

が、保護者等の子どもを就学させる義務（憲法第26条第2項、教基法第5条、学教法第16条など）、地方公共団体の学校設置義務（学教法第38条、第49条、第80条）、第三者の就学保障義務（学齢子女使用者の避止義務：学教法第20条、国・地方公共団体の就学奨励義務：就学奨励法第2条、学教法第19条など）へと拡大されてきた。今日、義務性とはこのように広く解釈するのが一般的である。

　つぎに、②無償性は、義務性の実質的な裏付けとしてとらえることができる。これを歴史的にみると恩恵的救貧的思想から生まれた考え方であったが、今日においては国民の教育機会均等の実現のための条件の一つだと認識されている。憲法第26条における義務教育無償の原則、そして教育基本法第5条第4項の国公立義務教育学校の授業料不徴収の規定にその法的根拠を見いだせる。これまでは義務段階の授業料と教科書についてのみ無償性の原則が適用され、給食費や学用品費、学級費、修学旅行費などは私費に委ねているが、近年は給食費を無償化する市町村も増えてきている。

　高校の授業料については、2010（平成22）年に、公立高等学校に係る授業料の不徴収及び高等学校等就学支援金の支給に関する法律が制定され、その後、2013（平成25）年に高等学校等就学支援金の支給に関する法律に改題され、①授業料に充てる就学支援金が支給されること、②私立高等学校等では保護者の所得に応じて加算されること、③高所得の家庭は支給されないなど所得制限が加えられることと、定められた。世界的動向を見据え、高校教育の経済的負担の軽減を図ることをねらいとするもので、いわば無償性の原則を高校にまで拡大したわけである。さらに、大学の授業料等の無償化も検討されている。

　そして、③中立性とは、教育における「党派的偏向の排除」と「外部勢力の不当な支配の排除」という2つの側面をもつのである[5]。つまり教育という営為が人間の精神的な内面形成に強く影響を及ぼす作用をもつことから、特定の政治的党派や宗教的宗派がもつ特定の価値観の注入や外部勢力等による不当な介入を避けるべきだとする原則のことである。

　教育史を繙くと、教育は寺院や教会など宗教との結びつきが強固な時代もあ

5）津布楽喜代治「中立性」、真野編著、前掲書、p.64。

り、また時の政治勢力拡大の手段として利用されてきたことがわかる（現代に
おいても世界には教育が宗教・政治的イデオロギーに強く影響されている国は
ある）。しかし、民主的国家においては、未来的存在である子どもが自主的に
適正な判断をなし、自らの選択によって将来を設計していくために、教育は自
主性と自律性を保障されなければならないと考えられている。現行法の、憲法
第 20 条第 3 項（宗教的中立性）および全面改正された教育基本法第 15 条（宗
教教育）、教育基本法第 14 条（政治教育）で、この考え方は学校や社会教育
施設における教育活動と教育行政の両面において原則とされる。

　なお、私立学校に限って宗教活動等が認められ、また公立においても宗教的
寛容の態度を培うための宗教学習や、良識ある公民たるに必要な政治的教養を
高めるための政治学習は行うことができるが、特定の政党を支持または反対す
る政治教育は禁止されている。

3◎学校体系の仕組み

　教育制度は学校をはじめとする教育機関の関係性に基づく全体の構造であ
る。その各種の学校の関係性のことを学校体系という。

　学校体系は、「段階性」と「系統性」という 2 つの視座の交差によって構造
化される。「段階性」は年齢に基づく横の区分で、年齢の上昇に応じてステー
ジを上げるようになっている。わが国では、就学前の段階を「就学前教育（幼
児教育）段階」、小学校の段階を「初等教育段階」、中学校と高等学校を合わせ
た段階（または中等教育学校の段階）を「中等教育段階」、大学・短大等の段
階を「高等教育段階」とそれぞれよんでいる。

　一方の「系統性」とは、学校体系を縦にコース分けするための概念で、教育
目的・内容別の区分として普通教育・職業教育・特別支援教育の系統に分類さ
れたり、また教育対象別の区分としては男子教育・女子教育・共学、エリート
教育（進学教育）・大衆教育（基礎教育）などの系統に分けられる。戦前の学
校体系においてはこの系統性が明確に表れており、たとえば、旧制中学校はエ
リート教育の一環に位置づけられ、高等小学校は中学校への進学を希望しない
多くの大衆を対象にしていた。同時に旧制中学校は男子のみの学校であり、こ

系統別進路例（わが国戦前の制度を単純化したもの）

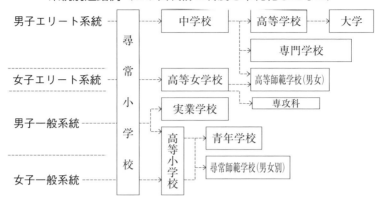

の段階の学校を望む女子に対しては高等女学校が用意されていた。しかし、帝国大学進学者は、一部例外を除いて、中学校と高等学校を経た男子のみに開かれていただけであった。

　戦後、教育の民主化のもとで、こうした教育対象に関わる系統性はほとんど消滅したが、教育内容上の系統性は残されている。

　この「段階性」と「系統性」との組み合わせによって、いくつかの学校体系の類型が誕生した。一般的には、複線型学校体系、分岐型学校体系、単線型学校体系の３類型に分けられる。複線型とは、相互に交わらない独立した複数の学校系統からなる体系のことである。分岐型は、共通基礎教育段階の上に、同格でない複数の学校系統が分岐して構築されるタイプである。そして、単線型とは、連続する単一の学校体系、あるいは共通基礎教育の上に同格の複数の学校系統が用意された体系のことで、アメリカを典型例とするものである。

　わが国の場合、「学制」においては単線型が採用されていたが、明治中ごろから戦前までの旧制度下においては分岐型が採用され、戦後の民主化のもとで単線型に改められたのである。

　この学校体系における「系統性」を、学校の成立過程に即してとらえると、おおよそ２つのタイプの学校系統に分けられる。

　一つは、最初に大学等が設置され、そのための準備教育機関として中等学校、ついで初等教育学校ができるように、上の段階から順次下の段階の学校がつく

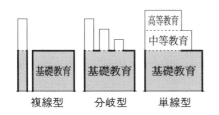

学校体系の３類型（例）

複線型　　　分岐型　　　単線型

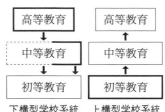

学校系統

下構型学校系統　　上構型学校系統

られる下構型学校系統である。ちょうどこれは竿に持った提灯を下方に伸ばすように学校ができていくタイプで、古くから大学が存在していたヨーロッパの諸国に多い。むろん大学等への進学を見込んでつくられた制度で、上流のエリート階級のための学校体系とされていた。

　これとは逆に、まず初等教育学校が設置され、その教育需要の高まりを受けて、以後中等、高等のそれぞれの段階の学校がつくられていく上構型学校系統がある（上図右参照）。たとえれば、積み木を上方に重ねていくように学校が設置されていく過程をとるもので、アメリカなど歴史的に新しい国に典型的にみられ、民衆教育成立過程でつくられた学校系統である。

　古くからあるヨーロッパ諸国のように下構型の確立の後に上構型が成立するなどして、その両者が共存すると複線型学校体系になる。そして、アメリカのように、もともと上構型だけがつくられた場合には単線型学校体系になる。分岐型はわが国の戦前のように、両タイプの中間形態や過渡形態として存在するのである。現在多くの国では、下構型系統と上構型系統を統合した単線型学校体系を存立させている。

　このような認識を踏まえて、以下の各節においては、近代学校制度の誕生から現在の教育制度改革までの流れを明らかにすることとしよう。

2 近代教育制度の成立

1◎「学制」の教育理念

わが国の公教育制度を明らかにするとき、近代までたどる必要がある。

まず、明治維新を迎えたばかりの 1869（明治 2）年 3 月、新政府は府県に対して「府県施政順序」を発して、小学校の設置を促した。京都では、この年に 64 の小学校が設置され、その中の一つである上京二十七番小学校はわが国最初の小学校になった。

これとは別に、明治政府は 1870（明治 3）年に「大学規則」、「中小学規則」を制定し、中学、大学へとつながっていく、先の学校とは性格の異なる小学校の設置を計画した。ここに庶民とエリートのための 2 つの系統をもつ複線型の学校体系が構想されたのである。

その後まもなくして、1871（明治 4）年に廃藩置県が行われ、中央集権主義的国家の確立をみると、同じ年に中央教育行政組織として文部省が創設された。その文部省によって、欧米諸国の制度を参考にしながら新たな学校制度改革が検討され、1872（明治 5）年、わが国最初の近代的教育法規とされる「学制」が制定されたのである。

その教育理念は、新政府が天皇を中心とした統一国家体制を維持し、欧米列強の外圧に抗し得るための「殖産興業・富国強兵」政策を展開しようとする社会的背景の影響を受けたものであり、その特色は以下の諸点に集約できる。

第 1 に、個人主義的な立身出世主義を基調にしていることである。序文の冒頭に、「人々自ら其身を立て其産を治め其業を昌にして以て其生を遂るゆえんのものは他なし身を修め智を開き才芸を長ずるによるなり」と述べられているように、立身出世し、仕事を盛んにしていくためには学問が必要である、つまり「学問は身を立るの財本」だとする考え方が記されている。

第 2 に、西洋の学問を中心にした実学主義を重視したことである。そこでは、「日用常行言語書算を初め士官農商百工技芸及び法律政治天文医療等に至る迄凡人の営むところの事学あらさるはなし」と述べ、基礎教育を含んだ近代

的な実学主義的学問の必要性を主張している。つまり、殖産興業と富国強兵に応じることのできる近代の実学的学問が奨励されたのである。

第3に、国民皆学思想に立った教育観が見られることである。新政府は四民平等の精神を打ち出し、江戸時代の身分差別を撤廃する政策をとった。この精神を教育によって実現すべく、従来の「学問は士人以上の事とし農工商及婦女子に至つては之を度外におき学問の何物たるを辨せず」という誤った方向を改め、今後は「一般の人民華士族農工商及婦女子必ず邑に不学の戸なく家に不学の人なからしめん事を期す」ことを示してかつての身分階層や性別にかかわらず国民はすべて学問に励むよう訴えている。

「学制」はフランスに模した「学区制」を採用し、全国を8大学区に分けてそれぞれに大学を1校置き、各大学区を32中学区に分けて1中学校を配置して、さらに各中学区を210の小学区に細分しようとするものであった。したがって、全国に大学8校、中学校256校、小学校53,760校を配置し、初等教育、中等教育、高等教育の学校制度を統一するねらいがある。学区制そのものはフランスにならったが、学校体系に関してはアメリカの単線型を採用し、すべての国民が初等教育（6歳から13歳までの8年間）を受けるものと規定した。これによって、明治初年に構想された複線型の学校体系は単線型に改変された。

とはいえ、「学制」の学校設置計画は非現実的な面をもっていたため、国民の生活から遊離したものとなり、当初の期待通りには実現されなかった。たとえば、小学校の数を見ても、2020（令和2）年度ですらその設置数が全国に19,525校[6]であることを考えれば、当時5万校を設置しようとする計画がいかに壮大であり、現実味を帯びていないかがわかる。ちなみにわが国において、最も小学校数が多かったのは1957（昭和32）年の26,988校であった。

2◎学校令と中央集権的教育制度の確立

こうした実状を踏まえて、1879（明治12）年に、政府は学校の設置・設備・

6）文部科学省『学校基本調査—2020（令和2）年度』による。

管理、教育内容などあらゆる面でそれよりも柔軟にしていくことを意図した教育令（自由教育令）を公布した。自由教育令は、教育行政に地方分権的傾向を取り入れたこと、学区制を廃止するなどして小学校の設置原則をある程度緩和したこと、就学期間を短縮し学校外の就学も認めたことなどの点において「学制」よりも自由な考え方をとった。それは、板垣退助らによる自由民権運動が幅広い支持を得ながら発展してきた社会的風潮の中で公布されたのである。

　だが、自由教育令の下で各地では小学校の廃止や就学者数の減少など国民皆学の理念に逆行する事態が生じるようになる。そこで、1880（明治13）年には自由教育令を改正し、中央集権的な教育政策をとる干渉主義的な教育令（改正教育令）が公布された。これは、就学率を高めるために3年間の就学義務を明記するとともに、町村の権限を弱めて府知事・県令や文部省の権限を一層強めようとするものであった。

　1885（明治18）年、内閣制の施行によって、森有礼が初代文部大臣に任命されると、その後の学校制度の基幹となる学校令が公布された。学校令は、それぞれの学校段階に応じて、帝国大学令、中学校令、小学校令、そして師範学校令として公布されたもので、各学校の目的を以下のように示した。

　帝国大学は、「国家の須要に応ずる学術技芸を教授し及其蘊奥を攻究するを以て目的とする」とあるように、国の要求に適う専門教育と学問研究の機関として設置され、その後、国の指導的役割を果たす人材を数多く輩出させていった。中学校は、「実業に就かんと欲し又は高等の学校に入らんと欲する」者に対して必要な教育を行うことを目的とし、各府県に置かれた尋常中学と全国5区に設置された高等中学に分けられた。

　そのうち後者は一部エリートのための学校として位置づいていた。小学校は、尋常科と高等科の2つの段階から成り、普通教育を行うことを目的とするが、条文の中で「普通教育を得さしむるの義務」を保護者に対して課すことが明記されている。ただし、「義務」とされていたものの、授業料については無償とされず受益者負担（保護者負担）の原則がとられていた。そして、師範学校は、「教員となるべきものを養成する所」とされ、尋常師範と高等師範に分けられた。

　その後1889（明治22）年に大日本帝国憲法が制定され、中央集権的な国家体

制が完成すると、1890（明治23）年に小学校令が改正（第2次小学校令）され、教育が地方ではなく国家の事務であることを明確にした。小学校の目的は「児童身体の発達に留意して道徳教育及国民教育の基礎並その生活に必須なる普通の知識技能を授くる」ことにあると具体的に規定された。尋常小学校への就学は「義務」とされながらも、就学年限などの点で依然としてその規定には曖昧さが残されていた。

3◎教育勅語の成立と国民道徳思想の形成

　ところで、この年1890（明治23）年には、わが国において戦前までの国民道徳形成にきわめて大きな役割を果たした「教育に関する勅語」（教育勅語）が、天皇の名で渙発されていた。これ以前に、政府はときの自由民権運動思想の高まりを危惧して、また明治初期以来の欧米万能主義的な政策の行き過ぎに歯止めをかけるため、1879（明治12）年に「教学大旨」を定め、翌年に教育令を改正し、1881（明治14）年に小学校教員心得を定めるなど、一連の反動的教育政策を打ち出しながら、国民の間に儒教思想に基づく道徳思想を普及させようと努めていたのである。

　「教育勅語」の内容は、教育の本義が忠孝の道徳によるべきこと（第1文節）、「天壌無窮の皇運を扶翼」するために国民が守るべき徳目として親孝行・孝弟・夫婦愛・友愛・恭倹（人にうやうやしく、自分には慎み深くすること）・博愛・学業・知能の啓発・徳器の成就・公益・世務・国憲重視・国法遵守・義勇の14項目があること（第2文節）、そして、この徳目が皇祖皇崇からの遺訓であるから国民（臣民）が実践しなければならないこと（第3文節）からなる。これはとりわけ修身教育において大きな影響を与えた[7]。

　教科書の検定制度は1886（明治19）年に設けられたが、この頃、教育勅語にそぐわない修身教科書のあることが衆議院において取り上げられ、さらに1902（明治35）年に教科書疑獄事件が発覚したのを契機にして、1903（明治36）年、政府は小学校の教科書を文部省が著作権をもつものだけに限定する

7）以後、勅語は1948（昭和23）年衆参両院において失効が確認されるまで、約50年間わが国の教育の思想的基盤として重要な役割を果たしていった。

国定教科書制度に改めて、国民道徳思想の形成をめざした教育内容の統制を強めたのである。

4◎義務教育制度の確立と中等高等教育の整備

　改正教育令（第2次教育令）では義務教育は有償とされていたが、1900（明治33）年の小学校令（第3次小学校令）の改正によって尋常小学校は4年間の義務教育期間と定められるとともに、市町村立小学校では授業料が無償になった。授業料が無償化された結果、小学校就学率は急速に伸び、1912（明治45）年にはほぼ国民全員が就学するほどまでに高まっていった。その後、1907（明治40）年に小学校令の一部改正によって義務教育期間が6年に延長された。

　他方、この時期には中等教育の整備も積極的に進められた。1899（明治32）年に「高等学校令」が新たに制定され、従来中学校の後期の課程であった高等中学校は独立し、高等教育機関である高等学校になった。高等学校の目的は「専門学科を教授する」ことにあるが、「帝国大学に入学する者の為め予科を設くることを得」というように帝国大学進学のための準備教育を行うところにもある。そして、数年後には「中学校令」、「高等女学校令」が制定され、中学校は上級学校進学のための準備教育を中心に行うことを目的とするようになり、高等女学校は「良妻賢母」を育てることを目的とする女子のための中等教育機関として新たに位置づけられた。そのほか、この時期には「実業学校令」（1899年）、「専門学校令」（1903年）が制定され、義務教育以後の複雑な学校制度が形づくられるようになった。なお、1918（大正7）年の「大学令」（翌年施行）によって、これまで大学の名称が付けられていても専門学校扱いされてきた私立大学は昇格し、名実共に「大学」へと改められたのである。たとえば、早稲田大学は1902（明治35）年に「早稲田大学」に改称したが、大学令以前は制度上、専門学校に位置づけられていた。

　こうして「学制」当時単線型であったわが国学校制度は、義務教育段階を単線型とし、以後複線型をとる分岐型学校体系へと変化し、戦後の新体制を迎えるまで維持されていった。この間、教育の目的は天皇を中心とする国体護持のための道徳思想の浸透と善導に置かれ、第二次世界大戦を迎えるに従ってます

ますその色彩を強めていくのである。

5◎国家主義体制の教育制度

　大正の終わり頃から始まった不況は昭和初期には大恐慌となり、日本経済を疲弊させた。この不況によって小作争議が頻繁に起こり、社会主義運動や労働運動も次第に盛んになり、左翼思想が社会に広がっていったが、一方では、軍部による反動的な動きも強まってくる。こうした社会背景は、教育にも少なからぬ影響を及ぼしたのである。

　この時期、プロレタリア教育運動や「生活綴方運動」などが全国に広がりつつある中で、政府は1925（大正14）年に治安維持法を制定して社会主義運動を取締まり、思想統制を図った。そして、1931（昭和6）年の満州事変を契機に右翼勢力が台頭すると、ファシズム体制はいよいよ強化されたのである。そ

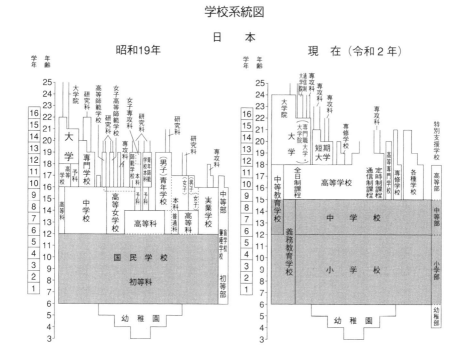

学校系統図

日　本

うなると、当時の国家体制に馴染まない要素をもっていた教育運動や自由主義的な思想や学問に対して弾圧が加えられるようになったため、昭和の比較的早い時期にプロレタリア教育運動は消滅し、1940（昭和15）年には綴方教育運動は徹底的な弾圧を受けて、次々と有力な指導者を失っていった。

　政府はこのように自由主義的な教育運動を弾圧する一方で、国民の思想統制の強化を図るため、様々な教育施策を展開した。まず、1941（昭和16）年、全国の小学校は「国民学校」に改められ、「皇国の道に則りて初等普通教育を施し国民の基礎的鍛練を為すを以て目的」とする学校になる。教育内容では、従来の教科が統合され、「国民科」、「理数科」、「体練科」、「芸能科」、「実業科」などとされた。すでに国定化された教科書は、戦時に十分備えることができるように、戦争を聖戦と美化し、皇国民の錬成に応えるような内容に編纂されたのである（5期国定教科書）。

　青年学校は、1935（昭和10）年に実業補習学校と青年訓練所の統合によって新設され、1939（昭和14）年には男子に限り義務化されて、すべての青年に教練を行うような仕組みが整えられたのである。学校外では、国民精神総動員運動が展開され、「挙国一致」などのスローガンを掲げ、総力戦に備えた国民意識の高揚を図った。社会教育関係の団体は、この思想運動の下に中央集権的組織に組み込まれる形で統合されて、学校外で思想善導の役割を果たす手段として利用された。

　こうして戦時下の教育は、皇国思想を注入し、戦時にふさわしい国民の育成を目的として、幾度となく手直しが加えられながら戦争突入のための手段として機能していたのである。そして、1945（昭和20）年の「戦時教育令」制定によってわが国の教育は機能を停止し、事実上崩壊していった。

3 戦後新教育制度の誕生──日本国憲法・教育基本法制と教育

1◎占領期の教育改革理念

　1945（昭和20）年のポツダム宣言受諾によって、新しい日本の建設が開始

された。教育政策は連合軍総司令部（GHQ）の指導の下で民主的に転換され、国家主義的要素が取りのぞかれていく。同年、GHQ の民間情報教育局（CIE：Civil Information and Education Section）が設置され、アメリカ教育使節団の来日までの間、日本の教育の現状や問題点を調査したことに始まり、以後、わが国戦後の新教育体制の整備を開始したのであった。

　ところで、戦後の教育史は、第 1 期の占領下と第 2 期の独立回復後に分けることができる[8]。占領下の時期には、まず「教育面における終戦処理と旧体制の清算」が行われると同時に、「新しい教育の理念の啓発普及」が開始された。1945 年 9 月に発表された「新日本建設の教育方針」は、国体の護持を基本とする軍国的な戦前の教育方針を払拭し、平和国家の建設、国民の教養の向上や科学教育の涵養、平和愛好の信念の養成を目標に掲げ、そのための教科書・教職員に対する措置・学徒に対する措置・科学教育・社会教育・青少年団体・宗教・休育、そして文部省の機構改革などについての改革案を示した。

　翌年には、第 1 次米国教育使節団報告書がジョージ・D・ストッダートを団長とする米国教育使節団によって発表された。その「報告書」は、①日本の教育目的及び内容、②国語の改革、③初等および中等学校の教育行政、④教授法と教師養成教育、⑤成人教育、⑥高等教育の 6 章で構成され、民主的な教育の在り方について述べている。ここで、6・3・3 制の学校制度、男女共学、義務教育の無償制、4 年制大学での教員養成、教育行政の地方分権化、成人教育の重要性などを勧告し、わが国の戦後教育改革の基本を方向づけたのである。この報告書発表後に出された文部省の「新教育指針」は、個性の完成と人間尊重という基本理念に立ち、「報告書」と同じ思想的基盤をもつものであった。

　その「報告書」の理念を実現させるために、同年 8 月、内閣に設置された教育刷新委員会は、①教育の理念・教育基本法、②学制、③私立学校、④教育行政などに関する建議を行い、基本法制の基盤を築いたのである。

8）文部省編『学制百年史』帝国地方行政学会、1972 年。

2◎教育基本法の誕生

　戦後、教育を受ける権利を保障した日本国憲法の下で、教育勅語に代わる教育の基本的在り方の拠り所となる法令の制定が求められるようになり、教育刷新委員会に第1特別委員会が設置され、その審議を行うこととなった。その結果、1947（昭和22）年に教育基本法が制定され、戦後教育の目的と方針を以下のように定めた（2006年に全面改正された）。

　　第1条（教育の目的）　教育は、人格の完成をめざし、平和的な国家及び社会の形成者として、真理と正義を愛し、個人の価値をたつとび、勤労と責任を重んじ、自主的精神に充ちた心身ともに健康な国民の育成を期して行われなければならない。

　　第2条（教育の方針）　教育の目的は、あらゆる機会に、あらゆる場所において実現されなければならない。この目的を達成するためには、学問の自由を尊重し、実際生活に即し、自発的精神を養い、自他の敬愛と協力によつて、文化の創造と発展に貢献するように努めなければならない。

　この教育基本法の教育理念の下で、同時に学校教育法が制定され、各種段階の新しい学校の設置目的と教育目標が定められると、同年に新制小中学校が設置され、翌1948（昭和23）年には新制高等学校が、そして49（昭和24）年に新制大学が設置されたのである。また、48年には新しい教育行政組織の法的根拠となる教育委員会法が制定され、社会教育に関しては49年6月に社会教育法が制定されるなど、学校教育と社会教育にわたる法的整備が着手された。ここにきて、平和主義、民主主義、そして人間主義へと転換した戦後の教育理念が法制によって明らかにされ、制度的保障を得ることになったのである。

　こうして1947年から49年の間に、6・3・3・4制の単線型学校制度の整備、男女共学の実施や社会科の新設、教育委員会制度の創設、社会教育制度の基盤整備など多くの新制度が発足したのである。

3◎教育の整備・拡大期

　戦後教育史の第2期は、1952（昭和27）年4月の「平和条約」発効から始

まる。この時期は、戦後実施された新しい教育制度にわが国の実態に即した手直しが加えられ、高度経済成長を経て、教育の質的向上と量的拡大が進められた時期である。

　まず、6・3制が次第に定着し、施設や教員給与などの国庫負担が始まり、教育財政の制度的保障が確立された。また、経済的困難を抱える家庭の児童生徒、僻地など地理的に不利な条件をもつ地域、そして心身に障害をもつ児童生徒などに対してそのハンディキャップを補うための措置が相次いでとられた。その意味で、教育の機会均等の理念が現実的に保障されるようになった時期だといえよう。

　学習内容については、教師用手引として発行されていた学習指導要領は性格が改められ、1958（昭和33）年の全面改訂によって法的拘束力をもつようになる。当時の学校教育法施行規則第25条（現第52条）の「小学校の教育課程については、この節に定めるもののほか、教育課程の基準として文部大臣が別に公示する小学校学習指導要領によるものとする」という規定が設けられたのである（中・高校についても準用される）。

　これは、教育内容の地域間格差を解消し、各学校段階において一定水準以上の教育を提供するという考え、すなわち教育水準を維持確保しようとする観点からとられた措置であった。教科書は、1953（昭和28）年から文部大臣の検定によるものとされ、今日に至っているが、なおその問題点が指摘されている（たとえば、家永三郎による教科書検定訴訟がある）。教科書の供与に関しては、1963（昭和38）年に義務教育諸学校の教科用図書の無償措置に関する法律が施行され、国公私立を問わず義務教育学校においては無償となった。

　一方、高等教育の改革も進められた。新制大学発足以来、大学設置数の増加や学部学科の増設が積極的に取り組まれ、高等教育への進学者が急激に増大するようになる。1950（昭和25）年には、大学設置のための暫定的措置として短期大学が発足し、設置数も増えて著しく発展してくると、独自の高等教育機関としての地位を占めるようになった。短期大学は、「深く専門の学芸を教授研究し、職業又は実際生活に必要な能力を育成すること」を目的に設置されたが、とくに女子の進学希望者の需要に応えて発展していった。

　さらに、高度経済成長を背景に、中堅技術者養成を目的に高等専門学校が

1961（昭和 36）年の学校教育法の改正により翌年から発足し、わが国学校制度において新たな学校が加わることになった。高等専門学校の目的は、「深く専門の学芸を教授し、職業に必要な能力を育成すること」にあり、とりわけ工業高等専門学校の発展が顕著に見られた。

その後、後期中等教育の改革に手が付けられ、1963（昭和 38）年、第 2 次池田内閣の荒木文部大臣によって「後期中等教育の拡充整備について」と題する諮問が中央教育審議会（中教審）になされた。その諮問は、①期待される人間像、②後期中等教育改革の在り方、を検討事項とするものであった。3 年後の 1966（昭和 41）年、中教審はその諮問に対する答申を発表した。答申は、日本人が個人として、家庭人として、社会人として、国民として期待される徳目を述べ、後期中等教育の多様化を進めることによって、青少年が国家や社会に寄与し、仕事に打ち込むことを期待し、同時に象徴としての天皇を敬愛することが日本人の望ましい特性だと論じた。

そして、1971（昭和 46）年の中教審答申「今後における学校教育の総合的な拡充整備のための基本的施策について」が象徴するように、教育を高度経済成長政策の一環としてとらえる傾向が強くなり、とくに財界は人的能力開発政策をはじめ、高度経済成長に応じることのできる人材育成に関心を寄せることとなった。

4 現代教育改革の方向

1◎臨教審と生涯学習社会

こうしてわが国の戦後教育の制度は整備されてきたが、1984（昭和 59）年、第 2 次中曽根内閣は、これまでの戦後教育の見直しを図り、社会の変化に応じた教育改革の在り方を諮問するために、臨時教育審議会（臨教審）を発足させた。臨教審の答申は 4 次に及ぶもので[9]、①個性重視の原則、②生涯学習体

9）第 1 次答申が 1985（昭和 60）年 6 月、第 2 次答申が翌 86（昭和 61）年 4 月、第 3 次答申が翌 87（昭和 62）年 4 月、そして最終の第 4 次答申が同じく 87 年 8 月にそれぞれ総理大臣に提出され、臨教審は解散した。

系への移行、③変化への対応を教育改革の視点とし、6つの具体的施策を提言した。その施策は、①生涯学習体制の整備、②高等教育の多様化と改革、③初等中等教育の充実と改革、④国際化への対応のための改革、⑤情報化への対応のための改革、⑥教育財政の改革である。これらの提言は、その後、国の関係審議会で検討され、各種答申を経て具体的に実現されていく。この教育改革理念の中でも、とりわけ生涯学習社会の実現をめざすことが重視された。つまり、人々が生涯にわたって、様々な手段を利用して学習することを支援しようとする理念である。この理念の下で、社会教育分野の改善にとどまらず、大学の昼夜開講制や夜間大学院の開設、単位制高等学校と高等学校総合学科の設置など学校制度改革が進められたのである。

児童の権利条約

　「子どもの権利条約」とも訳されることがあるが、政府の公文書では「児童の権利に関する条約」と表している。「前文」と54の条文から成る。この条約は、「前文」で明らかにされているように、極めて困難な条件の下で生活している児童に対する特別の配慮や特に開発途上国における児童の生活条件の改善を目指すものであり、単に児童生徒の自己主張を権利として無条件に認めようとする趣旨のものではない。この場合の児童とは満18歳未満のすべての者とされる。

　また、1989（平成元）年に国連で「児童の権利条約」が採択され、1990（平成2）年にわが国で署名され、さらに1994（平成6）年に批准された。これは、今日において世界の多くの国で児童が餓えや貧困など困難な状態に置かれている状況、あるいは先進国に見られる児童虐待などの実情をかんがみ、児童（18歳未満）の生きる権利・健やかに育つ権利・意思を表明する権利・教育についての権利などを保障することをねらいとするものである[10]。

　従来、ともすると学校における教師と児童生徒との関係は上下関係にも似た一方的な関係になりがちであった。体罰事件などはそうした関係が生み出すものと考えることもできる。この条約の採択を契機として、今後は、これまでの教師と児童等の関係を見直し、児童の権利を尊重した教育の在り方が求められ

10）児童の権利条約については、わが国ではその本来の趣旨を曲解しようとする事例が少なくない。

> 「生きる力」
>
> 　「生きる力」とは、①社会的変化の中でいかなる場面でも他人と協調しながら自律的に生活していくための実践的な力、②初めて遭遇するような場面でも、自ら課題を見つけ、自ら考え、自らそれを解決していくための資質や能力、③理性的判断力や合理的精神だけでなく、美しいものや自然に感動する柔らかな感性、正義感や公正さを重んじる心、生命や人権を重んじる基本的倫理観、他人を思いやる心、ボランティア精神、④これら資質や能力を支える基盤となる健康と体力、などを総合した力のこと。

てくるのは必至だといえよう。

2◎中教審と「生きる力」を目指す教育改革

　臨教審以後、その答申を徐々に具体化しようとする動きが顕著になってきた。その後、1995（平成 7）年 4 月に発足した第 15 期中央教育審議会が、完全学校週 5 日制を念頭に置きながら、今後の在り方について審議を重ね、1996（平成 8）年 7 月に第 1 次答申を公表し、「ゆとり」と「生きる力」をキーワードにした教育改革の方向を提言した。

　答申は、現在の子どもたちの生活や学校教育などの問題点を指摘した上で、今後の教育の在り方として、学校のみならず社会全体に「ゆとり」を確保して、子どもたちに「生きる力」を育んでいくことが重要だと主張している。そのために、「学校のスリム化」を進め、学校・家庭・地域社会の連携を推進し、子どもたちの体験活動を重視するとともに、教育内容の厳選や能力・適性に応じた教育が必要だとする。

　この答申の後に出された第 2 次答申が提言した大学への「飛び入学」や「中高一貫制」は現実化され、また 2002（平成 14）年から完全学校週 5 日制が実施されるなど、戦後 50 年続いてきたわが国学校制度の仕組みそのものが大きく変わった。中高一貫制については、1998（平成 10）年に学校教育法が改正され、翌 99 年 4 月から中等教育学校が設置されることとなり、ここに新しい「学校」が誕生したのである。学校週 5 日制に関しては、すでに 1992（平成 4）

年に第2土曜日のみの月1回の実施、1995（平成7）年からは第2、第4土曜日の月2回実施が行われてきた。こうした経過措置を踏まえて、ようやく完全実施が実現されるようになる。

　以上のように、平成の教育改革は、学校週5日制、飛び入学、中等教育学校の創設など教育制度の基本構造の変革をめざす大きなものになった。

3◎教育改革国民会議以後の教育改革

　その後、2000（平成12）年3月には内閣総理大臣の諮問機関として教育改革国民会議が設置され、約9か月の審議を経て、同年12月に最終報告が公表された。この報告は、教育を変えるための17の提案を行い、これからの教育を改革する方向を示したのである。だが、提案の中には、現在の文部科学省の政策とは無関係な内容のものも見られた。たとえば、18歳のすべての青少年に1年間の奉仕活動を義務づけるとする提案は、結局、学校教育法並びに社会教育法の一部改正により、ボランティア活動等の社会体験活動の充実を図ることで決着した。

　とはいえ、提案の多くは何らかの形で法制化され、施策化され、今日の教育改革の指針となったのである。なかでも、教育基本法改正を求めた提案は、2003（平成15）年3月に中央教育審議会に審議が引きつがれ、答申「新しい時代にふさわしい教育基本法と教育振興基本計画の在り方について」を示し、改正の要点を提言した。

　一方、地方分権化の流れに乗って、各地で様々な教育改革をめざした取組みが進められている。たとえば、学校選択制については、2000（平成12）年度から品川区が実施（2001年新入生から適用）し、各地にその施策が浸透してきている。小中学校の2学期制は、2002（平成14）年度から仙台市がいち早く導入し、以後各地でも導入またはその検討が行われるようになった。

　学校制度改革に関しては、2007（平成19）年4月から、従来の養護学校・盲学校・聾学校は法令上、特別支援学校の名称に改められたが、2000年時点で現に設置されている場合には従来の名称を用いることができる。

4◎教育基本法改正後の教育改革

　2006（平成18）年10月、内閣に教育再生会議が設置された。同会議は、「21世紀の日本にふさわしい教育体制を構築し、教育の再生を図っていくため、教育の基本にさかのぼった改革を推進する」ために設置されたもので、翌2007（平成19）年1月には、第1次報告「社会総がかりで教育再生を〜公教育再生への第一歩〜」を公表し、いじめ対応や「ゆとり教育」の見直しなどを提言した。また、2006（平成18）年12月には、教育基本法が全面改正され、同月22日から施行された（資料1参照）。この改正教育基本法は、生涯学習の理念、大学、家庭教育、私立学校・家庭・地域の連携など新たな条文を盛り込みながら、従来の条文を大幅に変更したものである。

　この改正後、中央教育審議会は、2007（平成19）年3月に答申「教育基本法の改正を受けて緊急に必要とされる教育制度の改正について」を文部科学大臣に提出した。この答申を受ける形で、いわゆる「教育三法」（学校教育法、地教行法、教育職員免許法）が改正され、今日に至っている。

　それらの主な改正点を示せば、次のようになる。まず、学校教育法改正によって、義務教育目標の設定、副校長・主幹教諭・指導教諭という新たな教員職制の創設、学校評価の義務づけなどに関する事項が新たに定められた。地方教育行政の組織及び運営に関する法律に関しては、教育委員会制度の充実と保護者の委員としての任命義務、文部科学大臣の教育委員会に対する措置要求、指導主事の配置などに関する条項が盛り込まれた。教育職員免許法では、教員免許の更新制と免許更新講習、指導力不足教員に対する新たな措置に関する条項が加えられたのである。

　このように、近年、毎年のように教育制度改革が進められ、特に教員免許更新制など従来の教育制度が大きく変えられようとしているのである。

　教育行政については、教育委員会制度が改められ、教育長と教育委員会委員長（教育委員長）が一本化され、新たな形の教育長が設置されることになった。

　最近では、文部科学省が小学校の35人以下学級の推進のための予算化を図ったところである。教職員定数増によって、2011（平成23）年度から小学校1年生の学級が35人以下の学級規模に改められ、2021（令和3）年度から

は小学校 2 年生にも 35 人学級を導入することになる。この全学級編制の標準の引き下げは、45 人から 40 人学級に変更した 1980（昭和 55）年以来になる。

　また、新たな学校として 2016（平成 28）年度から小学校と中学校を一体化した義務教育学校が創設された。義務教育学校は、「心身の発達に応じて、義務教育として行われる普通教育を基礎的なものから一貫して施すことを目的とする」（学校教育法第 49 条の 2）学校で、従来から一部自治体で取り組まれていた小中一貫教育を制度化したものである。これは「中 1 ギャップ」への対応策として期待されている。

　また、幼児教育に関して、2006（平成 18）年に、就学前の子どもに関する教育、保育等の総合的な提供の推進に関する法律が制定され、認定こども園制度が開始された。認定こども園制度とは教育と保育を一体的に行う施設のことで、そのほかに認可幼稚園が保育も行う幼稚園型、保育所が保育のほかに幼稚園的機能を果たす保育所型などがある。2006（平成 18）年 10 月に創設された。2021（令和 3）年 4 月現在、全国に 8,585 園設置されている。

　そのうち幼保連携型認定こども園とは、「義務教育及びその後の教育の基礎を培うものとしての満 3 歳以上の子どもに対する教育並びに保育を必要とする子どもに対する保育を一体的に行い、これらの子どもの健やかな成長が図られるよう適当な環境を与えて、その心身の発達を助長するとともに、保護者に対する子育ての支援を行うことを目的として、この法律の定めるところにより設置される施設という」と定義されている。簡潔に言えば、幼稚園の機能と保育所の機能の両方をあわせ持つ単一の認定こども園のことである。

　小学校に関しては 2021（令和 3）年度から 5 年間かけて全学年を 35 人学級に引き下げることとなったが、中学校については従来通りの 40 人学級のままとされた。

5◎教育振興基本計画の策定

　教育基本法全面改正により、以下の条文が盛り込まれ、国は教育振興基本計画の策定が義務づけられ、地方公共団体にはその計画策定が努力義務とされた。

（教育振興基本計画）

第 17 条　政府は、教育の振興に関する施策の総合的かつ計画的な推進を図るため、教育の振興に関する施策についての基本的な方針及び講ずべき施策その他必要な事項について、基本的な計画を定め、これを国会に報告するとともに、公表しなければならない。

2　地方公共団体は、前項の計画を参酌し、その地域の実情に応じ、当該地方公共団体における教育の振興のための施策に関する基本的な計画を定めるよう努めなければならない。

　国の教育振興基本計画は、2008（平成 20）年 7 月 1 日に第 1 期計画（対象期間：平成 20〜24 年度）閣議決定され、その後、5 年毎に更新され、2023（令和 5）年 6 月 16 日には第 4 期計画（令和 5 年度〜令和 9 年度）が閣議決定された。

　第 4 期計画は、今後 5 年間の教育政策の「基本的な方針」として、次の 5 項目を取り上げている。

　①グローバル化する社会の持続的な発展に向けて学び続ける人材の育成

　②誰一人取り残されず、全ての人の可能性を引き出す共生社会の実現に向けた教育の推進

　③地域や家庭で共に学び支え合う社会の実現に向けた教育の推進

　④教育デジタルトランスフォーメーション（DX）の推進

　⑤計画の実効性確保のための基盤整備・対話

　2021（令和 3）年 3 月現在、地方公共団体の策定率は都道府県 100%、政令指定市 100%、中核市 100%、市区町村 1,718 箇所中 83% などとなっている。

資料 1　**教育基本法**

平成 18 年 12 月 22 日　法律 120 号

　我々日本国民は、たゆまぬ努力によって築いてきた民主的で文化的な国家を更に発展させるとともに、世界の平和と人類の福祉の向上に貢献することを願うものである。

我々は、この理想を実現するため、個人の尊厳を重んじ、真理と正義を希求し、公共の精神を尊び、豊かな人間性と創造性を備えた人間の育成を期するとともに、伝統を継承し、新しい文化の創造を目指す教育を推進する。

　ここに、我々は、日本国憲法の精神にのっとり、我が国の未来を切り拓く教育の基本を確立し、その振興を図るため、この法律を制定する。

第1章　教育の目的及び理念

（教育の目的）

第1条　教育は、人格の完成を目指し、平和で民主的な国家及び社会の形成者として必要な資質を備えた心身ともに健康な国民の育成を期して行われなければならない。

（教育の目標）

第2条　教育は、その目的を実現するため、学問の自由を尊重しつつ、次に掲げる目標を達成するよう行われるものとする。

　一　幅広い知識と教養を身に付け、真理を求める態度を養い、豊かな情操と道徳心を培うとともに、健やかな身体を養うこと。

　二　個人の価値を尊重して、その能力を伸ばし、創造性を培い、自主及び自律の精神を養うとともに、職業及び生活との関連を重視し、勤労を重んずる態度を養うこと。

　三　正義と責任、男女の平等、自他の敬愛と協力を重んずるとともに、公共の精神に基づき、主体的に社会の形成に参画し、その発展に寄与する態度を養うこと。

　四　生命を尊び、自然を大切にし、環境の保全に寄与する態度を養うこと。

　五　伝統と文化を尊重し、それらをはぐくんできた我が国と郷土を愛するとともに、他国を尊重し、国際社会の平和と発展に寄与する態度を養うこと。

（生涯学習の理念）

第3条　国民一人一人が、自己の人格を磨き、豊かな人生を送ることができるよう、その生涯にわたって、あらゆる機会に、あらゆる場所において学習することができ、その成果を適切に生かすことのできる社会の実現が図られなければならない。

（教育の機会均等）

第4条　すべて国民は、ひとしく、その能力に応じた教育を受ける機会を与えられなければならず、人種、信条、性別、社会的身分、経済的地位又は門地によって、教育上差別されない。

　2　国及び地方公共団体は、障害のある者が、その障害の状態に応じ、十分な教育を受けられるよう、教育上必要な支援を講じなければならない。

3　国及び地方公共団体は、能力があるにもかかわらず、経済的理由によって修学が困難な者に対して、奨学の措置を講じなければならない。

第2章　教育の実施に関する基本

（義務教育）

第5条　国民は、その保護する子に、別に法律で定めるところにより、普通教育を受けさせる義務を負う。

2　義務教育として行われる普通教育は、各個人の有する能力を伸ばしつつ社会において自立的に生きる基礎を培い、また、国家及び社会の形成者として必要とされる基本的な資質を養うことを目的として行われるものとする。

3　国及び地方公共団体は、義務教育の機会を保障し、その水準を確保するため、適切な役割分担及び相互の協力の下、その実施に責任を負う。

4　国又は地方公共団体の設置する学校における義務教育については、授業料を徴収しない。

（学校教育）

第6条　法律に定める学校は、公の性質を有するものであって、国、地方公共団体及び法律に定める法人のみが、これを設置することができる。

2　前項の学校においては、教育の目標が達成されるよう、教育を受ける者の心身の発達に応じて、体系的な教育が組織的に行われなければならない。この場合において、教育を受ける者が、学校生活を営む上で必要な規律を重んずるとともに、自ら進んで学習に取り組む意欲を高めることを重視して行われなければならない。

（大学）

第7条　大学は、学術の中心として、高い教養と専門的能力を培うとともに、深く真理を探究して新たな知見を創造し、これらの成果を広く社会に提供することにより、社会の発展に寄与するものとする。

2　大学については、自主性、自律性その他の大学における教育及び研究の特性が尊重されなければならない。

（私立学校）

第8条　私立学校の有する公の性質及び学校教育において果たす重要な役割にかんがみ、国及び地方公共団体は、その自主性を尊重しつつ、助成その他の適当な方法によって私立学校教育の振興に努めなければならない。

（教員）

第9条　法律に定める学校の教員は、自己の崇高な使命を深く自覚し、絶えず研究と修養に励み、その職責の遂行に努めなければならない。

2　前項の教員については、その使命と職責の重要性にかんがみ、その身分は尊

重され、待遇の適正が期せられるとともに、養成と研修の充実が図られなければならない。

（家庭教育）

第10条　父母その他の保護者は、子の教育について第一義的責任を有するものであって、生活のために必要な習慣を身に付けさせるとともに、自立心を育成し、心身の調和のとれた発達を図るよう努めるものとする。

2　国及び地方公共団体は、家庭教育の自主性を尊重しつつ、保護者に対する学習の機会及び情報の提供その他の家庭教育を支援するために必要な施策を講ずるよう努めなければならない。

（幼児期の教育）

第11条　幼児期の教育は、生涯にわたる人格形成の基礎を培う重要なものであることにかんがみ、国及び地方公共団体は、幼児の健やかな成長に資する良好な環境の整備その他適当な方法によって、その振興に努めなければならない。

（社会教育）

第12条　個人の要望や社会の要請にこたえ、社会において行われる教育は，国及び地方公共団体によって奨励されなければならない。

2　国及び地方公共団体は、図書館、博物館、公民館その他の社会教育施設の設置、学校の施設の利用、学習の機会及び情報の提供その他の適当な方法によって社会教育の振興に努めなければならない。

（学校、家庭及び地域住民等の相互の連携協力）

第13条　学校、家庭及び地域住民その他の関係者は、教育におけるそれぞれの役割と責任を自覚するとともに、相互の連携及び協力に努めるものとする。

（政治教育）

第14条　良識ある公民として必要な政治的教養は、教育上尊重されなければならない。

2　法律に定める学校は、特定の政党を支持し、又はこれに反対するための政治教育その他政治的活動をしてはならない。

（宗教教育）

第15条　宗教に関する寛容の態度、宗教に関する一般的な教養及び宗教の社会生活における地位は、教育上尊重されなければならない。

2　国及び地方公共団体が設置する学校は、特定の宗教のための宗教教育その他宗教的活動をしてはならない。

第3章　教育行政

（教育行政）

第16条　教育は、不当な支配に服することなく、この法律及び他の法律の定め

るところにより行われるべきものであり、教育行政は、国と地方公共団体との適切な役割分担及び相互の協力の下、公正かつ適正に行われなければならない。

2　国は、全国的な教育の機会均等と教育水準の維持向上を図るため、教育に関する施策を総合的に策定し、実施しなければならない。

3　地方公共団体は、その地域における教育の振興を図るため、その実情に応じた教育に関する施策を策定し、実施しなければならない。

4　国及び地方公共団体は、教育が円滑かつ継続的に実施されるよう、必要な財政上の措置を講じなければならない。

（教育振興基本計画）

第17条　政府は、教育の振興に関する施策の総合的かつ計画的な推進を図るため、教育の振興に関する施策についての基本的な方針及び講ずべき施策その他必要な事項について、基本的な計画を定め、これを国会に報告するとともに、公表しなければならない。

2　地方公共団体は、前項の計画を参酌し、その地域の実情に応じ、当該地方公共団体における教育の振興のための施策に関する基本的な計画を定めるよう努めなければならない。

第4章　法令の制定

第18条　この法律に規定する諸条項を実施するため、必要な法令が制定されなければならない。

附　則　（抄）

（施行期日）

1　この法律は、公布の日から施行する。

【参考文献】

国立教育研究所編『日本近代教育百年史 3―学校教育(1)～(4)』および『教育政策(1)』国立教育研究所、1974 年。

・三好信浩編『日本教育史』福村出版、1993 年。

・寄田啓夫・山中芳和編著『日本教育史』ミネルヴァ書房、1993 年。

・堀松武一著『日本近代教育史』理想社、1959 年。

・唐沢富太郎著『近代日本教育史』誠文堂新光社、1968 年。

・大田堯編著『戦後日本教育史』岩波書店、1978 年。

・仲　新編『富国強兵下の子ども』（日本子どもの歴史 5）第一法規出版、1977 年。

・高階玲治編『教育基本法の改正で教育はどう変わるか』ぎょうせい、2007 年。

・小島宏・寺崎千秋編著『教育三法の改正で学校はこう変わる！』ぎょうせい、2007年。
・入澤充・岩崎正吾・佐藤晴雄・田中洋一編著『学校教育法実務総覧』エイデル研究所、2016年。
・窪田眞二・澤田千秋『学校の法律がこれ1冊でわかる 教育法規便覧 令和6年版』学陽書房、2023年。

第3章

教育内容と 教育課程の改善

1 教育内容と教科書

1◎教育内容としての教科書

　教育内容とは、教育目的の達成を図るために学習者に対して示される具体的事柄や経験内容の総称である。つまり、「何を教えるか」という場合の「何」に相当する中身のことで、児童生徒にとっては学習内容になる。ふつう教科書や補助教材の形式で提示されるが、具体的な図書や教材自体を意味するのではなく、教科書等に宿る事柄等を指すのである。

教育内容の位置

教育者
↓ ↑
教育内容
↓ ↑
学習者

　教育者は、学習者である児童生徒に対して教育指導を行う過程で、かならず教育内容を媒介にしている。教科書等を使用しない場合でも、具体的な話を通して一定の文化を伝達したり、学習課題を板書で提示するなどして児童生徒の学習指導を展開しているが、基本的に教育内容は教科書上の事柄を中心に構成される。

2◎教科書の意義

　いうまでもなく、教科書とは各教科・学年毎にその目的・目標に対応させて作成されるもので、児童生徒が学ぶべき事柄を文字や記号、図表、写真および

絵などによって表現した教材の一種である。法令上、教科書の発行に関する臨時措置法は、それを「教育課程の構成に応じて組織排列された教科の主たる教材として、教授の用に供せられる児童又は生徒用図書であつて、文部科学大臣の検定を経たもの又は文部科学省が著作の名義を有するもの」（第2条第1項）と定義している。

　教科書は、ここで「教科の主たる教材」と述べられているように教科教育の中心教材とされ、学校教育法第34条第1項によって、小中高校（特別支援学校各部を含む）の教員は「文部科学大臣の検定を経た教科用図書又は文部科学省が著作の名義を有する教科用図書」を使用することが義務づけられている。その意味でも、教員にとってそれは教科指導を進めるための重要な指標にもなる。なお、「教科書」と「教科用図書」という用語は法令による違いであって、同一のものをさしている。

　この教科書に加えて、図書やその他教材で有益適切なものについては、教育委員会の承認を得れば補助教材として使用することができる（学教法第34条第2項、地教行法第33条第2項）。補助教材には副読本、ワークブック、ドリル、白地図などがある。

　なお、教科書制度には、①自由発行・自由採択制、②検定制、③国定制などがあり、国や時代に応じて異なっている。

3◎教科書の歴史

［資料］戦前の国定教科書

江戸時代の『庭訓往来』
（安政4年発行）

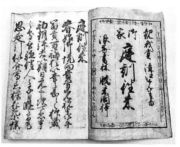

教科書は古くから教育活動における重要な媒体として用いられてきた。たとえば、12 世紀のヨーロッパにみられた修道院学校ではテキストが使用され、その後、15 世紀にグーテンベルグによって印刷術が発明されると、教会では『教義問答書』（カテキズム）をテキストとして用いることが普及していった。17 世紀には、世界で最初の絵入り教科書といわれる『世界図絵』（1658 年）がコメニウス（Comenius,J.A.,1592–1670 年）によってつくられたことは広く知られる。わが国においては、平安末期から「往来物」が使用されていたといわれ、近代以前までの基礎教育のための主要な教科書とされてきた。「往来物」とは、手紙文を集めた教科書のことであり、近世になるとその内容別に、たとえば『商売往来』『百姓往来』などが作成されるようになる。なかでも、『庭訓往来』とよばれるものは寺子屋で使用された代表的な教科書であった。

　近代以降、わが国では教科書制度が確立されてくる。1872（明治 5）年の学制発布直後には、小学校の教科書は師範学校によって編集されていたが、1886（明治 19）年の小学校令により「文部大臣の検定を経たもの」とされ、検定制へと移行する。しかし、その後、教科書に対する政府の統制がしだいに強められるなかで、教科書疑獄事件（教科書の売込に関わる贈収賄事件）が起こるなど検定制の維持は困難な状況になった。1903（明治 36）年には小学校令を改正して、翌 1904 年から国定制に改められ、「小学校ノ教科用図書ハ文部省ニ於テ著作権ヲ有スルモノタルヘシ」と定められたのである。

　国定制とは、文部省が著作権を有するものについてだけ教科書としての使用を認める制度で、特定の学年の特定教科について教科書は 1 種類だけとするものであり、わが国の戦前まで政府による国民統制手段としても機能してきた。しかし、戦後、新学制の実施によって、国定教科書制は廃され、検定制が導入されるようになり、1949（昭和 24）年度から検定を経た教科書が使用され、現在に至っている。なお、1963（昭和 38）年度から義務教育諸学校における教科書の無償措置が実施されている（私立小中学校を含む）。

　2008（平成 20）年には、文部科学省の教科用図書検定調査審議会が、「教科書の改善について（報告）」を大臣に提出し、教科書の充実と検定手続きの透明化を求めて教科書改善に当たっての基本的な方向性として、以下の点を提言した。

①教育基本法で示す目標等を踏まえた教科書改善、②知識・技能の習得、活用、探究に対応するための教科書の質・量両面での格段の充実、③多面的・多角的な考察に資する公正・中立でバランスのとれた教科書記述、④教科書記述の正確性の確保、⑤児童生徒が意欲的に学習に取り組むための、教科書編集上の配慮・工夫の促進、⑥教科書検定の信頼性を一層高めるための検定手続きの改善。

2013（平成25）年に文部科学省は「教科書改革実行プラン」を策定し、教科書の編集・検定・採択の各段階に必要な措置を講じ、また、それらの各手続を積極的に公表することとした。その後、2013（平成25）年の同審議会の「教科書検定の改善について」は、編修趣意書の書式の見直しを行い、その公開の促進を求めた。2017（平成29）年には同審議会の「教科書の改善について（報告）」が新プログラミング教育に関する事項を設定するなど学習指導要領実施に向けた改善策と共に、デジタル教科書導入に関連した検定基準の改善についての判断を示した。

2 教育課程の編成原理

1◎教育課程の定義

教育課程とは、「学校教育の目的や目標を達成するために、教育の内容を児童の心身の発達に応じ、授業時数との関連において総合的に組織した各学校の教育計画」[1]のことである。ようするに、教育内容を教育目標に応じて計画的に組織化したものが教育課程であり、これは戦後アメリカから移入されたカリキュラムを邦訳した言葉である。

各学校が実践するために編成するものは「実践教育課程」といわれ、国や教育委員会が学校教育の目的・目標に関する関係法規の条項や基準として示すものは「基準教育課程」とよばれる。「実践教育課程」は「基準教育課程」に基

1）文部科学省『小学校学習指導要領解説　総則編』東洋館出版社、2017 年、p.11。

づいて各学校で編成されることになる。なお、教育課程は、各領域の計画を総合的に示した全体計画のことであり、各教科毎の指導計画を教育課程とよぶのは本来適切ではない。

　教育課程の領域は、2017（平成 29）年の学習指導要領改訂によって、小学校では各教科、特別の教科 道徳、外国語活動、総合的な学習の時間、特別活動の 5 領域とされ、中学校では各教科、特別の教科 道徳、総合的な学習の時間、特別活動の 4 領域となった。特別支援学校（盲学校・聾学校・養護学校を改称した学校）の場合、それらに自立活動が加わる。高等学校は、各教科、総合的な探究の時間、特別活動の 3 領域である。なお、高等学校では 「道徳」の領域は示されていないが（「道徳の時間」がない）、小中学校と同様に道徳教育は行われる。

　これらの領域とは、いわば教育内容のことであり、児童生徒が学ぶべきことがらを意味し、これらの領域を教育目標に即して順序だてて示して編成したものが実際の教育課程になる。その場合、学習内容の範囲選択の観点をスコープ、学習内容の配列の観点をシーケンスとよんでいる。

　以上のような意図的計画的な教育課程を顕在的カリキュラム（over curriculum）とよぶのに対して、児童生徒に対する無意図的な教育的影響を与える要素は潜在的カリキュラム（hiddened curriculum）とよばれる。たとえば、学校独自の規範や価値、行動様式ならびに伝統などは潜在的カリキュラムにあたる。なお、国語科カリキュラムや社会科カリキュラムなど指導計画をカリキュラムと称するのは誤用である。

　なお、従来は教育課程とカリキュラムは同義語として扱われていたが、近年は、カリキュラムを「教育課程に、どのように教育実践が行われたかという教師レベル（実践レベル）の視点と、児童生徒が何を学んだのかという子どもレベル（結果レベル）の視点を加えた包括的な概念」[2]として定義されるようになった。つまり、教育課程に基づいてどう教えれば、児童生徒が何を学ぶことができるかという視点を含む概念とされたのである。顕在的カリキュラムや潜在的カリキュラムの概念はその意味で用いられていることになる。

2）古田薫「学校・教師にとっての教育課程」木村裕・古田薫編著『教育課程論・教育評価論』ミネルヴァ書房、2022 年、p.9.

2◎教育課程の編成原理の類型

　教育課程は、まずスコープの観点から教育内容を選択した後に、それを特定の教育観に基づいて配列しながら編成される。その編成原理に着眼すると、教育課程は、①教材中心教育課程、②学問中心教育課程、③学習者中心教育課程、④社会中心教育課程、そして⑤人間中心教育課程に類型化できる[3]。

　まず、①の教材中心教育課程とは、教科カリキュラムともよばれるように、主として人類の築いてきた文化を教材内容として教科別に編成するもので、文化の継承を主な目的とする伝統的なカリキュラムである。系統的な学習には適しているが、各教科相互の関連性が弱くなるなどの問題点もある。

　②の学問中心教育課程は、経験主義の欠点の克服をめざしたもので、教育内容を個々の学問から導き出そうとする考え方に基づいて、知識の結果の習得よりもその結果に至る過程や教科の構造理解を重視する。つまり、学問における研究過程と同様の過程を学習に取り入れるもので、ブルーナー（Bruner,J.S.）が提唱した「発見学習」の方法などがとられる。

　③の学習者中心教育課程は、経験カリキュラムとよばれ、学習者の経験を重視して、その興味・関心、必要などに基づいて教育内容を選択して編成しようとするものである。総合学習の考え方に近いといえる。学習者の意欲や主体性を培うのに適しているが、学習課題によっては系統的な知識・技術の習得が難しくなったり、学習結果に偏りがでることもある。

　以上が学問・教科や学習者に重点を置くのに対して、④の社会中心教育課程は社会に学習課題を求め、その課題解決を通して知識、技術等の習得を図ろうとするタイプである。わが国の戦後初期に、アメリカのヴァージニア・プランの影響を受けて展開されたコア・カリキュラム運動はカリキュラム全体において中核（core）となる教科・領域とその周辺の両課程によって編成されるカリキュラムである。

　そして⑤の人間中心教育課程は、これまでの様々な教育課程のタイプを統合しようとする新しいタイプのカリキュラムである。70年代のアメリカで生ま

3）多田俊文編『教育の方法と技術』学芸図書、1991年、pp.18-27。

れたもので、個人の全体的な発達と自己実現を目標とし、教師と生徒との情緒的関係や相互信頼を強調しながら学習者の意志や興味を第一義にして社会課題や個人課題によって教育内容を構成するものである。その場合、教科の統合と教育課程の全体構造が強調され、学習者の情意的・活動的経験が重視される[4]。

　わが国の学校においては、このうち教材中心教育課程（教科カリキュラム）を採用しながらも、その他のタイプの特色を加味しつつ現実の教育課程を編成している。

　近年、「社会の文化から学校の文化へと持ち込まれた情報や知識」を「学校知」とよび、これを、知識・技能のことである「内容知」と事物等を認識したり学んだりする方法である「方法知」に分けているが[5]、最近では、「社会に開かれた教育課程」が求められるようになった。2016（平成28）年8月の中央教育審議会答申「幼稚園、小学校、中学校、高等学校及び特別支援学校の学習指導要領等の改善及び必要な方策等について」は、「これからの教育課程には、社会の変化に目を向け、教育が普遍的に目指す根幹を堅持しつつ、社会の変化を柔軟に受け止めていく「社会に開かれた教育課程」としての役割が期待されている」と述べたところである。そして、そうした教育課程で重要になる点として、以下について示した。

　①社会や世界の状況を幅広く視野に入れ、よりよい学校教育を通じてよりよい社会を創るという目標を持ち、教育課程を介してその目標を社会と共有していくこと。

　②これからの社会を創り出していく子供たちが、社会や世界に向き合い関わり合い、自らの人生を切り拓いていくために求められる資質・能力とは何かを、教育課程において明確化し育んでいくこと。

　③教育課程の実施に当たって、地域の人的・物的資源を活用したり、放課後や土曜日等を活用した社会教育との連携を図ったりし、学校教育を学校内に閉じずに、その目指すところを社会と共有・連携しながら実現させること。

　要するに、教育課程に社会の実態・動向や諸資源を取り込み、そして子供た

4）今野喜清著『教育課程論』（教育学大全集26）第一法規出版、1981年、pp.174-175。
5）児島邦宏「生きる力をはぐくむカリキュラム」、河野・児島編著『学校パラダイムの転換』ぎょうせい、1998年、pp.93-94。

ちが社会で必要とされる資質・能力を身につけさせるような教育課程にして、これを社会と共有できるように改めようとするわけである。このタイプの教育課程はここで述べた①から⑤を超えた新たな在り方に位置づくといえる。

3 教育課程と学習指導要領

1◎教育課程の基準としての学習指導要領

（1）学習指導要領の意義

　教育課程は、教育水準の維持・確保の観点から、全国的に示された一定の基準に従うと同時に、各学校の実情に応じて創意工夫を加えられながら編成される必要がある。その主たる具体的基準が学習指導要領なのである。

　学習指導要領の意義には、①公教育の普遍性と機会均等の保障の観点から、全国的な教育水準を維持・向上させるための国家基準となること、②時代の変化に応じて適宜改善を図る必要があり、そのための基準となること、③教育指導過程における教員の指針となること、などが考えられる。

　とくに義務教育段階において、学校間の教育格差をなくし、一定の教育水準を確保するうえで学習指導要領の意義は大きい。ただし、実際の教育活動においては、学習指導要領よりもこれに準拠して作成された教科書の内容に負うところが少なくない。

　学習指導要領の改訂は、国の中央教育審議会（中教審）の答申を契機に行われる。中央教育審議会は、新しい教育課程の基準の改善の基本的考え方や教育課程編成と授業時数等の枠組み、各教科・科目等の内容、その他関連事項について答申し、これを踏まえて学習指導要領はほぼ10年毎に改訂されてきた。小学校および中学校版は2017（平成29）年3月に、高等学校および特別支援学校版は2018（平成30）年3月に改訂版が告示された。

（2）学習指導要領の法的拘束性

　学習指導要領は、学校教育法施行規則第52条によって教育課程の基準に位

置づけられ、法的拘束力をもつものと解されている。これは、校種別に、文部科学省告示の形で公に示されるもので、その内容は、「行わなければならない」部分である「強行規定」と「行うことが望ましい（あるいは行うことができる）」部分である「訓示的・指導助言的規定」を含んでいる。このうち「強行規定」に法的拘束力が及ぶのである。

その法的拘束力に関しては、従来から相対する見解も見られたが、1976（昭和51）年の学力テスト旭川事件に対する最高裁判決は法的拘束力を認める判断を下した。すなわち、文部大臣が教育の機会均等の確保のために必要かつ合理的な基準を設定できるものとし、法的見地からは学習指導要領がそのための大綱的基準として是認できるとする見解を示したのである。むろん、この見解と異なる世論や下級裁判所判断も見られたが、この最高裁判決によってそれが法的拘束力を有するという見解が定着した。

２◎学習指導要領の変遷

学習指導要領は、もともと戦後直後の1947（昭和22）年に教員のための「手引き」として作成されたもので、「試案」と記されていた。その序論では、「現場の研究の手引となることを志したものであって」と述べられている。同様に、1951（昭和26）年版でも「どこまでも教師に対してよい示唆を与えようとするものであって、決してこれによって教育を画一的なものにしようとするものではない」と記されている。

しかし、1958（昭和33）年の改訂に際して、学校教育法施行規則が改正され、学習指導要領は教育課程の基準として位置づけられるようになった。同時に、小中学校では特設の「道徳の時間」が設けられ、高校では倫理・社会が必修化されるとともに、教育課程は教育内容の系統性を重視するよう改められたのである。

その後、1968（昭和43）年の改訂によって（中学校は昭和44年、高等学校は昭和45年）、教育課程の領域が各教科、道徳、特別活動（高等学校は各教科と特別活動）とされ、必修クラブ活動が新設された。

1977（昭和52）年の改訂では、「ゆとりの時間」を新設するとともに教育内

学習指導要領の変遷

名称・改訂期日	教育課程の構成と領域等	改訂内容の特徴
学習指導要領一般篇 （昭和22年） 試案	各教科（国語〜体育，自由研究）	• 経験主義に基づく生活単元学習の重視 • 社会科，家庭科，自由研究の新設
学習指導要領一般篇 （昭和26年） 試案	各教科（必修教科，選択教科，特別教育活動）	• 自由研究の廃止 • 教科以外の活動新設（小） • 特別教育活動の新設（中）
学習指導要領 （小・中　昭和33年 　高　　昭和35年）	各教科（必修教科，選択教科） 道徳（高校を除く） 「倫理・社会」必修（高） 特別教育活動 学校行事等	• 学習指導要領の法的拘束化（告示） • 「道徳の時間」の特設（小・中） • 教科内容の系統性重視
学習指導要領 （小学校，昭和43年 　中学校，昭和44年 　高等学校，昭和45年）	各教科（必修教科，選択教科） 道徳（高校を除く） 特別活動	• 特別教育活動，学校行事等が統合され，教育課程は3領域となった（小・中） • 教育内容の現代化 • 授業時数弾力化 • 必修クラブ活動新設（小・中・高）
学習指導要領 （昭和52年7月）	各教科 道徳（高校を除く） 特別活動	• ゆとりと充実の学校生活の重視（学習内容の精選，授業時間削減，「ゆとりの時間」の新設） • 小，中，高，特別活動の一貫性
学習指導要領 （平成元年3月）	各教科 道徳（高校を除く） 特別活動 「世界史」必修（高）	• 生活科新設（小） • 選択履修幅の拡大と習熟度別指導（中） • 地理・歴史，公民の新設（高）
学習指導要領 （小・中学校，平成10年 　高等学校，平成11年）	各教科 道徳（高校を除く） 特別活動 「総合的な学習の時間」	• 総合的な学習の時間を新設 • 授業時数の大幅削減 • 教育内容の厳選（3割削減） • 「情報」の新設（高） • 外国語の必修化（中） • 必修クラブ活動の廃止（中・高） • 授業単位時間の常例の廃止
平成15年12月　一部改正		• 発展的な学習の明確化
学習指導要領 （小学校・中学校， 　　　　平成20年3月）	各教科 道徳（高校を除く） 外国語活動（小のみ） 「総合的な学習の時間」 特別活動	• 外国語活動を新設（小） • 授業時数の増加 • 道徳の重視 • 「総合的な学習の時間」位置づけの明確化
（高等学校・特別 　支援学校改訂 　（平成21年3月））		• 「総合的な学習の時間」の充実・単位数の下限明示（高） • キャリア教育の推進（高）

学習指導要領 （小・中学校， 　平成29年3月 高等学校， 　平成30年3月）	各教科 （道徳を含む） 外国語活動 （小学校中・高学年） 「総合的な学習の 　時間」 特別活動	・「社会に開かれた教育課程」の視点 ・公民科「公共」の新設・必履修化(高) ・アクティブ・ラーニングの視点重視 ・プログラミング教育の導入 ・道徳の教科化(小中)

容の精選と授業時数の削減を図るなど教育課程の減量化をめざすようになり、以後この傾向が強まってきたのである。1989（平成元）年時の改訂は小学校低学年の社会と理科を廃して、その代わりに「生活」科を新設するなどした。そして、1998（平成10）年には、完全学校週5日制の実施に合わせて、教育内容の厳選による3割削減と授業時数の大幅な削減を図った。特にこの改訂では「総合的な学習の時間」が創設され、広く注目を浴びた。

　その後、学力低下への懸念もあり、2008（平成20）年3月に学習指導要領が告示され、主要教科の授業時数が増やされた。その際、小学校に教科外の時間として「外国語活動」が5年生と6年生に新設された。また、従来、「総合的な学習の時間」は学習指導要領の「総則」で扱われていたが、各教科や道徳、特別活動と同様に、独立した「章」に位置づけられた。そのほか、道徳の内容が具体的に示され、道徳重視の姿勢を見せ、特別活動の一部も変更された。

　2020（令和2）年度から実施（小学校2020年度、中学校2021年度、高等学校2022年度）の新学習指導要領では、小学校「外国語」の教科化に伴い（低学年を除く）、高学年では授業時数が年間35単位時間増えた。

　2017（平成29）年の改訂（高校は平成30年）によって、小学校の「外国語」は3・4年生対象の「外国語活動」と5・6年対象の「外国語科」に分割され、3・4年の中学年にも外国語が必修化された。

　高等学校の教科「公民」のうち、「現代社会」が「公共」に替えられ、理数関係では「理数探究基礎」及び「理数探究」が、そして「情報I」がそれぞれ新設された。

4 教科課程と教科外課程

1◎教科の定義と内容

　教育課程については、「科学と文化の側面の教育内容は『教科課程（活動）curriculum』として、そして生活と道徳的側面の教育内容は『教科外課程（活動）extra-curricular activies』として」組織される[6]。このうち教科課程は「各教科」によって構成されるのである。

　「教科」は学校教育の中核的内容に位置づくもので、「人類がこれまで蓄積してきた文化財＝科学や技術や芸術などを教育的観点から組織した一定の領域」のことであって、その存立の一般的基礎を科学に置くものである[7]。学校において児童生徒は主として教科の学習を通じて多様な知識や技能、その他必要な諸資質を習得していくわけである。

　小学校の「各教科」は、国語、社会、算数、理科、生活（第1～第2学年のみ）、音楽、図画工作、家庭、体育、外国語（2020年度から）からなり、第1および第2学年については「社会」と「理科」がなく、代わって「生活」が課される（7教科ないしは8教科）。もともと、「生活」は「社会」と「理科」の統合教科として生まれたからである。なお、外国語活動（原則として英語）は、教科外に位置づけられ、3年生以上を対象に実施されている。

　中学校では「各教科」が「必修教科」と「選択教科」に分けられ、「必修教科」には国語、社会、数学、理科、音楽、美術、保健体育、技術・家庭、外国語がある（9教科）。

　中学校の外国語は1998（平成10）年改訂の学習指導要領によって「必修教科」に位置づけられるようになったが、それ以前は「選択教科」とされていた。「選択教科」とは、必修教科や学習指導要領で定める「その他特に必要な教科」のうちから、地域や学校・生徒の実態に応じて設ける科目のことである。「その他特に必要な教科」は、各学校が実態を考慮して定めることができる教科で、

6）今野、前掲書、p.49。
7）今野、前掲書、p.54。

必修教科以外の名称・目標・内容を設定することができるものである。なお、「選択教科」の授業時数は、特別活動の授業時数の増加に充当できる。

　高等学校の場合、普通教科・科目は、国語、地理歴史、公民（2022年度からは「現代社会」に替えて「公共」を必履修科目に）、数学、理科、保健体育、芸術、外国語、家庭、情報、理数からなる。その学習指導要領は小・中学校に遅れて、2018年3月に改訂され、普通教科・科目は、現行の10教科・57科目から11教科・55科目になり、科目数が2つ削減された。卒業に必要な最低単位数は現行と同じ「74単位以上」を維持し、週当たりの標準授業単位時数も現行同様に「30単位時間」とされる。

　以上の各教科・科目の配当比率は授業時数として示されるが、高等学校の場合は単位数の形で提示されている。小中学校の年間標準授業数を見ると、各教科の比率はおおよそ8割前後になっている。この意味でも、わが国の教育課程は教科中心だといえる。

2◎特別活動の意義と内容

（1）特別活動の意義

　特別活動と道徳は教科外課程（extra-curriculum）とよばれる。この教科外課程とは、「学校生活・学級活動、交友生活など、学校内外で直面する生活問題を通して、　児童・生徒の道徳的・集団的徳性の涵養を担う課程」[8]のことで、知識・技術の習得よりも人間性に関わる資質や能力の涵養を重視するものである。1998（平成10）年改訂の学習指導要領において新設された「総合的な学習の時間」は、教科外課程に位置づけられた。ここでは、特別活動、道徳、総合的な学習の時間の意義と内容について述べることとする。

　まず、特別活動とは、学習指導要領によると、集団生活を通して心身の発達と個性の伸長を図るとともに、集団の一員としての自覚を深め、協力してよりよい生活を築こうとする自主的、実践的な態度を育てることをねらいとする教育課程の一領域である。中学・高校の場合、このねらいに、「人間としての生

8）今野、前掲書、p.50。

き方についての自覚を深め、自己を生かす能力を養う」ことが付け加えられ、いわゆる生き方指導を含む活動だとされる。

（2）特別活動の内容

　特別活動は 1968（昭和 43）年（中学校は翌 69 年）の学習指導要領改訂により従来の「特別教育活動」と「学校行事」を統合して新設された。その内容は、学級活動（高校はホームルーム活動）、児童会活動（中学・高校は生徒会活動）、クラブ活動、学校行事からなる。この授業時数は教科や道徳の時間とともに確保され、2008（平成 20）年改訂の学習指導要領においても、小中学校ともに年間 35 時数配当されている（小学校第 1 学年は 34 時数）。その時数は「学級活動に充てるものとする」とされている。

　①　学級活動・ホームルーム活動　　特別活動の内容の一つである学級活動（高等学校はホームルーム活動）は、学級単位に行われるもので、学級・学校生活の充実と向上を図り、日常生活や学習への適応や健康・安全に関する態度や習慣を形成しながら、児童生徒に健全な生活態度を育成するための活動である。指導内容の取り扱いは、学校や児童生徒の実態に応じて重点化して、生徒指導との関連を図るよう求められている。

　②　児童会活動・生徒会活動　　児童会活動（中学・高校は生徒会活動）は、学校の全児童（生徒）によって組織される児童会（生徒会）において学校生活に関する諸問題の話し合いとその問題解決を図るための活動である。その運営に際して、小学校の場合は主として高学年児童が行い、中学校では生徒の自発的、自治的な活動が展開されることが望まれる。なお、これらの活動が一部児童生徒の活動にとどまらないよう配慮することが大切である。

　③　クラブ活動　　クラブ活動は、1998（平成 10）年改訂の学習指導要領によって中学校および高等学校においては廃止された。これは前述の通り、1968〜70 年代の学習指導要領改訂によって登場した活動で、全員参加の必修活動とされてきたが、前次改訂によって、「部活動が一層適切に行われるよう配慮しつつ、部活動との関連や学校外活動との関連を考慮」（教課審答申）して廃止されたのである。したがって、このクラブ活動配当分の授業時数が削減された。

小学校の場合には、部活動が実施されている例が多くないため、クラブ活動は従来どおり存続し、学年や学級の所属を離れて、主として第4学年以上の児童によって組織されるクラブにおいて、児童が異年齢集団の交流を深め、共通の興味・関心を追求する活動だとされる。なお、そのクラブ活動の授業時数は、学習指導要領において定められず、各学校で地域や児童の実態に応じて適切に配当できることとなった。その内容は、ⓐクラブの計画や運営、ⓑクラブを楽しむ活動、ⓒクラブの成果の発表からなる。

④　学校行事　　学校行事は、全校または学年を単位に実施されるもので、学校生活に秩序と変化を与え、集団への所属感を深め、学校生活の充実と発展をねらいとする体験的な活動のことである。これは学年行事を含むが、学級活動として行われる学級行事を含まない。

学校行事の内容は、ⓐ儀式的行事、ⓑ文化的行事、ⓒ健康安全・体育的行事、ⓓ遠足（中学・高校は「旅行」）・集団宿泊的行事、ⓔ勤労生産・奉仕的行事とされる。このうち、文化的行事は従来の学芸的行事が改められたものである。そのうち、儀式的行事として行われる入学式や卒業式などにおいては、「国旗を掲揚するとともに、国歌を斉唱するよう指導するものとする」とされている。

3◎道徳教育と心の教育の意義

（1）道徳と道徳教育

道徳とは、人間が社会生活を送るために守ることが期待される社会規範の一種である。法が強制を伴いながら「人間の外面、すなわち行為や態度を規律する」のに対して、道徳は「人間の内面、すなわち意思や心情を規律する」ものである[9]。このことは「法の外面性・道徳の内面性」とよばれる。この道徳に合致した行為を行い得る能力や態度は道徳性といわれ、これを養うのが道徳教育の目的になる。学習指導要領は道徳教育の目標を「道徳的な心情、判断力、実践意欲と態度などの道徳性を養うこと」だとしている。

かつて文部省の局長を務めた菱村幸彦は、戦後わが国の道徳教育には「とて

9）末川博著『法学入門　第6版』有斐閣、2009年、pp.27-29。

もいい点数はつけられない」もので、「腰が引けた」ところがあったと評している。その背景には戦前の修身に懲りたため戦後になると道徳教育を遠ざけようとする、「羹に懲りて膾を吹く」ような心理が働いていると指摘する[10]。たしかに今日の各種調査を見ても、道徳教育は十分だとはいえない実態にある。

（2）心の教育の重視

こうした状況の中で、近年青少年の非行、暴力行為が深刻化しつつあり、その原因には社会規範の欠如や倫理観の揺らぎがあるといわれる。中学生を対象にした関係調査[11]を見ても、学校でタバコを吸う、酒を飲む、深夜盛場をふらつくなど多くの逸脱行動を「悪いこと」だと考える割合が最近は低くなっている。全般的に、従来高校生に見られた逸脱行動が低年齢化し、中学生にまで及んでいるのである。

また、外国との比較調査によると、わが国の場合、アメリカや中国に比べて、「先生に反抗する」、「親に反抗する」、「学校をずる休みする」ことなどを肯定するものが著しく多い。また、日本の青少年の意識には、アメリカや中国に比べても犯罪に対する罪悪感の希薄さが見られる[12]。

このような情勢の中で、1998（平成10）年6月、中教審によって「心の教育」答申[13]が公表された。

心の教育とは、坂本昇一によれば、「知・徳・体の調和をはかりながら、それらを統一して、自ら、望ましい行動（すべての人間の絶対的存在を尊重する行動）を選択し、決定して、実行することのできる人間を育てること」である[14]。むろん、これは単なる道徳教育の言い換えではなく、それを含んだより広い概念なのである。

同答申は、学校の道徳教育に関して以下の提言を行った。すなわち、①道徳教育の充実（「道徳の時間」の確保など）、②体験的な道徳教育の重視、③心に響く教材の使用、④よい放送番組ソフトの有効活用、⑤ヒーロー、ヒロインが

10）菱村幸彦「心の教育を考える」『教職研修』教育開発研究所、1997年12月号、pp.20-21。
11）『モノグラフ中学生の世界』vol.54、ベネッセ教育研究所、1996年。
12）日本青少年研究所編『ポケベル等通信媒体調査報告書』1997年。
13）正式名称は「幼児期からの心の教育の在り方について」。
14）坂本昇一監修、尾木和英編『「心の教育」をめざす学校教育』教育開発研究所、1998年、p.10

テレビ等で子どもたちに語りかける機会の設定、⑥道徳の時間における地域人材の活用、⑦地域住民や保護者の助言の活用などである。

　この提言の特徴は、訓話的、徳目主義的、お仕着せ的な方法を脱し、体験的、生活的、感覚的な道徳教育を重視するところにある。つまり、従来はともすると訓話などを通して「頭」だけに働きかけることになりがちであったが、今後は目や耳、そして身体で感じ取らせることによって「心」に訴える道徳教育をめざそうというのである。

　その後、2006（平成18）年に設置された教育再生会議は徳育を「教科」として充実させるよう提言した（2008年1月、最終報告）。この提言を踏まえて2008（平成20）年3月告示の新学習指導要領は、徳育を教科にこそ位置づけなかったが、「道徳の時間」を道徳教育の要として明確に位置づけた。なお、2014（平成26）年の中教審答申は、道徳の教科化を提言した。

　この提言を受けて、2015（平成27）年3月には、小・中学校の新しい学習指導要領が改正されて「道徳」が「特別の教科」に格上げされた。同年4月からは各校の判断によって「教科」として「道徳」の授業を実施できるようになったが、教科書による授業は小学校2018（平成30）年、中学校は翌年からになった。なお、2017（平成29）年改訂でも小・中学校では「特別の教科　道徳」が位置づけられている。

道徳の時間

　1958（昭和33）年の小中学校学習指導要領改訂で新設された授業。その目的は、各教科・特別活動における道徳教育との関連を図りながら計画的、発展的な指導によってこれを補充、深化、統合し、児童生徒の道徳的心情を豊かにし、道徳的判断力を高め、道徳的実践意欲と態度の向上を図ることを通して道徳的実践力を育成すること。

4◎総合的な学習の時間

「総合的な学習の時間」は、中教審第1次答申で取り上げられ、1998（平成10）年10月の教育課程審議会答申を特徴づける改善の大きな目玉の一つだと

いえる。同審議会答申は、1つの教科にとどまらないで、複数領域にわたる学習テーマを設け、児童生徒の興味・関心等に基づいて横断的・総合的に進める学習の必要性を示し、そのために「総合的な学習の時間」を創設することを提言し、これを受けて1998（平成10）年度に改訂された学習指導要領は、そのねらいや取り扱いなどについて示した。

　そのねらいは、横断的・総合的な学習を通じて、①児童生徒が自ら課題を見つけ、よりよくそれを解決するための資質や能力と主体的、創造的態度を育成すること、②各教科、道徳、特別活動のそれぞれで身についた知識技術を総合化すること、にある。教育課程上の位置づけは、教科とせずに教科外教育活動とすることが適当だとされ、対象学年を小学校3年以上（中学校、高等学校を含む）としている。

　学習課題としては、①国際理解、情報、環境、福祉・健康などに関するもの、②児童生徒の興味・関心に基づくもの、③地域や学校の特色に応じたものが想定されている。学習の進め方については、集中的に実施できるなど時間を弾力的に設定すること、グループ学習や異年齢集団による学習も取り入れること、外部の人材活用を図ること、教師が協力し合うこと、地域教材の活用を図ることなどが示されている。なお、小学校における外国語学習については、この時間の中で、国際理解教育の一環として扱うことが明記されている。

　「総合的な学習の時間」に関する実践は、以前から研究指定校などいくつかの学校で取り組まれてきていたが[15]、1998（平成10）年度改訂の学習指導要領においてすべての学校で必修活動に位置づけられるようになった。その名称については、教育課程上では「総合的な学習の時間」となるが、具体的には各学校で定めることとされた。

　2017（平成29）年度3月学習指導要領改訂によって年間授業時数を小学校70単位時間、中学校50（1年生）〜70単位時間（2・3年生）の範囲と改められた。

　高等学校に関しては、「自ら問いを見い出し探究する力を育成する」ことを重視して、「総合的な探究の時間」に改められた。

15）これら実践事例については、たとえば、平野朝久編著『子どもの「学ぶ力」が育つ総合学習』ぎょうせい、1997年に詳しい。

横断的・総合的な学習

　社会の変化に対応していくために、従来の教科・領域の枠を超えて総合的に学習しようとするもの。クロスカリキュラムや総合学習の名ですでに実践されているが、その言葉自体は中教審第1次答申で初めて登場した。1教科だけでは指導しにくい内容で、複数教科・領域にわたって指導した方が効果的な活動に適している。

5◎外国語教育──小学校

　1998（平成10）年改訂の小学校学習指導要領は、総合的な学習の時間の中で、「国際理解に関する学習」の一環として外国語会話等を行う場合の配慮事項を示したことから、各地の小学校で英会話などを実施するようになった。しかし、各学校には取り組みのばらつきがあることから、教育の機会均等の確保と中学校への接続を図るために、2008（平成20）年改訂小学校学習指導要領は、外国語活動を原則として英語として5年生と6年生で年間35単位時間実施（週1単位時間相当）することとした。

　この学習指導要領はその目標を、「外国語を通じて、言語や文化について体験的に理解を深め、積極的にコミュニケーションを図ろうとする態度の育成を図り、外国語の音声や基本的な表現に慣れ親しませながら、コミュニケーション能力の素地を養う」こととしている。

　2016（平成28）年度改訂の新学習指導要領では、中学年から「聞くこと」「話すこと」を中心とした「外国語活動」（「活動型」）を実施し、高学年では「聞くこと」「話すこと」「読むこと」「書くこと」の各領域をバランスよく育む「教科型」の「外国語科」を実施することとされた。

5 教育課程改善の方向

1◎新しい教育課程改善のポイント

前述した 2016（平成 28）年 12 月の中教審答申は、「新しい時代に必要とされる資質・能力の育成と、学習評価の充実」をねらいにして、教育課程全体に関わって、以下のような改善すべき事項を示している。

　①「何ができるようになるか」（育成を目指す資質・能力について）

　②「何を学ぶか」（教科等を学ぶ意義と、教科等間・学校段階間のつながりを踏まえた教育課程の編成）

　③「どのように学ぶか」（各教科等の指導計画の作成と実施、学習・指導の改善・充実）

　④「子供一人一人の発達をどのように支援するか」（子供の発達を踏まえた指導）

　⑤「何が身に付いたか」（学習評価の充実）

　⑥「実施するために何が必要か」（学習指導要領等の理念を実現するために必要な方策）

そして、これらの事項を組み入れ、「学習指導要領等に基づき教育課程を編成し、それを実施・評価し改善していく」という「カリキュラム・マネジメント」の確立が必要だとされる。

また、「どのように学ぶか」という観点からは、「主体的・対話的で深い学び」であるアクティブ・ラーニングを重視している。同取りまとめは、このアクティブ・ラーニングとは、①自己の学習活動を振り返って次につなげる「主体的な学び」、②他者との対話や先哲の考え方を手掛かりに考えること等を通じ、自己の考えを広げ深める「対話的な学び」、③各教科等で習得した知識や考え方を活用し（すなわち、「見方・考え方」を働かせ）、問いを見いだして解決したり、自己の考えを形成し表したり、思いを基に構想、創造したりすることに向かう「深い学び」に整理している。

この答申を受けて、小・中学校の学習指導要領が 2017（平成 29）年に改訂

され、高等学校のそれは翌年改訂された。

2◎新しい学習指導要領とアクティブ・ラーニング

2020年度から実施された新学習学習指導要領は、①「何ができるようになるか」という視点から各校種の「教育の基本」を示し、②「何を学ぶか」の視点から「教育課程の編成」の在り方を示し、③「どのように学ぶか、何が身についたか」の視点で「教育課程の実施と学習評価」を明確にし、④「子供の発達をどのように支援するか」という視点から「児童生徒の発達を踏まえた指導」を提示し、そして、⑤「実施するために何が必要か」という視点で「学習活動の充実のための学校運営上の留意事項」を記述することになる。

その新しい学習指導要領を踏まえて、「社会に開かれた教育課程」の実現を図るために各学校においてはカリキュラム・マネジメントに取り組むことを重視している。

そして、「どのように学ぶか」という点については、「主体的・対話的で深い学び」であるアクティブ・ラーニングの視点から学習過程の改善を図ることを求める。アクティブ・ラーニングとは、学習過程の質的改善をめざすもので、中央教育審議会では以下のように定義している[16]。

「教員による一方向的な講義形式の教育とは異なり、学修者の能動的な学修への参加を取り入れた教授・学習法の総称。学修者が能動的に学修することによって、認知的、倫理的、社会的能力、教養、知識、経験を含めた汎用的能力の育成を図る。発見学習、問題解決学習、体験学習、調査学習等が含まれるが、教室内でのグループ・ディスカッション、ディベート、グループ・ワーク等も有効なアクティブ・ラーニングの方法である。」

これは、講義形式の授業による机上学習ではなく、児童生徒が特定課題に取り組むために行う体験学習や調査、討議、グループ・ワークなどの能動的なスタイルの学習形式のことだと言ってよい。

---

16) 2012（平成24）年8月の中央教育審議会答申「新たな未来を築くための大学教育の質的転換に向けて」の文章末の「用語集」。

告示

　行政機関がその所掌事務について広く公示するための一形式で、法規命令、行政規則、一般処分、営造物規則、事実上の通知などがある。一般的には法規命令の性格を有しないが、一般的法規範の内容を定める場合には、その発令が一種の法規定立行為にあたるとされ、法規命令の効果を伴う。学習指導要領はこの場合に該当する。

3◎教育課程と年間授業時数

　各教科等に配当される授業の年間当たりの標準時数を年間授業時数とよび、各学年の全領域に配当される授業時数の総計を年間総授業時数という。授業時数は教育課程編成において重要な要件となり、教育内容との関連において定められるものである。学校教育法施行規則第51条において、各学年の各教科・道徳・外国語活動（小学校のみ）・総合的な学習の時間・特別活動の授業時数の標準を別表に定めることが明記されている。

　2008（平成20）年度の学習指導要領の改訂によって、年間総授業時数は、小学校では35〜70単位時間増やされ、中学校では35単位時間増やされた。高等学校の場合は、卒業に必要な修得総単位数は前回改訂で80単位以上から74単位以上に減らされたが、新しい学習指導要領でも74単位とされている。

　2008（平成20年）1月の中央教育審議会答申「幼稚園、小学校、中学校、高等学校及び特別支援学校の学習指導要領等の改善について」が「子どもたちの思考力・判断力・表現力等をはぐくむため、教科において、基礎的・基本的な知識・技能の習得とともに、観察・実験やレポートの作成、論述といった知識・技能を活用する学習活動を行うためには、現在の小・中学校の必修教科の授業時数は十分でない」という認識を示し、「特定の必修教科の授業時数を確保することが必要だ」と述べたからである。

小学校の標準授業時数

区　　　分		第1学年	第2学年	第3学年	第4学年	第5学年	第6学年
各教科の 授業時数	国　語	306	315	245	245	175	175
	社　会	—	—	70	90	100	105
	算　数	136	175	175	175	175	175
	理　科	—	—	90	105	105	105
	生　活	102	105	—	—	—	—
	音　楽	68	70	60	60	50	50
	図画工作	68	70	60	60	50	50
	家　庭	—	—	—	—	60	55
	体　育	102	105	105	105	90	90
	外国語	—	—	—	—	70	70
道徳の授業時数		34	35	35	35	35	35
外国語活動の授業時数※		—	—	35	35	—	—
総合的な学習の時間の 授業時数		—	—	70	70	70	70
特別活動の授業時数		34	35	35	35	35	35
総授業時数		850	910	980	1015	1015	1015

（この表の授業時数の1単位時間は、45分とする。）

中学校の標準授業時数

区　　　分		第1学年	第2学年	第3学年
各教科の 授業時数	国　語	140	140	105
	社　会	105	105	140
	数　学	140	105	140
	理　科	105	140	140
	音　楽	45	35	35
	美　術	45	35	35
	保健体育	105	105	105
	技術・家庭	70	70	35
	外国語	140	140	140
道徳の授業時数		35	35	35
総合的な学習の時間の授業時数		50	70	70
特別活動の授業時数		35	35	35
総授業時数		1015	1015	1015

注）　中等教育学校の前期課程においても同様に改正。
（この表の授業時数の1単位時間は、50分とする。）

4◎基礎・基本の重視

いうまでもなく、基礎・基本の重視はいまに始まったことではなく、学校教育の宿命的な課題の一つであった。かつて臨教審第1次答申が教育改革の基本的考え方の一つの柱に「基礎・基本の重視」を取り上げ、その最終答申が個性重視と生涯学習の観点から「基礎・基本の徹底」を提言していた。

その後、1989（平成元）年の学習指導要領の改訂の基本方針の一つとして、「個性を生かす教育」の観点から「基礎・基本」が重視され、1996（平成8）年の第15期中教審第1次答申においては完全学校週5日制を背景にして、「生きる力」と「ゆとり」を求める考え方に立って「教育内容の厳選と基礎・基本の徹底」がこれからの学校教育の目指す方向だとした。

もともと、基礎・基本の徹底というと、ドロップアウトや知育偏重への対応策としてイメージされるが、現在のそれは、そうした観点を継承しつつも、学校週5日制あるいは学校のスリム化の要請を受けとめる形で、教育の「量」を削減すること、すなわち教育内容の厳選を迫られるなかで重視されている。このことは、中教審答申が、「新たな教育内容を学校教育に取り入れる場合は、その代わりに、社会的な必要性が相対的に低下した内容を厳選する必要がある」と述べるように、いわばスクラップ・アンド・ビルドの原則を打ち出していることからもわかる。同時に、生涯学習の基礎づくりの観点からも、生涯学び続けるために必要な資質として基礎・基本が重視された。

5◎学力向上と学習指導要領

しかしながら、1998（平成10）年度改訂の学習指導要領は、いわゆる「ゆとり教育」を目指すものであったが、教育内容と授業時数を大幅に削減したため、学力低下の懸念を招くものとなった。その改訂では年間授業時数を70単位時間削減したにとどまらず、「総合的な学習の時間」の導入に伴い各教科の授業時数が大きく削られたのである。その結果、基礎教科の授業時数が減り、基礎学力の低下を招くことになるという意見が、まず自然科学の関係者から指摘され、その後、保護者や教育関係者の広い関心事になった。

そうした背景の下で、文部科学省は、2002（平成14）年1月に、「確かな学力の向上のための2002アピール——学びのすすめ」を公にして、指導の重点を示したのである。そこでは、学習指導要領を「最低基準」だと明示し、「発展的な学習」も可能だとした。つまり、学習指導要領に示されていない内容も各学校で指導できることを認めたのである。

　その後、2003（平成15）年12月に学習指導要領が一部改正され、学習指導要領が「最低基準」であり、発展的な学習が可能であることが明記された。これを受けて、2005（平成17）年度から使用されている小学校の教科書には「発展的な学習」に関わる内容が盛り込まれた。

　学力向上が教育課題として取り上げられる傾向が強まり、特に国際学力調査の結果、わが国の生徒の学力の実態が問題視されるようになると、ますますその傾向が強まった。たとえば、2006（平成18）年に実施されたOECD（経済協力開発機構）による調査「OECD生徒の学習到達度調査（PISA2006）」では、数学的リテラシーの得点が2000（平成12）年調査の1位から2006（平成18）年調査では10位に落ちた。科学的リテラシーは同じく2位から6位に、読解力は8位から15位にそれぞれ落ちたのである。なお、科学的リテラシーで1位となったフィンランドは、総合読解力、数学的リテラシーでも2位という上位にランクしたことから教育界の注目を浴びた。

　そうした状況の中で、わが国においては、文部科学省が2007（平成19）年4月に「平成19年度全国学力・学習状況調査」を実施し、学力の状況把握に取り組んだ。この学力調査は、小学校第6学年、特別支援学校小学部第6学年、中学校第3学年、中等教育学校第3学年、特別支援学校中学部第3学年に対して、国語および算数・数学に関する内容と生活習慣・学習環境に関する質問紙で実施された。

　2008（平成20）年改訂の学習指導要領は、そうした調査結果も踏まえて、主要教科の授業時数増加に踏み切ったといえるものであった。

　最近の「OECD生徒の学習到達度調査（PISA）」の2022年調査によると[17]、OECD加盟国における比較では、日本のランクは、数学的リテラシー1位

17）国立教育政策研究所編『OECD生徒の学習到達度調査2022年調査（PISA2022）のポイント』国立教育政策研究所HP、2023（令和5）年12月。

表　OECD 生徒の学習到達度調査（PISA）の結果（2022 年）
OECD 加盟国（37 か国）における比較

┈┈┈ は日本の平均得点と統計的な有意差がない国

	数学的リテラシー	平均得点	読解力	平均得点	科学的リテラシー	平均得点
1	日本	536	アイルランド＊	516	日本	547
2	韓国	527	日本	516	韓国	528
3	エストニア	510	韓国	515	エストニア	526
4	スイス	508	エストニア	511	カナダ＊	515
5	カナダ＊	497	カナダ＊	507	フィンランド	511
6	オランダ＊	493	アメリカ＊	504	オーストラリア＊	507
7	アイルランド＊	492	ニュージーランド＊	501	ニュージーランド＊	504
8	ベルギー	489	オーストラリア＊	498	アイルランド＊	504
9	デンマーク＊	489	イギリス＊	494	スイス	503
10	イギリス＊	489	フィンランド	490	スロベニア	500
	OECD 平均	472	OECD 平均	476	OECD 平均	485

※国名の後に「＊」が付されている国・地域は、PISA サンプリング基準を 1 つ以上満たしていないことを示す。

（2018 年 1 位）、読解力 2 位（同 11 位）、科学的リテラシー 1 位（同 2 位）という成績であった。ただし、全参加国（81 か国・地域）における比較では日本は、数学的リテラシー 5 位、読解力 3 位、科学的リテラシー 2 位となり、シンガポールがいずれにおいても 1 位になっている。

　ともあれ、2017（平成 29）年度告示・改訂の学習指導要領は、「何を学ぶか」に加えて、「どのように学ぶか」「何ができるようになるか」の視点を盛り込み、「生きる力」を育むという理念をさらに具体化するために、学校教育で身につく資質・能力を以下の 3 つの柱にそって明確化した。
　①生きて働く「知識・技能」の習得
　②未知の状況にも対応できる「思考力・判断力・表現力等」の育成
　③学びを人生や社会に生かそうとする「学びに向かう力・人間性」の涵養
　そして、「よりよい学校教育を通じてよりより社会を創る」という視点の重

要性を打ち出した。全体的に単に学習内容を身につけるだけでなく、「どのように学び」、その結果（「何ができるようになるか」）までも視野に入れたもので、そのためにアクティブ・ラーニングを取り入れるよう促した。このことについて次章で触れることにしたい。

※本章における学習指導要領の改訂年は告示月の属する年を表している。

【参考文献】
・田村知子『カリキュラムマネジメントの理論と実践』日本標準、2022 年。
・大津尚志・伊藤良高編著『新版　教育課程のフロンティア』晃洋書房、2018 年。

第4章

教育方法の改善と
学習指導の創意工夫

1 教育方法と学習指導

1◎教育方法とは何か

　教育活動は、教育目的・目標、教育内容、教育方法の3つの視点の適切な結びつきにおいて展開される営為である。ふつう、まず教育目的・目標が設定され、その達成を図るための教育内容が決定され、その内容と児童生徒・学校の実態にふさわしい教育方法が採用されている。各学校は教育基本法と学校教育法ならびに学習指導要領における目的・目標に照らして学校や地域社会の実態に応じた具体的教育目標を設定し、教育課程（教育内容）を編成して、適切な教育方法を取り入れるのが一般的な手順だといえよう。

　このような位置づけから、教育方法は、具体的には学習指導法や授業の進め方の問題として語られる教育条件の一つであり、その在り方が教育の過程と結果に大きな影響を及ぼしている。

　近年、教育方法においては、学習指導の創意工夫と改善が求められ、多様な形態や指導法が開発・導入されてきている。

　たとえば、今日の教育方法においては、コンピュータの活用やプログラミング教育の実施、ティーム・ティーチングの導入、アクティブ・ラーニングの重視、地域教育資源の積極的活用をはじめとする、指導方法と指導体制の多様化と工夫改善が課題になっているのである。指導方法については、2008（平成20）

年3月に改訂された学習指導要領で盛り込まれた「学習内容の習熟の程度に応じた指導」(習熟度別指導)も定着してきている。

2◎教育方法の領域と学習指導

　ふつう、教育方法の領域は、学習指導と生徒指導(生活指導)に分けられる[1]。学習指導は主として授業を通して児童生徒にはたらきかけるもので、かつて「教授」(Teaching)とよばれていた。これは児童生徒に広義の文化財(知識、技術)を身につけさせる指導で、教科指導が中心的位置を占めている。

　一方の生徒指導は道徳や特別活動および課程外活動の過程で行われることが多く、通常、授業形態をとらない。児童生徒の意識や態度に直接はたらきかけることによって、集団生活における行動の仕方や価値観を学ばせ、そして児童生徒の個性の伸長や望ましい人格を形成し、自己指導能力を養うことを目的とする営みである。

　生徒指導に関しては第5章で取り上げているので、本章では学習指導と授業について述べることとする。その場合、まず最初に、わが国における欧米の教授法理論の受容過程を明らかにして、学習指導と教授理論、授業と教育評価、そして指導方法の創意工夫と学習環境について述べていきたい。

> **学習内容の習熟の程度に応じた指導**
> 　学級内や学年単位のグループ編成で行う場合がある。学習指導要領解説は、①必要な教科で弾力的に行うこと、②実施時期や指導方法、評価の在り方等を十分検討すること、③児童生徒に優越感や劣等感を生じさせたり、学習集団による学習内容の分化による学習意欲を低下させたりしないよう留意することなどを促している。

---

1) 教育方法の領域に教育内容の問題を加える見解もある。佐伯正一著『教育方法』国土社、1965年、p.13。

2 欧米近代教授理論の受容

1◎一斉教授法と開発教授法

　わが国に広く定着している一斉教授法は、明治初頭にアメリカのスコット（Scott,M.M.,1843-1922年）によって伝えられたといわれる。スコットは、1871（明治4）年に来日すると、東京師範学校で新しい教育方法として一斉教授法を紹介し、全国に普及させたのである。一斉教授法（一斉指導法）とは、学級等の集団に対して、同時に、同一内容を指導する方法で、一人の教員が児童生徒集団全体を指導するのに適している。

　明治10年代になると、伊沢修二と高嶺秀夫によってペスタロッチの開発教授が紹介され、わが国教育界に大きな影響を及ぼした。ペスタロッチの開発教授は、教育の目的を、知識・道徳・身体の調和的均衡をめざしながら、人間の自然に備わった可能性を引き出し（この意味で「開発」といわれる）、最大限に発揮させることに置くものである。その場合、彼は、「数・形・言葉」の三要素からなる人間の「直観」を重視し、すべての認識が直観から始まり概念に進むと考えるのである。その直観主義に立った教授法である庶物指教・実物教授などが学校現場に普及していった。この知・徳・体の調和をめざす考え方は「三育主義」とよばれ、イギリスのスペンサーの教育思想にも通じている。

　スペンサー（Spencer,H.,1820-1903年）は、最も価値ある学識とは天賦固有の能力をことごとく使用し、自分と他人のために役立つところにあるとし、科学重視の実利主義的思想を主張した。その教育理論は『教育論』に示されている。

2◎ヘルバルト学派の段階教授法

　明治半ば頃には、これまでの開発教授に対する批判が起こり、加えてナショナリズムの高揚とともに、従来軽視されてきた徳育を重視し、日本的な教育の在り方を求めようとする気運が高まった。こうした風潮の中で、ドイツのハウ

スクネヒト（Hausknecht,E.,1853-1927年）によってヘルバルト学派の教育思想が導入された。ヘルバルト教育学は、教育の目的を倫理学に求め、強い道徳的性格の陶冶を究極のねらいとし、その方法を心理学に求め、とくに段階教授法という形でその考え方は広く普及し、教育界に強い影響力をもった。

ヘルバルト学派の教育学は、教員たちにとって有効な教育技術として広まるなど一世を風靡したが、その理論の全貌が十分理解されないまま単に形式的側面だけが強調されたために、教科教授が機械化、形式化するなどの問題も指摘され、明治末頃には衰退していく。以後、ヘルバルト学派が教育の目的設定を個人的陶冶に置いたのに対して、その目的を社会的見地に置くことを主張する社会的教育学や実験教育学が教育界に取り入れられてくる。

段階教授法

　段階教授法とは、もともと自然科学の研究方法に基づくものであり、ヘルバルトによって4段階（「明瞭−連合−系統−方法」）の方法がとなえられたが、その後、ヘルバルトの弟子にあたるチラーやラインがこれを5段階に改めた。チラーの5段階は「分析−総合−連合−系統−方法」であったが、ラインによって「予備−提示−比較−総括−応用」に修正された。

社会的教育学を代表する学者であるドイツのナトルプ（Natorp,P.,1854-1924年）は、『社会的教育学』を著し、個人の道徳形成は社会における道徳生活によってのみ可能であり、また理想的社会の形成は個人の陶冶によってこそ可能だとした。実験教育学は、やはりドイツのヴント（Wundt,W.,1832-1920年）の影響下にあったライとヴントの弟子モイマンによって主張された。これは観察・実験・統計という実験心理学の方法を用いたものであった。

3◎経験主義的学習指導法

　経験主義教育とは、知識・技術の暗記による習得や教師による注入的教育に対置するもので、子ども自身の感覚や直感を重視して、経験や実験等を通して子どもの発達を促そうとする教育のことである。わが国においては、大正期に新教育運動の流れの中で経験主義的な教育思想が注目されるようになり、アメ

リカの哲学者ジョン・デューイとスウェーデンの思想家エレン・ケイ（Ellen Key,1849-1926 年）らの児童中心主義に基づく新教育思想が導入された。

　デューイは、教師中心の教育の在り方を批判しながら児童を中心にした新しい教育論を展開し、いわば「教育におけるコペルニクス的転換」を図ろうとしたのである。特に、最初の経験が後発の経験に影響を及ぼすという「経験の連続性」を見いだし、また人間が環境に働きかけながら環境を変えると同時にその新しい環境から新たな経験を獲得していくという「相互作用の原理」に着眼して、経験主義に基づく教育理論を提唱した。この考え方は、「learning by doing」（なすことによって学ぶ）という文言で知られるように、教育方法における生活体験の意義を強調したことで広く影響を与えた[2]。

　エレン・ケイの『児童の世紀』は、子どもは自分で自分の発達をつくりあげるとする考えに立ち、自己活動による学習の意義を重視し、その自然の働きを助け自由に活動させることに教育の目的があるととらえ、教師中心の学校教育を鋭く批判するものであった。この考え方はルソーの自然主義の復活であるという意味で、「新ルソー主義」とよばれた。

　これら児童中心の自由主義的教育思想は、大正デモクラシーの風潮の中で、教師中心・教科書中心の教育に対する批判が起きていた大正期のわが国において受容され、新教育運動の発展の原動力となった。1920（大正 9）年頃には、アメリカからパーカスト（Parkhurst,H.,1887-1973 年）による「ドルトン・プラン」（Dalton plan）やキルパトリック（Kilpatrick,W.H.,1871-1965 年）の創始による「プロジェクト・メソッド」（Project method）などの教育理論も紹介され、実践された。

　ドルトン・プランは、学級単位の一斉授業を改め、一人ひとりの児童の個性や要求に応じた個別学習を行うものである。また、キルパトリックのプロジェクト・メソッドは、児童生徒が計画し、現実生活において達成させる活動を組織しようとする学習指導法である。彼はデューイの理論を大衆化させた新教育の指導者として知られる。

　そして、戦時体制においては画一的な知識・思想注入型の指導方法に一本化

2）デューイの教育理論は、デューイ著、松野安男訳『民主主義と教育』岩波文庫、1975 年、を参照のこと。

されたが、戦後直後にはデューイの経験主義的教育学をはじめ、アメリカの新教育の意義が再び評価され、コア・カリキュラム連盟の結成をはじめとする様々な教育実践へと結実していく。わが国で「試案」として公表された最初の学習指導要領は経験主義的傾向を有するものであった。

　ところが、1957（昭和32）年に旧ソビエト連邦が世界最初の人工衛星であるスプートニク号の打ち上げに成功したのを契機に、アメリカでは学問的知識を軽視しがちな経験主義教育に対する批判が起こり、学問中心の知識・技術の習得を重視する傾向が強まる。とくに、自然科学分野の学者を中心に、経験主義教育は学力の低下を招くという批判の声も高まった。わが国にもそうした批判の影響が及び、とりわけ昭和30年代の高度経済成長の波の中でマンパワー政策が打ち出されると、人材養成の観点から知識・技術を重視する教育が求められてきた。そうなると、効率性を追求した知識注入型の一斉教育が普及していき、教育は知識教育に偏重していくのである。

　だがその後、知識偏重傾向が次第に強まると、児童生徒のドロップアウト、いじめ、不登校、受験競争の激化、学歴重視の弊害等の様々な教育問題が生起してきた。同時に、児童生徒に思考力や想像力、表現力、生活体験などが不足してきたとも指摘された。こうした状況の中で、今日、学習指導の在り方や学力に対するとらえ方を転換しようとする動きが顕著になり、かつての問題解決学習や体験学習などが改めて重視されるに至った。

4◎「主体的な学び」を促す新たな教育方法

　かくして従来の知識重視型の学力観を見直し、新しい学力観に基づいた教育の在り方が求められるようになった。1989（平成元）年改訂の学習指導要領は「自ら学ぶ意欲の育成や思考力、判断力、表現力などの能力の育成を重視」した、「新しい学力観（新学力観ともいう）」による教育をめざすものであった。その「新しい学力観」とは、子どもが主体的に考え、判断・表現できるような生きて働く力としての資質・能力を重視する考え方である。

　その資質・能力は学ぶ意欲・関心・態度、思考力、判断力、表現力を軸にするが、知識・理解・技能も含むものである。つまり、単なる知識・技術の多寡

ではなく、意欲や関心、思考力など態度ないしは姿勢の程度から学力を見よう
とするわけである。

　この新学力観の主張にはどのような背景があるのか。佐藤学は、学習の改革
が強調された背景を以下の諸点に求めている[3]。すなわち、第1に、大量の知
識を効率的に伝達する産業主義モデルからの脱皮が進んでいること、 第2に、
生涯学習社会において、学校教育の機能が知識伝達から生涯にわたる学習者の
形成へと転換したこと、そして第3に、行動主義に基づく学習心理学の批判
を経て、デューイなどの心理学が再評価されるようになったことである。

　1998（平成10）年に改訂された学習指導要領はそうした観点を一層重視し
て、各教科や道徳および特別活動、そして「総合的な学習の時間」など様々な
領域の中に問題解決学習や体験学習を通して学ぶ意欲や学び方の習得を図るよ
う強く求めた。

　2016（平成28）年12月の中教審答申「幼稚園、小学校、中学校、高等学
校及び特別支援学校の学習指導要領等の改善及び必要な方策等について」は、
学習指導要領の改善点を以下の6つの軸に整理した。

ⅰ）「何ができるようになるか」（育成を目指す資質・能力）

ⅱ）「何を学ぶか」（教科等を学ぶ意義と、教科等間・学校段階間のつながり
　を踏まえた教育課程の編成）

ⅲ）「どのように学ぶか」（各教科等の指導計画の作成と実施、学習・指導の
　改善・充実）

ⅳ）「子供一人一人の発達をどのように支援するか」（子供の発達を踏まえた
　指導）

ⅴ）「何が身に付いたか」（学習評価の充実）

ⅵ）「実施するために何が必要か」（学習指導要領等の理念を実現するために
　必要な方策）

　ここに示されているように、「何を学ぶか」ということに止まらず、「何がで
きるようになるのか」「どのように学ぶのか」という点にも注目し、学び方を
意味する「方法知」を重視し、そのためには「主体的・対話的で深い学び」で

3）佐藤学著『教育方法学』岩波書店、1996年、pp.66-68。

ある「アクティブ・ラーニング」の視点による学びの実現が重要だとした。

3 学習指導と教授理論

1◎学習指導の原理

　前節までに述べてきたように、わが国の学習指導は欧米の教育家による教授法理論の影響を受けながら発展してきた。そもそも、学習指導とは、その社会にある文化財を通して、児童生徒等の学習者に知的・身体的・道徳的に調和のとれた発達を促す営為である。かつて、稲富栄次郎は、科学、芸術、宗教、社会の風習、伝統などを含めた広い意味での文化財を媒介としてのみ心身の諸能力を調和的に発展させることができる[4]と述べたが、まさにこれは学習指導の基本的なとらえ方だといってよい。

　学習指導は、主として各教科の授業を中心に、教材を媒介にした教員と児童生徒の相互作用の過程で展開される。伝統的な学習指導においては教員の指導性に比重を置いたが、近年、子どもの主体性を重視する観点から「支援」という用語も用いられるようになった。

2◎教授理論と学習方法

（1）問題解決学習と系統学習

　実際の学習指導において、子どもによる主体的な学習を重視する問題解決学習と学問的な教育内容の習得を重んじる系統学習という2つの方法が、これまで対比されてきた。

　問題解決学習とは、児童生徒が日常生活において当面する問題の解決過程をとおして科学的思考・手法を学べるようにする学習指導法である。一般にデューイの教育論を有力な拠り所にしていると考えられている。デューイは、当面

4）稲富栄次郎著『新教育原理』福村出版、1967 年、p.104。

する問題を解決する手順を、①問題を感じ取る、②問題を明確に把握する、③解決のための仮説を設定する、④仮説を実際の問題に当てはめて検討する、⑤仮説に基づいて行動し、その仮説を検証するという5段階に分けた。その問題とは、教員によって一方的に与えられたものではなくて、子ども自身が感じる問題や子どもの生活につながる問題である。こうした問題が重視されるのは、教育を経験の再構成と見るからである。つまり、子どもの生活経験を連続的に再構成するのが教育の役割だとされているのである。

近年はそうした問題解決学習はPBL（Project Based Learning）という言い方でアクティブ・ラーニングの一形態として取り組まれるようになった。PBLは、デューイとの師弟関係にあったキルパトリック（(1871-1965)）のプロジェクト・メソッドを基に発展させてきた学習方法で、通常は「テーマを設定する」「問題や仮説をたてる」「先行研究をレビューする」「問題解決に必要な知識や情報を調べる」「結果を踏まえて考察を行う」「発表を行ったりレポートを書いたりする」という流れで行われる[5]。

系統学習は、学問諸科学の法則や系統性に拠りながらも、子どもの認識発達や学習過程における系統性を十分考慮する学習指導法だといわれる[6]。わが国の戦前においては、教員による教科書中心の一方的な画一的、注入主義的な系統学習の指導が行われたが、戦後、問題解決学習に対する批判的（学力の低下など）立場から歴史教育や数学など自然科学教育の関係者によって新たな学習の考え方が提唱された。前者は「古い系統学習」、後者は「新しい系統学習」とそれぞれよばれる。「新しい系統学習」は、諸科学や技術の系統性と子どもの認識・学習過程とを絡めたところに「古い系統学習」との違いをもつのである。だが、今日においても「系統学習」は、教員による知識詰込み型の教育だと誤解されることが少なくない。

今日の教育改革においては、系統学習に偏重しがちな学習方法から脱皮を図り、問題解決学習も積極的に取り入れる方向にある。各教科や道徳、特別活動はもちろんのこと、とりわけ、「総合的な学習の時間」において、各種の体験

5）石野正彦「PBL型授業についての概観」上越教育大学『《文部科学省委託事業》平成28年度　総合的な教師力向上のための調査研究事業実施報告書　今日的な教育課題を解決するためのPBL型授業モデルの構築』2017年、p.7.
6）砂沢喜代次「系統学習」、細谷・奥田・河野編『教育学大事典』第一法規出版、1978年。

第4章　教育方法の改善と学習指導の創意工夫……99

的な学習とともに問題解決的な学習を取り入れるよう求められている。

(2) プログラム学習

　プログラム学習は、ティーチング・マシン等を用いながら、原則として個別学習により事前に定めた目標を達成させようとする学習指導法で、スキナー（Skinner,B.F.,1904-1990年）によるオペラント行動理論に基づく「直線型プログラム学習」が広く知られている。

　彼の創始したプログラム学習の原理は、①スモール・ステップの原理（達成目標までの段階を細かくすれば、よく学習できること）、②積極的反応の原理（積極的に反応すれば、よく学習できること）、③即時確認の原理（問いに対する答えの反応を即時に確認できれば、よく学習できること）、④自己ペースの原理（自分の進度で進むと、よく学習できること）、⑤学習者検証の原理（学習者の実施結果に基づいてプログラムを修正、改善すること）である[7]。これは系統学習に属するもので、系統的な知識習得を個に応じて効率的に行うのに適している。なお、プログラミング学習とは別のものである。

(3) 発見学習

　発見学習は、結果としての知識等を学ぶだけでなく、その結果が導かれた過程に学習者を主体的に参加・追体験させながら展開させる学習指導法である。その場合、提示された教材の構造を「発見」によって学習させることが軸になる。1960年代のアメリカにおいて、主として理科・数学分野で取り入れられ、60年代中頃にわが国にも教育内容の現代化の一環として導入された。

　『教育の過程』の著者として知られるアメリカのブルーナー（Bruner,J.S.,1915-2016年）は、発見学習の効果として、①問題発見と解決の能力・態度の形成、②外発的動機づけから内発的動機づけへの移行、③発見の仕方の学習、④学習記憶の長期的持続を指摘した。彼は教材の構造が十分理解されれば、類似の多様な場面に応用できるという「学習の転移」を前提にその構造理解を重視した。

　一般に、発見学習の特色は、①学習内容の構造理解を重視すること、②子ど

7）多田俊文編『教育の方法と技術』学芸図書、1991年。

もの探求と創造活動を尊重すること、③問題の解明方法を習得させること、そして④発見の感動を重視することにある。したがって、発見学習は、文化財としての知識の伝達を重視する点で、経験主義的な問題解決学習と異なり、また知識の発見と創造を重視する点では、系統学習とも異なる。その意味で、「問題解決学習に対決する発見学習は、同時に、系統学習にも対決する面をもっている」[8]といわれる。わが国で取り組まれた「仮説実験授業」も発見学習の流れを汲む指導法である。

3◎発達と学習の心理

（1）学習のレディネス

　学習指導は、一定の教授理論に基づいて行われるが、その場合、学習者たる子どもの発達状態や心理的特性に配慮しなければならない。

　学習は、指導法などの外的条件と子どもの内的条件との組合せによって行われる。この内的条件の一つにレディネス（readiness）、すなわち「特定の事柄を効果的に学習し得るための発達・成熟的な準備状態」[9]がある。

　レディネスをめぐっては様々な学説があり、たとえば、生得的に備わった資質の成熟状態と見るか（成熟説）、あるいは外的条件によって後天的につくられた結果と見るか（習得説）。また、その成立を飛躍的・非連続的推移と見るか（斬進説）、あるいは一定の段階を経ると見るか（段階説）。そして、目標毎に多様なものが存在するのか（多元説）、あるいは一種としてのみ存在するのか（一元説）。さらに、その発達的変化に関して、多方向的なものととらえるか、一方向的なものと見るか、などの学説がある。

　いずれにしても、学習指導法などの外的条件は、子どものレディネスに依存するものと考えられている。したがって、教育の成果は、レディネスが十分でない場合には小さく、それが十分なときに最も大きいと考えられている。この意味で、早期教育の是非が論じられるべきなのである。

<hr>

8）佐伯正一著「教授・学習の過程」、細谷・末吉・吉田編『教授と学習　増補版』小学館、1975 年、pp.258-259。
9）東　洋著『学習指導論』（教育学大全集 28）第一法規出版、1982 年、p.40。

（2）ピアジェの発達段階説

心理学者のピアジェ（Piaget,J.,1896-1980年）は、レディネスを生得的な資質の成熟状態と見て、それが段階的に一元的かつ一方向的に発達するものととらえた[10]。

彼は、子どもの発達を段階としてとらえている。まず生まれて間もない時期から2歳くらいまでの感覚運動的段階において子どもは、反射的な行動を基礎とした適応行動をとり、事物の全体を見ないとその物を理解できない時期から事物の一部だけを見てその物の存在を認識できるようになる時期までに至る。ピアジェは、このとき幼児が対象とかかわりあう過程で用いる心的構造や図式のことをシェマとよんだ。

次に、1歳半から7歳くらいまでの前操作的段階になると言語習得にも著しい発達が見られ、象徴的思考に支配されるようになる。たとえば、毛がモコモコしたものをすべて猫だと認識したりするように、イメージ中心の思考になる。その後、直観的思考の時期に入り、事物の関連づけもある程度できるようになるが、知覚の影響を強く受ける傾向が残り、一般化や抽象化、概念化が未だ困難な段階にある。

そして6、7歳ごろからの具体的操作段階では、イメージの支配から抜け出すようになり、具体的事物への予測も可能になり、保存の概念が形成される。11、12歳ごろからの形式的操作段階になると、言葉や記号による抽象的な推理も可能になり、命題による仮設演繹的思考を行うようになるのである[11]。

このピアジェによる発達理論は心理学や教育界に大きな影響を及ぼしたが、その理論が教育の影響や文化的差異などの視点を欠いていると批判された。

（3）ヴィゴツキーの「発達の最近接領域」

ヴィゴツキー（Vygotsky,L.S.,1896-1934年）はピアジェの理論を批判して、発達過程における社会・文化・歴史的要因に着眼して、レディネスが後天的に習得された結果と見た。とくに、ヴィゴツキーは、教育が子どもの発達をただ

10）ピアジェの理論に関しては、ピアジェ著、竹内・吉田訳『教育学と心理学』明治図書出版、1975年およびピアジェ他著、波多野完治他訳『新しい児童心理学』白水社、1969年、を参照されたい。
11）ピアジェ著、滝沢武久訳『発生的認識論』白水社、1972年。

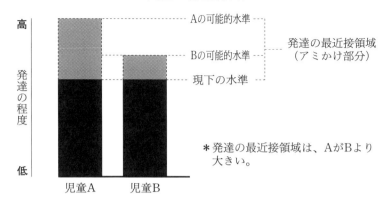

発達の最近接領域

待つのではなく、発達を先回りしなければならないと考え、「発達の最近接領域」を唱えたことで知られる。

　「発達の最近接領域」とは、子どもの現下の発達水準（現在ある発達水準）と可能的水準（その後発達する可能性のある水準）との隔たりのことである。つまり、現在自分の力で問題解決が可能な水準と、教員や大人の手助けを得たり、あるいは自分よりも高い発達水準にある仲間との共同によって問題解決が可能になる水準との隔たりを「発達の最近接領域」と名づけ、教育的意味合いにおいてそれを重視したのである[12]。

　たとえば、10歳の子どもが2人いるとき（現下の発達水準も10歳と仮定する）、それぞれに教師が指導を行ったところ、1人（児童A）は13歳の問題が理解できるようになり、一方（B）は11歳の問題が分かるようになった（上図参照）。この場合、Aの「発達の最近接領域」は3年であり、Bのそれは1年ということになる。したがって、Aの「発達の最近接領域」は大きく、Bに比べて教育の可能性が高いと考えられるのである。

　このように、現下では同じ発達水準にあっても、教育によってどの水準まで発達していくかはそれぞれの能力によるのである。その意味で、ヴィゴツキーは教育が発達を先回りしなければならないと論じたのである。

12）森岡修一「子どもの発達と教育」、岩崎正吾編『教育の基礎』エイデル研究所、1996年、pp.75-81。ヴィゴツキー著、柴田義松・森岡修一訳『子どもの知的発達と教授』明治図書出版、1975年。

そこには教育の役割を積極的にとらえるとともに、表面に表れにくい能力の差異を読み取る態度があると考えられる。

4 授業と教育評価

1◎授業の要素

　授業とは、教育目的の達成をめざして、「より具体的ないくつかの目標を立て、その目標を実現するために必要な教育内容とそれを具体化した教材をつくり、子どもに適した方法と環境をつくりだして子どもに働きかけ、子どもたちの主体的な学習を保障しようとする技術過程」のことである[13]。その授業を成立させる要素には、学習主体、教材（目に見えないものも含む）、そして教育者がある。しかし、現実の授業は、教材を媒介にして成り立つ、児童生徒と教師との相互作用の場として理解されるべきである。授業は、主に各教科の指導法として用いられている。わが国における授業は、現在では多様な方法で行われるようになったが、明治以来、講義法に近い一斉授業として行われる傾向にあった。それはある意味で、児童生徒のもつ特性の違いを考慮していなかったと解することもできる。ところが、アメリカのクロンバック（Cronbach,L.J.,1916–2001 年）をはじめとする教育心理学者たちは、学習者の特性と指導（処遇）の多様性との関係に注目して、一定の指導法のもとにおいては学習者のそれぞれの特性に応じ学習結果が異なることを明らかにした。「適性処遇交互作用」はそうした関係を表す概念である。

2◎学習者の適性

　「適性処遇交互作用」（ATI：Aptitude Treatment Interaction）とは、ある特性の高い児童生徒は特定の教授法＝処遇（たとえば討議法など）においてはよ

13）多田俊文編著『教育の方法と技術』学芸図書、1991 年、p.7。

く学習できるが、その特性の低い児童生徒は別の教授法＝処遇（たとえば講義法など）ならばよく学習できるとする関係のことである（次頁図参照）。例をあげると、不安傾向が弱く対人関係において積極的な特性をもつ児童生徒は討議法によって高い学習成果を示すが、反対に、不安傾向が強く対人関係の苦手な特性をもつ児童生徒は講義法の場合には高い学習成果を得ることがある。

　したがって、この交互作用に着眼すれば、一つの固定した教授法ないしは学習指導法によってのみ児童生徒の学習成果を評価するのは適切でなく、多様な特性をもった児童生徒集団に対しては複数の学習指導法を併用する必要がある。また、児童生徒がそれぞれもつ特性に応じて個別の指導法を採用するよう改善されなければならないのである。

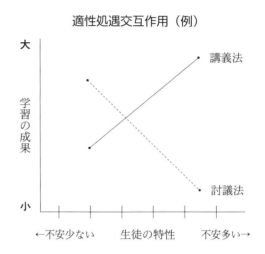

適性処遇交互作用（例）

3◎授業の過程と展開

　授業は「教授＝学習過程」であるとともに、「陶冶と訓育の過程」という２つの過程としてとらえられる。まず、それを教員による指導と児童生徒の学習の過程としてとらえるとき、教員は教育内容の提示と「発問」によって児童生徒に集団的な思考を組織化し、一方の児童生徒は「発問」による知的刺激を受けながら思考し認識を深めていく。

　また、授業は、科学的知識・認識や技術に関する学力を高めるための過程（陶冶過程）であると同時に、道徳性や生活態度などに関する人格形成の過程（訓育過程）としてとらえられる。この陶冶と訓育は相互補完的な関係にあり、陶冶は訓育に支えられ、訓育は陶冶に方向づけられるのである。

　授業は以上のように大きく２つの過程に分けられるが、いずれにしても教

育活動において中心的位置を占めることに変わりはない。実際に、どのように授業を行うかを検討し、実際に取り組み、児童生徒の評価と授業自体の評価を行う一連の営みを授業運営とよんでいる。授業をどのような形態と方法で展開していくかは、授業設計の課題となる。

授業設計に際して教員には、「授業目標と教材と子どもとの関係を頭の中に描きながら、単元のコース・アウトラインを作成したり、授業展開をシミュレーションできる力量」と「本時（1時間の授業）と単元、さらに授業分節（1時間の授業の中の一つのまとまり）と本時との関係といったような複眼的視点から授業をとらえることができる力量」が必要だとされる[14]。この力量を基盤にして、授業目標、学習内容、教材・教具、学習指導法と学習形態、学習時間などを決定しながら授業は設計されるのである。

教育目標を具体的に達成していくために、授業では細目標をどこに置くかを検討し、その目標にふさわしい学習の具体的内容と教材・教具（教育メディアなど）を選定する。そして、自らの力量と児童生徒の発達を考慮しながら学習指導法と学習形態、たとえば講義式か討議式か、一斉指導か個別指導かなど方法・形態をデザインしていくのである。その設計の結果は学習指導案として表現される。一般に、学習指導案は、単元名、単元目標、指導計画、指導方針、本時のねらい、資料・教具、展開などの要素から作成される。

しかし、いかにすぐれた授業が設計できても教員と児童生徒との良好な人間関係を欠けば高い効果は期待できない。その人間関係の崩れによって「学級崩壊」が各地の小学校で起きているように、授業そのものが成立しない事態も珍しくないといわれる。

教員と児童生徒の人間関係は、とくに教員の対児童生徒行動に大きく影響される。たとえば、ハロー効果によって教員がいわゆる「えこひいき」を行い、その結果、児童生徒の不信感をつのらせ、信頼関係が崩れることもある。

また、児童生徒に学習への「動機づけ」をいかに図るかも授業展開上の重要な課題になる。学習の動機づけには、競争や賞罰などの外発的動機づけと学習自体に興味や面白さを感じさせる内発的動機づけとがある。学習意欲を高める

14）吉崎静夫編『授業設計と展開の改善』国立教育会館、1995年、p.6。

ためにはこのうち内発的動機づけが重要であるが、児童生徒の興味や面白さには個人差があり、また教育的価値をともなわないこともあるので、常に内発的動機づけだけを重く見ることは望ましくない。

ハロー効果とピグマリオン効果

　ハロー効果とは、人の性質の一部に対する特定の認知がいったん成立すると、それ以後にその認知がその人の周辺部や全体にも影響を及ぼすことである。日本語では光背効果とよばれる。教員がある児童の行為に対して好印象をもつと、その児童の性格にも好感をもって評価しがちになる。

　一方、教員の期待がその態度などを通して児童生徒に影響を及ぼすことをピグマリオン効果という。教員がある児童に期待をかけると、その児童がその期待に応えようと頑張り、よい結果を得るという効果である。

4◎教育評価の意義と方法

（1）教育評価の意義・目的

　児童生徒が学習活動を行った結果、目標に照らしてどの程度達成できたかを把握することは授業運営にとって不可欠な作業になる。このことは、たとえば、頂上をめざして山を登っていくとき、出発地点からどの程度まで歩いてきたか、そして頂上まであとどれくらいあるのかを知ることと同様の意味をもつ。

　このように、児童生徒の学力水準ならびに学習行動の結果を測定することを通して、児童生徒の学習行動を修正するとともに教育方法・内容等の適性や有効性などを把握する行為を教育評価という。教育評価は児童生徒の学力や学校の地位をランク付けるものではない。あくまでも、その目的は、①児童生徒の学習行動を調整させるため、②教師の教授行動を調整させるため、③適切な学習集団を編成するため、④保護者や地域の期待に応え、責任を果たすため、⑤教育研究を推進するため、などにある[15]。また、その方法は多様であるが、今日は、「集団に準拠した評価」（相対評価）と「目標に準拠した評価」に大別できる。

15）「教育評価」、東・奥田・河野編『学校教育辞典』教育出版、1988 年。

（2）教育評価の方法

　相対評価は、学年・学級や特定の集団内における学業成績の相対的位置を示すもので、客観的な評価が行われるという長所をもつものの、学習者の努力や進歩が表れにくく、また過激に競争心を煽りやすいなどの短所をもっている。偏差値や5段階相対評価等は相対評価の具体的方法になる。ふつう、5段階相対評価では、学級集団等における1から5までの各段階の比率を7％、24％、38％、24％、7％とあらかじめ定められるように、教員の指導力や学級集団の違いなどが反映されにくい面もある。

　目標に準拠した評価は、かつて絶対評価と称され、個々の児童生徒の学習目標への達成状況を示すもので、学習者の進歩等を表すのに適しているが、達成すべき具体的基準の設定があいまいであると、評価者の主観が強く影響を及ぼす。一般に、大学などではこの評価方法を採用しているが、この場合で明らかなように、評価結果（成績）は教員の評価基準や主観の違いに大きく左右されやすい。到達度評価は目標に準拠した評価における主観性をある程度排除しようとするものであり、教員の指導方法など教育条件の改善資料を得るのに適する。

　いずれの評価も、テスト結果など同一資料に基づく解釈の仕方の違いによるもので、その前提にはテスト自体の妥当性と信頼性の確保を不可欠とする。したがって、テストなど評価資料を得る方法の慎重な吟味があってこそ、適切な評価が行えるのである。

（3）教育評価の形態

　教育評価はなにも学習活動の事後にのみ実施されるものではなく、学習活動の計画や改善の資料を得ることも目的としていることから、学習の事前や過程（途中）においても実施される。ふつう教育評価の形態は、診断的評価、形成的評価、総括的評価に分類される。これらを実施時期の観点からとらえれば、診断的評価は事前の評価であり、形成的評価は過程の評価となり、そして総括的評価は結果の評価だということができる。

　診断的評価は、学習活動の始めに実施して、児童生徒がどの程度の学習のレディネスにあるかを明らかにする評価であり、学習計画を立てる際の参考資料

を得るためのものである。形成的評価は、児童生徒からのフィードバック情報を得るために、学習活動の途中で小刻みに実施されるもので、児童生徒が現在どの到達点にあるかを明らかにして、学習活動の改善や軌道修正を行うための評価である。総括的評価は、学期や学年の終わりに実施して、児童生徒が当初の教育目標をどの程度達成できたかを評価するものである。

　ブルーム（Bloom,B.S.1913-1999年）は、形成的評価を重視して、これと結びつけた「完全習得学習」（Mastery　Learning）の理論を導入した[16]。完全習得学習とは、教育目標に達するまでのすべての内容をすべての児童生徒たちに完全に学習させることであり、ブルームはそのために教育目標の分類を試みた。そして、児童生徒を目標に達成させるために現在の到達段階を確認、評価するために形成的評価を重視したのである。

（4）指導要録の改訂

　学習指導要領が改訂されると、指導要録の参考様式も改善され、文部科学省が参考様式を作成し、これを参考にして各教育委員会が実際の指導要録様式を作成する。指導要録とは、児童生徒の学籍及び指導に関して記録した書類の原本で、児童生徒各人に作成される。これは、学校における指導の資料になると共に、内申書等の外部に対する証明のための資料として用いられる。

　2019（平成31）年に指導要録が改善され（幼稚園及び特別支援学校は2018年）、各教科の観点別評価は「知識・技能」「思考・判断・表現」「主体的に学習に取り組む態度」の3観点毎にA「十分満足できる」・B「おおむね満足できる」・C「努力を要する」で評価し、これらを総括する形で「評定」を五段階で行うこととされた。なお、小学校の低学年（1・2年）は評定を行わず、外国語科（5・6年）は教科として扱われるが、外国語活動（3・4年）は3観点別の記述評価となる。

　なお、保存期間は、学籍に関す事項20年、指導に関する事項5年と定められている。

　このように評価の仕方が変わったことについて、小中学校の多くの教員が児

16）ブルームの教育評価については以下の著書に詳しい。ブルーム他著、梶田・渋谷・藤田訳『教育評価法ハンドブック』第一法規出版、1973年。

童生徒一人ひとりをよく見ることができるようになった反面、評価活動が複雑になり仕事に余裕がなくなったという問題も指摘していた。そこで、最近では2018（平成31）年3月の文部科学省「児童生徒の学習評価及び指導要録の改善等について（通知）」は、教師の勤務負担軽減の観点から、以下の改善を示した。

① 「総合所見及び指導上参考となる諸事項」については、要点を箇条書きとするなど、その記載事項を必要最小限にとどめるとともに、

② 通級による指導を受けている児童生徒について、個別の指導計画を作成しており、通級による指導に関して記載すべき事項が当該指導計画に記載されている場合には、その写しを指導要録の様式に添付することをもって指導要録への記入に替えることも可能とするなど、その記述の簡素化を図ることとしたこと。

5 指導方法の創意工夫と学習条件

1◎「生きる力」と「ゆとり」をめざした指導法の工夫

1996（平成8）年の第15期中教審第1次答申は、「生きる力」と「ゆとり」をキーワードに、これからの教育改革の基本的な在り方を提言した。この答申は、教育方法・形態の改善の必要性についても言及している。

その提言を踏まえて、1998（平成10）年7月に公表された教育課程審議会（教課審）答申は、「これからの学校教育においては、これまでの知識を一方的に教え込むことになりがちであった教育から、自ら学び自ら考える教育へと、その基調の転換を図り、子どもたちの個性を生かしながら、学び方や問題解決などの能力の育成を重視するとともに、実生活との関連を図った体験的な学習や問題解決的な学習にじっくりとゆとりをもって取り組むことが重要である」と述べた。

2008（平成20）年1月の中教審答申は、個に応じた指導など指導方法の改善に関して、以下のような提言を行った。

①　確かな学力を育成するためには、従来の一斉指導の方法を重視すること
　　に加えて、習熟度別指導や少人数指導、発展的な学習や補充的な学習など
　　の個に応じた指導を積極的かつ適切に実施する必要がある。

②　家庭での学習課題（宿題や予習・復習）を適切に課すなど家庭学習を視
　　野に入れた指導方法も重視する必要がある。

③　優れた指導方法を教師の間で共有化したり、教師が日常の指導で体験的
　　に認識している、子どもがどこでつまずくのかなどの情報を研究者の分析
　　も交えつつ、学校、教職員、行政と研究者の間で共有し、広く保護者や社
　　会に対して情報発信する必要がある。

④　その際、ICT〔Information and Communication Technology＝情報・通
　　信技術〕の活用や各地の教育センターによる教師への支援体制の充実など
　　も重要である。

　2016（平成28）年12月の中教審答申「幼稚園、小学校、中学校、高等学
校及び特別支援学校の学習指導要領等の改善及び必要な方策等について」は、
「将来の予測が難しい社会の中でも、伝統や文化に立脚した広い視野を持ち、
志高く未来を創り出していくために必要な資質・能力を子供たち一人一人に確
実に育む学校教育の実現を目指す」ことを学習指導要領改訂の基本方針にすえ
た。そこでは、持続可能な開発のための教育（ESD）等の考え方も踏まえて、
「生きる力」をこれまでの定義とは異なる角度から、以下の資質・能力の三つ
の柱に沿って具体化したのである。

　①生きて働く「知識・技能」の習得

　②未知の状況にも対応できる「思考力・判断力・表現力等」の育成

　③学びを人生や社会に生かそうとする「学びに向かう力・人間性」の涵養

　そして、「主体的・対話的で深い学び」を目指した「アクティブ・ラーニン
グ」の視点から授業改善の取組を活性化していくことが大事だとし、「知識の
量や質と思考力等の両方が重要であることから、学習内容の削減は行わない。
知識重視か思考力重視かという二項対立的な議論に終止符」を打つと明言した。
「何をの学ぶか」という点については、ここで「学習内容の削減は行わない」
と記されているが、小学校の外国語活動は時数増に伴い学習内容は増え、また
高校の新科目「公共」によって新たな学習内容が盛り込まれることになる。さ

らに、本書で後述する「プログラミング教育」の導入などによって学習の質の変化に伴い必然的に学習内容が増える可能性もある。

2◎総合学習と体験学習・問題解決学習

　今日ほど、学校において体験活動やボランティア活動が広く重視されている時代はないといってよい。2017（平成29）年に学習指導要領が告示され（高等学校2018年）、これに基づいて現在の教育課程が編成されている。そこでは、基礎・基本の確実な習得を図るために、以下の学習形態を取り入れるよう求められている。

（1）総合学習

　「総合学習」とは、子どもの学習が教科に関する単なるテキスト上の知識習得に陥ることを避けるために、学習者の体験活動など能動的な活動を取り入れながら、その関心と主体性を重視しようとする学習形態のことである。総合学習に関する見解は多様だが、一般的に、「総合学習」という意味は、知識学習だけでなく、体験学習や主体的学習（調査・研究発表など）など多様な方法を総合的に取り入れること、そして単一教科の枠にこだわらず合科的な学習として行われることなどの側面を含んでいる。

　現在の「総合的な学習の時間」は、総合学習の考え方を論拠にしたものである。この「時間」は教科ではなく、また教科書は作成されず、評価は記述によるものとされる。それだけにその成果のゆくえは、各学校ならびに各教員の創意工夫にかかっているのである。

（2）体験学習・問題解決学習

　1998（平成10）年改訂の学習指導要領は、これまで以上に体験活動を重視して、指導計画作成上の配慮事項の一つに、「各教科等の指導に当たっては、体験的な学習や問題解決的な学習を重視するとともに、児童生徒の興味・関心を生かし、自主的、自発的な学習が促されるよう工夫すること」とした。また、道徳教育や「総合的な学習の時間」においても体験学習を重視している。その

背景には、子どもたちの生活体験や自然体験の不足がある。

体験学習と並んで問題解決学習（PBL）も重視されている。もともと「生きる力」は、「いかに社会が変化しようと、自分が課題を見つけ、自ら学び、自ら考え、主体的に判断し、行動し、よりよく問題を解決する資質や能力」を含むものである。つまり、知識偏重教育への反省から問題解決学習が重視されたのである。

2008（平成20）年改訂の学習指導要領は授業時数を増やすとともに、これら体験学習や問題解決学習を引き続き重視し、2017（平成29）年改訂でも前回改訂の授業時数を引き継いでいる。

3◎ティーム・ティーチング

ティーム・ティーチング（Team Teaching）とは、授業において複数の教員が協力し合って、共同責任の下で、同じ児童生徒集団の学習指導を展開する指導形態のことである。その場合、児童生徒を学習進度や興味関心などに基づいて、いくつかのグループに分け行うことになる。これは、協力教授などと訳されているが、現在ではTTと略称でよばれることが多い。実際の授業では、主たる指導者をT1、補助指導者をT2、T3などと名付けている。

ティーム・ティーチングにおいて組織編成を行う場合、いくつかの要因がある。すなわち、①児童生徒の個性・個人差への対応、②学級の枠組み、③教科の枠組み、④教員の指導体制、⑤児童生徒の学習集団などの要因である。

ティーム・ティーチングはその意義が理解されつつも、小規模校や教員数の少ない学校では実施が困難になり、また導入に際しては一人の教員の努力にとどまらないため多くの準備時間を要するなど、多くの課題を抱えている。しかし、児童生徒にとって、担任以外の教員に接し、その指導を受けることは、学力の向上のみならず、広く人間形成の観点からも有効になる。

4◎情報機器の活用とプログラミング教育

前記の2008年中教審答申は、これからの学校教育では、①高度情報通信社

会に対応する情報活用能力の基礎的な資質を育成すること、②情報機器の整備やネットワーク化環境の整備と活用によって教育の質的改善・充実を図ること、③情報機器等の整備によって学校の施設・設備全体の高機能化・高度化を図り、高度情報通信社会に対応する「新しい学校」をつくること、④情報化の「影」の部分を克服しながら心身の調和のとれた人間形成を目指すこと、を提言した。その「影」の部分（マイナス影響）とは、①間接体験・疑似体験と実体験との混同を招くこと、②人間関係の希薄化と生活体験・自然体験の不足を招来させること、③子どもの心身の健康に様々な影響を与えること、などである。

　校種を問わず100%近くの学校にコンピュータが設置されている現在、学習指導における情報機器の活用環境はほぼそろったといってよい。今後は、「影」の部分を克服しながらそれを学習活動にどのようにして効果的に用いるかが重要な課題になる。

　2020（令和2）年度（小学校）から実施された新学習指導要領は、プログラミング教育を小学校では単元に位置づけ、中学校では「技術・家庭科」の技術分野で内容を倍増させ、高等学校では「情報科」の共通必履修科目として行うこととしている。つまり、コンピュータを利用するだけでなく、自らの意図に沿うよう指示できる能力を小学校段階から身につけさせようとしている。

　文部科学省の有識者会議の「議論の取りまとめ」[17]は、プログラミング教育を「子供たちに、コンピュータに意図した処理を行うよう指示することができるということを体験させながら、将来どのような職業に就くとしても、時代を超えて普遍的に求められる力としての「プログラミング的思考」などを育むこと」だと定義されている。そして、その「議論のとりまとめ」を踏まえて、2016年12月の中教審答申「幼稚園、小学校、中学校、高等学校及び特別支援学校の学習指導要領等の改善及び必要な方策等について」は、プログラミング的思考を「自分が意図する一連の活動を実現するために、どのような動きの組合せが必要であり、一つ一つの動きに対応した記号を、どのように組み合わせたらいいのか、記号の組合せをどのように改善していけば、より意図した活動に近

────────────────────────

17）文部科学省小学校段階における論理的思考力や創造性、問題解決能力等の育成とプログラミング教育に関する有識者会議「小学校段階におけるプログラミング教育の在り方について（議論の取りまとめ）」2016年6月16日。

づくのか、といったことを論理的に考えていく力のこと」だと定義している。いわばアルゴリズム[18]的思考を意味する概念だと言えよう。ただし、単にコーディングを覚えさせることが目的ではないとしている。

　今後の教員にはコンピュータ利用だけでなく、そうしたプログラミング教育を指導できる力量が不可欠になり、特に小学校の場合にはそれがすべての教員に要請されてくる。

5◎地域教育資源の活用と「社会に開かれた教育課程」の実現

　地域教育資源とは、定着した用語ではないが、学校現場や教育経営学分野においてよく用いられる概念で、近年は「地域教育力」とよばれることもある。この資源には、①人材、②物資、③場・施設、④活動・営為、⑤情報・知恵があると考えられる。従来から地域の諸資源を活用した実践は見られたが、その場合、特定教科の指導に限られ、また一部の学校や地域の偶発的な努力に負う傾向があった。しかし、近年の学習指導要領によって、学校や教員は様々な活動に地域社会の協力を得るよう求められた。

　2016（平成28）年の中教審初等中等教育分科会教育課程部会報告「次期学習指導要領等に向けたこれまでの審議のまとめについて」は、「社会に開かれた教育課程」の実現という観点から、「学校が社会や世界と接点を持ちつつ、多様な人々とつながりを保ちながら学ぶことのできる、開かれた環境となることが不可欠である。そして、学校が社会や地域とのつながりを意識し、社会の中の学校であるためには、学校教育の中核となる教育課程もまた社会とのつながりを大切にする必要がある」と述べた。そのためには、地域連携に関しては、「地域の人的・物的資源を活用したり、放課後や土曜日等を活用した社会教育との連携を図ったりし、学校教育を学校内に閉じずに、その目指すところを社会と共有・連携しながら実現させること」が重要だとした。また、学習指導要領を「学びの地図」に位置づけて、家庭や地域、社会の関係者が幅広く活用で

18）アルゴリズムとは、ある問題の結論や解を求めるために必要な計算可能な手順または手続きのことを言う（伊藤説朗「アルゴリズム」今野・新井・児島編『学校教育辞典－第3版』教育出版、2014年、p.11を参考にし）。簡潔に言えば、スタートからゴール（結論）に至る過程（手順・手続き）を経路によって示される流れのことである。

きるようにするよう求めた。

　結局は「社会との連携・協働を通じた学習指導要領等の実施」を図り、「学校内外を通じた子供の生活の充実と活性化を図ることが大切であり、学校、家庭、地域社会がそれぞれ本来の教育機能を発揮し、全体としてバランスのとれた教育が行われることが重要」だとまとめたところである。

　この改訂では、学校と外部との風通しをよくするために、家庭や地域との関係性を従来以上に重視しているといってよい。

　この「報告」なども踏まえれば、学校が地域と連携する意義は次のように整理できる。

　第1に、児童生徒の日常生活の場である家庭や地域社会の諸資源が学校教育活動にリアリティを与え、その意味で学習を効果的にすること。

　第2に、教師にとって専門外の教育活動の分野で専門家による指導が期待できること。

　第3に、地域住民等との交流が図られ児童生徒が多様な人々と出会い、交流を深められることである。

　児童・生徒の学力向上にとって、以上のような方法で地域教育資源の活用が有効であることが広く学校や教員に認識されるようになったのである[19]。

19）文部科学省の全国学力・学習状況調査によれば、学校支援ボランティアや社会教育施設を積極的に活用している学校の児童・生徒の学力がそうでない学校に比べて高い傾向にある（たとえば、『平成28年度全国学力・学習状況調査報告書―質問紙調査―』文部科学省・国立教育政策研究所、2016年9月）。

第5章 生徒指導の原理と方法

1 生徒指導の意義

1◎生徒指導とは何か

（1）生徒指導の定義とねらい

われわれは、「生徒指導」という言葉からどのようなことを連想するだろうか。校則、厳しい生徒指導主事、持ち物検査、服装チェック、体罰、停学など、どちらかといえばマイナスイメージの方が多いように思う。校則違反の服装や頭髪は厳しく正され、不要の持ち物は没収され、喧嘩や違反行動は強く罰せられる。そんな経験が生徒指導と結びつきやすい。つまり、生徒にとって生徒指導とは、何か管理取締機能として認識されやすいのである。その意味で生徒指導主事は、問題生徒にとって自分の行動を監視する取締官のように映るのかもしれない。

しかし、生徒指導は非行等の問題行動対策や生徒管理などの側面をもつだけでなく、すべての生徒に対して積極的に働きかけて、その人格のより良い発達援助に資する機能なのである。特に小学校の場合には、問題行動対策としてよりも、しつけ機能として生徒指導をとらえる傾向が強い。あいさつ、言葉遣い、食事の作法、身だしなみ、規則遵守、健康安全など基本的生活習慣の習得が生徒指導に期待されやすい。今日では、家庭において行われるべき基本的生活習慣のしつけさえも学校の生徒指導に期待されていることは、実態として否めな

い。その意味で、生徒指導は児童生徒の発達や社会的背景の中で位置づけられる必要がある。

　文部科学省は生徒指導に関する基礎的資料として「生徒指導提要」を発行している。生徒指導に関する主たる資料としては、1965（昭和40）年に作成された『生徒指導の手引』が広く用いられ、1981（昭和56）年に改訂版[1]が発行されてから、しばらく新たな資料が作成されていなかった。そこで、2010（平成22）年に『生徒指導提要』が発行され、さらに2022（令和4）年に『生徒指導提要─改訂版』[2]が発行されたところである。

　その改訂版は生徒指導を次のように定義している。

　　生徒指導とは、児童生徒が、社会の中で自分らしく生きることができる存在へと、自発的・主体的に成長や発達する過程を支える教育活動のことである。なお、生徒指導上の課題に対応するために、必要に応じて指導や援助を行う。

　改訂前の生徒指導提要では、その定義は「一人一人の児童生徒の人格を尊重し、個性の伸長を図りながら、社会的資質や行動力を高めることを目指して行われる教育活動」とされていた。両者では表現の違いはあるが、共通する点は、個の成長と社会的適応に必要な資質・能力を図る活動だということである。

　生徒指導の目的については、以下のように述べている。

　　生徒指導は、児童生徒一人一人の個性の発見とよさや可能性の伸長と社会的資質・能力の発達を支えると同時に、自己の幸福追求と社会に受け入れられる自己実現を支えることを目的とする。

　ここでは個性の伸長と社会的資質・能力の支援によって幸福追求と自己実現の支援が目的だと述べている。

　そして、実践上の視点として、以下の74項目を取り上げている。

　・自己存在感の感受

　「自分も一人の人間として大切にされている」という自己存在感を感受させると共に、自分を肯定的に捉える自己肯定感や他者のために役立ったなどの自己有用感を育むことも極めて重要であるという。

1）文部省『生徒指導の手引（改訂版）』1981年、pp.1-6。
2）文部科学省『生徒指導提要─改訂版』2022年12月。

・共感的な人間関係の育成

　自他の個性を尊重し、相手の立場に立って考え、行動できる相互扶助的で共感的な人間関係をいかに早期に創りあげるかが重要だとされる。

・自己決定の場の提供

　児童生徒が自ら考え、選択し、決定し、発表・制作するなどの体験が重要だとされる。

・安全・安心な風土の醸成

　児童生徒がお互いの個性や多様性を認め合い、安心して授業や学校生活が送れるような風土を教師の支援の下で児童生徒が自らつくることが重要になる。

　以上を踏まえて、改めて生徒指導の特徴を整理すれば、おおよそ以下のようになる。

① すべての児童生徒の人格の発達を目指し、彼らにとって学校生活を有意義で充実したものにすることをねらいとする。

② 児童生徒一人ひとりの人格を尊重しながら個性を伸長させるとともに、社会的資質や行動力を高める活動である。

③ 現在および将来の自己実現を図るための自己指導能力の育成をめざすことを究極目標とする。

④ 学校において学習指導と並ぶ位置づけにある教育活動である。

⑤ 学校教育全体を通じて行われる活動である。

（2）生徒指導と自己指導能力

　『提要』では、「自己指導能力」という用語を用いているが、その定義については明確にされていない。ただ、「自己指導能力の育成」という部分で、「自分から進んで学び、自分で自分を指導していくという力、自分から問題を発見し、自分で解決しようとする力、自己学習力や自己指導能力、課題発見力や課題解決力というものが育つ指導を行っていくことが望まれ」ると記されていることから、自己指導能力とは「自分で自分を指導していくという力」だということになろうが、これでは定義したことにならない。

　もともと自己指導能力は、文部省資料『生徒指導資料集第20集—生活体験や人間関係を豊かなものとする生徒指導』において用いられていた概念である。

ここでも明確な概念規定がなされていないが、横山利弘によれば、それは「生活態度や行動の選択において、よい行動に対してはアクセルを踏み、悪しき行動にはブレーキをかけることのできる力」[3]だと説明している。自己指導能力は横山の説明のように理解してよいだろう。

　言い換えれば、自己指導能力（「自己指導力」とほぼ同義）とは、自己選択を通して自らの成長と自己実現を図るために必要な能力や資質のことだと解せられるのである。それは、自己教育力や自己決定能力、行動力などが中核をなすといえよう。

　さて、生徒指導の定義については数多くの研究者も論じているが、その一人である坂本昇一は、「生徒指導とは、一人ひとりの児童生徒の個性の伸長を図りながら、同時に社会的な資質や能力・態度を育成し、更に将来において社会的に自己実現ができるような資質・態度を形成していくための指導・援助であり、一人ひとりの児童生徒の自己指導能力の育成を目指すものである」[4]と定義している。そこでは、生徒指導の目的が究極的には児童生徒の自己指導、すなわち自己をありのままに認め、自己に対する洞察を深め、自己の追求する目標を明確にして、その達成のために自発的、自律的に行動を決定していくことを強調している。この定義は『提要』の考え方に沿うものであり、他の研究者による所論と強調点が少し異なるものの多くの共通性が見られることから、今日の生徒指導を定義づけた一般的見解だと考えてよい。

　従来、生徒指導を機能（方法）としてとらえるか、あるいは内容領域としてとらえるかという論争も見られたが、今日、生徒指導が特別活動のみならず、各教科の指導場面にも及ぶことから、機能としてとらえる考え方が強くなっている[5]。ちなみに、『手引』はその冒頭で、「生徒指導は、学校がその教育目標を達成するための重要な機能の一つである」と述べ、機能説をとっていた。

3）横山利弘著「生徒指導と自己指導力」、有村久春編『新編生徒指導読本』教育開発研究所、2007年、p.19。
4）坂本昇一著「生徒指導の原理」、坂本監修『生徒指導の理論』ぎょうせい、1994年、p.9。
5）内藤勇次著「教育課程と生徒指導」、上寺久雄編『生徒指導』有信堂高文社、1982年、p.81。

2◎生徒指導の歴史

わが国の生徒指導はもともと、明治期における非教授活動の組織化に始まる。明治後期にはヘルバルト派の影響を受けて、教育活動を管理・教授・訓練に分け、そのうち非教授活動である「訓練」を道徳的品性の固定的な育成という観点から位置づけた。「訓練」は今日でいう生徒指導とまったく同一の営みだというわけではないが、教育機能に即していえばほぼ同様の性格をもつものとみなすことができる。

その後、大正期に入ると、従来の徳目主義を脱皮し、児童生徒自身の行動経験を指導することに主眼が置かれるようになり、1920（大正9）年頃には「生活指導」という言葉も登場してくる[6]。たとえば、大正中頃の「生活綴方」は児童生徒の生活現実を彼ら自身に文章に綴らせることによって、生活そのものを学習させようとするもので、そこには綴り方という表現活動を通した生徒指導的な作用が見られたのである。一方では、1920（大正9）年に大阪で少年職業相談所が設置され、「職業指導」の概念も現れてきた。昭和初期には、不良化防止としての「補導」が行われ、主として児童生徒の余暇指導としての「校外生活指導」も取り組まれた。

戦後、昭和20年代中頃にはアメリカから導入されたガイダンスの実践化に伴い、「生活指導」として新たな形で登場した。個人の社会的自己実現をめざすガイダンス理論は戦前にも一定の影響を及ぼしたが、学校教育全体に広く受け入れられたのは戦後のこの時期からである。

昭和30年代には、旧ソ連の教育家であるマカレンコ（Makarenko, A.S. 1888–1939年）に代表される集団主義理論の影響がわが国の一部の学校にも及び、集団指導優位の実践が試みられたが、個人の存在の明確さを欠いているなどの批判を受けた。またこの頃、高度成長を背景として進路指導の重視が叫ばれ、従来の職業指導の概念を拡充して、学業への適応や進学を含めた指導にまで拡大され、広く人間形成を行う概念として、生活指導とは別に「進路指導」という用語が用いられるようになる。

6）大石勝男・森部英生編著『生徒指導の研究』亜紀書房、1992年、pp.25-27。

なお、「生活指導」は前述の通り生活綴方・生活作文などと結びついた指導を含む多義的概念であるため、1964（昭和39）年頃から「生徒指導」という用語も使用されるようになった。現在、『提要』においては、「生活指導」が多義に使用されていることを理由に、「生徒指導」に用語を統一している。しかし、東京都などいくつかの都道府県教育委員会や一部の大学では「生活指導」という用語を現在も用いているが、その場合に「生徒指導」とほぼ同様の意味合いで使われている。また、小学生に対しては「児童指導」とする地域もあるが、「生徒指導」としている例が多いようである。

最近では、児童生徒の生き方教育の観点から生徒指導、特に進路指導の在り方が注目されているところである。なかでも、キャリア教育が進路指導との関連で重視されるようになってきている。また、近年は、携帯電話の取扱いに関して文部科学省が「学校における携帯電話の取扱い等について（通知)」を発し、小中学校では特例を除いてその持ち込みを原則禁止とし、高校については使用の禁止や制限をし、また持ち込みの禁止もありうると提示している。

3◎生徒指導と学習指導

生徒指導は学習指導と並ぶ教育方法の一領域であるが、両者は相互補完関係にある。つまり、学習指導を通して生徒指導が推進され、反対に生徒指導によって学習指導の充実が図られるからである。

学習指導は学習指導要領に基づく教育課程の実施を通して行われるが、生徒指導はそこに止まらず、教育課程外を含んだ学校教育全体にわたって行われるところに特色がある。

まず、学習指導要領において生徒指導は、「教育課程の特定の領域における指導ではなく、教育課程の全領域にわたって行われなければならない」と位置づけられている。現実の生徒指導は、各教科、道徳教育、特別活動など教育課程上の諸活動と相互関係をもつだけでなく、部活動、清掃、登下校指導活動とも強く結びつき、さらには地域の非行防止や健全育成の活動や社会教育施設、警察、児童福祉施設等、そして家庭との連携が重視されている。

生徒指導はすべての活動領域と関係するが、学習指導に比べて特に特別活動

と課程外活動との関連が強い。これらの活動は、教科指導や道徳の展開を直接または間接的に支えていることからも、児童生徒の全人格的な形成を図る重要な役割を果たしている。この意味で、生徒指導は児童生徒を取り巻くあらゆる領域に及ぶ機能だということができる。

『提要』によれば、学習指導における生徒指導は、①「各教科等における学習活動が成立するために、一人一人の児童生徒が落ち着いた雰囲気の下で学習に取り組めるよう、基本的な学習態度の在り方等についての指導を行うこと」と、②「各教科等の学習において、一人一人の児童生徒が、そのねらいの達成に向けて意欲的に学習に取り組めるよう、一人一人を生かした創意工夫ある指導を行うこと」という2つの側面で取り組まれると述べている。これらはいわば学業指導の側面だといってよい。

2 生徒指導の原理

1◎生徒指導の方法原理

すでに述べたところであるが、生徒指導は単に児童生徒の行動を規制し、取り締まることを目的とするのではなく、むしろその個性を伸ばし、社会性を身につけさせることに主眼を置いた営みなのである。しかし、残念ながら、世間を騒がせた体罰事件や校則問題などは、教員に、児童生徒の人格を尊重しようとする態度や意識が希薄であったために生じたのである。生徒指導にあっては、まず児童生徒を一人のかけがえのない人格的存在として認め、その人格を最大限尊重していくことが重要である。

『生徒指導提要─改訂版』は課題性の高低と課題への対応の種類に基づいて、生徒指導を3種類に分類している。

① 発達支持的生徒指導

全ての児童生徒の発達を支える段階の指導を表す。この指導では「日々の教職員の児童生徒への挨拶、声かけ、励まし、賞賛、対話、及び、授業や行事等を通した個と集団への働きかけが大切」だとされている。改訂前の『提要』で

は「成長を促す指導」とされていた。

② 課題予防的生徒指導

全ての児童生徒を対象とした問題行動等の課題を未然に防止する教育と、問題行動等の課題の前兆が見られる特定の児童生徒を対象とした課題の早期発見のための教育に分けられている。前者は図中の「課題未然防止教育」が当てはまり、具体的には「いじめ防止教育、SOS の出し方教育を含む自殺予防教育、薬物乱用防止教育、情報モラル教育、非行防止教室等」などがあるとされる。後者は同じく「課題未然防止教育」と記され、「成績が急落する、遅刻・早退・欠席が増える、身だしなみに変化が生じたりする児童生徒に対して、いじめや不登校、自殺などの深刻な事態に至らないように、早期に教育相談や家庭訪問などを行い、実態に応じて迅速に対応」することなどである。改訂前は一括して「予防的指導」と括られていた。

③ 困難課題対応的生徒指導

深刻な課題を抱えている特定の児童生徒への指導・援助を行う指導である。この指導では、「いじめ、不登校、少年非行、児童虐待など特別な指導・援助を必要とする特定の児童生徒を対象に、校内の教職員（教員、SC、SSW 等）だけでなく、校外の教育委員会や警察、病院、児童相談所、NPO 等の関係機関との連携・協働による課題対応を行う」ことになる。改訂前は「課題解決的な指導」とされていた。

図　生徒指導の重層的支援構造

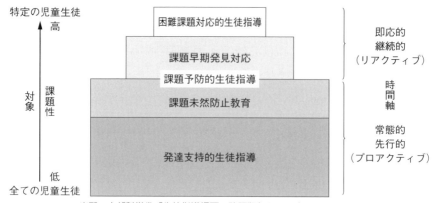

出所：文部科学省『生徒指導提要―改訂版』2022 年、p19 より。

これらの指導は集団指導と個別指導によって行われる。集団指導は、「社会の一員としての自覚と責任、他者との協調性、集団の目標達成に貢献する態度の育成」を図ることとされる（『提要―改訂版』p.25）。指導の形態は学級会（ホームルーム）活動や学年・学校の集まりなどで指導することになる。個別指導は、「集団から離れて行う指導と、集団指導の場面においても個に配慮することの二つの概念」があるとされる。前者は特定の児童生徒を相談室等で指導する場合のことであり、後者は集団指導の場面とで個別の児童生徒の状況に応じて指導することをいう。

　そして、「集団指導と個別指導は、集団に支えられて個が育ち、個の成長が集団を発展させるという相互作用により、児童生徒の力を最大限に伸ばし、児童生徒が社会で自立するために必要な力を身に付けることができるようにするという指導原理に基づいて行われる」ことになる（『提要―改訂版』p.24）。

　このように、個別指導においては、児童生徒の発達を支えるという意味ではすべての児童生徒が対象になるが、課題予防的指導や困難課題対応的指導に関しては特定の児童生徒が対象になる。しかし、集団指導においては、課題予防的指導や困難課題対応的指導の場合でも、すべての児童生徒が対象になり得る。

　これら指導の前提とされる児童生徒理解は、個々の児童生徒の能力の問題や性格的な特徴、興味、要求、悩み、交友関係だけでなく、生育歴や環境条件なども対象になる。この理解を図るための方法は後述する。

3 生徒指導の内容と方法

1◎生徒指導の内容

　生徒指導は児童生徒が学校内、場合によっては家庭や地域など学校外において日々遭遇する問題や事象に関して行われる。それらの問題等に対する指導内容は、以下のように分類できる。

(1) 健康・安全に関する指導

　学校環境と児童生徒の健康安全に関して行われ、特に健康・安全指導とよばれたりする。児童生徒が学校内外において健康で安全な生活を送るうえで必要な知識・技術を身につけさせることを目標にする。具体的には、学校内外の清掃美化の推進、通学路の点検、地震・火災等の災害対策、交通事故防止などを通して行われる。

(2) 学業上の指導

　児童生徒が学習につまずくなど何らかの問題に行き当たったときに、その解決を図るための指導・援助を行ったりする。その問題が経済的問題など家庭に起因するものか、意欲や環境に関わるものか、あるいは学習方法自体の問題なのかなど原因を探り、どうすればよいかという適切な援助を行うのである。学習そのものを指導するのではなく、学習を進める諸条件を整えるための指導であり、その意味で学習指導とは区別して、学業指導とよぶ。

(3) 道徳的・社会的規範に関する指導

　日常生活を営むうえで必要な規範意識を培い、児童生徒を社会に適応させるための指導である。自他の敬愛、人権尊重や敬老の精神、社会的ルール遵守の態度などを涵養し、自らの行動欲求を抑制できる資質を身につけさせることをねらいとする。また、情報モラルなど新たな課題も注目されている。これらの指導は道徳性指導ともいわれる。

(4) 基本的生活習慣に関する指導

　日常生活に必要となる基本的な態度や技術、知識、習慣を身につけさせ、社会生活を円滑に営むことができるようにする指導である。基本的生活習慣には、「生命尊重に関すること」、「規則正しく、きまりよい生活に関すること」、「礼儀作法、社会生活に関すること」などがある[7]。これらは、対人行動、生理的行動、自己管理行動に分けることもできる。

---

7) 文部省『中学校における基本的生活習慣の指導』1985 年、pp.6-10。

最近は、児童生徒の食生活の改善を図るため、食育に関する指導も重視されている。

（5）性格や行動特性に関する指導

児童生徒に見られる偏った性格や逸脱した行動を正すなどして、学校生活や社会生活に適応していけるよう性格面や行動面に対して働きかける指導である。内向的性格、情緒不安、粗暴的性格、盗癖、虚言癖などが顕著な場合には、当事者のみならず他の児童生徒に対しても少なからぬマイナス影響が及ぶことになるから、教師が適切な判断のもとに、長期間にわたってそれを改善するよう指導していく必要がある。

（6）家族関係や友人関係など人間関係の指導

児童生徒の親子関係や兄弟関係、交友関係などに問題がある場合にはその改善を図り、また人間関係が希薄な児童生徒に対しては人間関係づくりを援助するなどして、よりよい学校生活が送れるようにするための指導である。いじめが社会問題となっている現在、とりわけ学校・学級内における望ましい人間関係形成が喫緊の課題になる。

（7）余暇活用に関する指導

学校休業日・休業期間などの余暇を有効に過ごすことができるようにするとともに、余暇が学校生活にマイナス影響を及ぼさないようにする指導で、余暇指導といわれる。青少年非行の多くは、学校の休業中に起こりやすく、特に、夏休み明けの9月に集中する傾向にある。そこで、余暇の活用を図り、問題行動の防止と地域体験活動の奨励などを進めることが重視されるのである。遊び場・社会教育施設の活用、ボランティア活動や子ども会活動への参加などを促し、児童生徒に適切な余暇指導を行うことが課題になる。「学校週5日制」が実施されている現在、余暇指導への期待は強まっている。

（8）男女交際や性に関する指導

思春期以降の生徒に対しては、異性との交際や性の問題が生徒指導の内容に

含まれてくる。発達の加速化が著しい今日、小学校においてもそれは一つの課題になる。どちらかといえば、これまで男女交際については規制的指導が多く、性に関しても消極的指導がしばしば見られた。本来これらの指導は、交際マナーや異性に対する理解を通して、望ましい異性交際の在り方を示し、男女平等の精神を培っていくことが究極的な目標になる。最近は、性同一性障がい者への対応も求められる。

（9）進学・職業の選択など進路に関する指導

児童生徒が自らの意思により将来の進路を選択、決定していく際に、有益な援助や助言を行うものである。中学校および高等学校卒業時における進学指導や職業指導が主眼になる。学級担任はもちろんであるが、とりわけ生徒指導主事や進路指導主事等の主任職の果たす役割は大きい。これは進路指導とよばれ、生徒指導とは別に独立の指導機能として扱われる場合もある。

（10）環境改善に関する指導

児童生徒の学校生活を取り巻く諸条件の中から、マイナス因を排除ないしは補完し、プラス因を増強して教育環境の改善を図ることによって、彼らの学校生活の円滑化を図るための指導である。たとえば、不健全文化の排除、奨学金や就学援助費の支給など福利厚生の充実、善行の奨励が指導の具体的内容になる。

以上の指導はすべての児童生徒を対象とするのに対して、児童生徒の個別の課題にも指導が向けられなければならない。『提要―改訂版―』は、個別の課題として次のような諸点を取り上げている。

すなわち、①いじめ、②暴力行為、③少年非行、④児童虐待、⑤自殺、⑥中途退学、⑦不登校、⑧インターネット・携帯電話に関わる問題、⑨性に関する課題、⑩多様な背景を持つ児童生徒への指導（発達障害、精神疾患、健康課題、支援を要する家庭状況―貧困や外国人児童生徒を含む）などの対応が生徒指導に求められている。

2◎生徒指導の方法

　生徒指導の方法は、児童生徒理解の方法、児童生徒に対する指導形態、治療・措置等の働きかけの仕方、組織体制の在り方などに分けることができる。

（1）児童生徒理解の方法

　児童生徒理解の方法には、彼らの心理的・発達的理解、彼らを取り巻く環境・文化の理解、そして具体的な対象に関するデータ収集がある[8]。

児童生徒理解のための資料収集方法

1　観察法…①叙述的観察記録法：学校生活の様々な場面で児童生徒の行動を
　　　　　　　自然に観察し、叙述的に記録する
　　　　　②組織的観察記録法
　　　　　　ア．時間見本法：各個人の行動観察を一定時間ずつ順次観察して記録する方法
　　　　　　イ．品等度法：ある生徒の行動を観察して、それを段階で表された尺度のどの段階に該当するかを記述する方法

2　面接法…①調査面接法
　　　　　②相談面接法
　　　　　③集団面接法

3　質問紙法（生活環境調査、学習意欲調査、希望調査、悩みの調査、読書調査など）

4　検査法（知能検査、学力検査、性格検査、適性検査など）

5　作文・日記などによる方法：児童生徒自身が綴った作文や日記の中から、その喜び、あこがれ、悩み、願望、人生観、世界観などを読み取り、データとして解釈する方法

6　交友関係の理解の方法（ソシオメトリーなど）

（注）　文部省『生徒指導の手引（改訂版）』（昭和56年）をもとに筆者が作成。

....

8）前掲『生徒指導の手引』、pp.60-67。

上記のうちどの方法を取り入れるかは、問題の所在や児童生徒の性質、あるいは教師の技量などに応じて適宜判断されることになるが、少なくともデータ収集には、客観性、正確性、妥当性等を高める工夫が必要である。

（2）生徒指導の形態と働きかけの方法

　生徒指導は主として児童生徒に対する個別指導と集団指導とに分けられる。個別指導は、何らかの問題、たとえば、いじめ等の加害者および被害者、暴力的傾向のある児童生徒、進路や学業で悩んでいる児童生徒や不適応児童生徒などに対して、教育相談や個人面談を通して指導援助を図るものである。集団指導は、集団の民主的な雰囲気の盛り上がりを重視しながら、児童生徒が集団への所属感や連帯感を高め、その個性が集団に寄与できるように、相互理解、相互尊敬、相互作用を高めるように集団形成を図るための指導である。

（3）生徒への働きかけ方

　生徒指導の具体的な働きかけの方法には、教育相談（カウンセリング、親（子）面談、心理的治療を含む）、助言・説諭、集団討議、自己表現（作文などを書かせたり、話をさせること、あるいは演劇を行わせること等）、環境整備・改善などがあり、また特に問題行動のある児童生徒に対しては独自の指導方法や対応がとられる。これらの結果が適切であったかを指導過程と事後に分けて評価し、記録に残しておくことが大切である。

（4）生徒指導の推進体制

　生徒指導の組織的体制は，校内体制に限らず学校外の関係機関との連携協力体制をも含んでいる。校内においては、管理職の指導のもとで、生徒指導主事（学校によっては、生徒指導主任・部長などの名称）を中心にすべての教師が参加する仕組みが整えられなければならない。校外関係者・機関との連携体制は、教育委員会はもちろん、警察、職業安定所、PTA、自治・町会、地域青少年育成委員、地域社会教育団体などとの日常的な関係を構築しておくことが重要である。
　また、スクール・カウンセラーやスクール・ソーシャルワーカーの活用など

生徒指導に関わる外部の専門家との連携も重視されてきている。近年は、そうした外部の専門家や関係機関を含め、校内の管理職や養護教諭、各主任などでチームをつくり、様々な課題に対応することが求められている。

（5）生徒指導主事の役割

　中学校および高等学校には生徒指導を中心的に担う生徒指導主事を置かなければならない。生徒指導主事は、「校長の監督を受け、生徒指導に関する事項をつかさどり、当該事項について連絡調整及び指導、助言に当たる」（学教法施行規則第70条第4項）と定められている。その具体的な役割について、『提要』は以下のように示している。

①　校務分掌上の生徒指導の組織の中心として位置づけられ、学校における生徒指導を組織的計画的に運営していく責任を持つこと。

②　生徒指導を計画的・継続的に推進するため、校務の連絡・調整を図ること。

③　生徒指導に関する専門的事項の担当者になるとともに、生徒指導部の構成員や学級担任・ホームルーム担任その他の関係組織の教員に対して指導・助言を行うこと。

④　必要に応じて児童生徒や家庭、関係機関に働きかけ、問題解決に当たること。

　以上のように、生徒指導主事は校内で生徒指導の計画や連絡・調整、指導・助言、関係機関との連携などのリーダーとして位置づけられるのである。ただし、生徒指導は生徒指導主事一人が担うわけではなく、すべての教職員が目的と情報を共有しながら関わることになる。

3◎懲戒・出席停止

（1）児童生徒に対する懲戒

　児童生徒が義務違反や問題行動などを起こしたときには、必要に応じて生徒指導上の一定のペナルティーが与えられ、これを懲戒とよぶ。学校教育法第11条は、「校長及び教員は、教育上必要があると認めるときは、文部科学大臣の

定めるところにより、児童、生徒及び学生に懲戒を加えることができる。ただし、体罰を加えることはできない」と定めている。懲戒を加える場合、学校教育法施行規則第26条第1項によって、「児童等の心身の発達に応ずる等教育上必要な配慮をしなければならない」とされる。

懲戒はその性格によって、法的効果をともなうものと事実行為として行われるものに大別できる。法的効果をともなう懲戒行為には、訓告、停学、退学があり、校長のみが行うことができる。そのうち、停学は義務教育諸学校の児童生徒に対して行うことができず、退学は公立義務教育諸学校の児童生徒に行えない（下表参照）。

懲戒の可否（校種・方法別）

校種／懲戒方法	退学処分	停学処分	訓告処分
公立義務教育諸学校	不可	不可	可
国立・私立義務教育諸学校	可	不可	可
高等学校	可	可	可

一方、事実行為としての懲戒とは、学校の日常生活で行われる説諭、叱責、懲罰行為などのことであり、全校種において校長をはじめすべての教員が行うことができる。しかし、肉体的苦痛をともなう懲戒である体罰は法で禁止されている。しばしば体罰是非論が交わされるが、この議論の多くは体罰禁止条項自体の是非をめぐるものではなく、それを前提としながら是非を問おうとしているものであるから、なかなか建設的な方向が見いだせない傾向にある。多くの判例も、体罰の是非について言及するものではなく、ある懲戒行為が体罰に相当するか否かをめぐって争われているのである。

なお、1949（昭和24）年に法務府が示した「生徒に対する体罰禁止に関する教師の心得」は以下のように述べている。

① 用便に行かせなかったり食事時間が過ぎても教室に留め置くことは肉体的苦痛をともなうから体罰となり、学校教育法に違反する。

② 遅刻した生徒を教室に入れず、授業を受けさせないことは例え短時間でも義務教育では許されない。

③　授業中怠けた、騒いだからといって生徒を教室外に出すことは許されない。教室内に立たせることは体罰にならない限り懲戒権内として認めてよい。

④　人の物を盗んだり、こわしたりした場合など、こらしめる意味で、体罰にならない程度に、放課後残しても差し支えない。

⑤　盗みの場合などその生徒や証人を放課後訊問することはよいが自白や供述を強制してはならない。

⑥　遅刻や怠けたことによって掃除当番などの回数を多くするのは差し支えないが、不当な差別待遇や酷使はいけない。

⑦　遅刻防止のための合同登校は構わないが、軍事教練的色彩を帯びないように注意すること。

　しかし、この基準は制定後、60 年近くそのままにされていたことから、2006（平成 18）年に設置された教育再生会議は、教師が毅然とした指導ができるよう学校の指導や懲戒について見直すべきだという提言をした。そこで、文部科学省は、2007（平成 19）年 2 月、「問題行動を起こす児童生徒に対する指導について」と題する通知によって、以下のような体罰・懲戒の新たな考え方を示した（「通知」には下記の①〜⑥の番号は記されていない）。

①　体罰に当たるかどうかは、児童生徒の年齢、健康、心身の発達状況、場所、時間、懲戒の態様などを総合的に考えて判断する。

②　被罰者に肉体的苦痛を与えるような懲戒だと判断された場合は体罰に該当する。

③　体罰かどうかの判断は被罰者児童生徒の主観的言動によりなされるのではなく客観的に判断されるべきである。

④　児童生徒に対する有形力の行使（暴力など）による懲戒は、一切が体罰として許されないというものではなく、慎重な教育上の配慮のもとに行われる限りにおいては、「状況に応じ一定の限度内で懲戒のための有形力の行使が許される」とする判例があること。

⑤　有形力の行使以外の懲戒について（○：可能、●：不可）、○放課後教室に残留させる、○授業中、教室内に立たせる、○学習課題や清掃を課す、○学校当番を多く割り当てる、○立ち歩きの多い児童生徒を叱って席につ

かせる、などの場合においては通常、体罰に当たらない。ただし、●用便のためにも室外に出ることを許さない、●食事時間が過ぎても長く留め置く等、肉体的苦痛を与えるものは体罰に当たる。

⑥　児童生徒から教員等に対する暴力があった場合、教員等が防衛のためにやむを得ずした有形力の行使は体罰に該当しない。

そのほか、児童生徒を教室外に退去させることに関しては、○当該授業の間、当該授業に代わる指導が行われれば差し支えない、○他の児童生徒の学習を妨げる児童生徒に対して必要な間、やむを得ず教室外に退去させることは懲戒に当たらないこと、を具体的に示した。さらに、携帯電話を持ち込み、学校教育全体に悪影響を及ぼすような場合には、これを預かり置くことは差し支えないことを明示した。

この通知は、懲戒・体罰の新基準のように解されている。特に、前述の法務府が示した「心得」に比べると、①児童生徒の教室外退去の扱いが条件付きで認められること、②具体例を細かに示したことなどが特徴になる。また、やむを得ない場合などには教師による有形力の行使も認められる場合があると解釈できる記述もある。それだけ、児童生徒の問題が深刻になってきているのである。

(2) 出席停止

出席停止とは、学校教育の円滑な実施を図るために、児童生徒に学籍を保有させながら一定期間にわたって登校させない措置のことである。これは、本人に対するペナルティーである懲戒とは性質を異にしている。出席停止が行われるのは2つの事由に基づく。1つは児童生徒の性行不良を事由とする場合で、学校教育法第35条は、性行不良であって他の児童（生徒）の教育に妨げがあると認める児童（生徒）があるときには、市町村教育委員会はその保護者に対して、児童（生徒）の出席停止を命じることができるとする。

もう1つの場合とは、児童生徒の感染症予防の観点から行われるものである。学校保健安全法第19条は、感染症（法改正前は「伝染病」）にかかっているか（疑いのあるものを含む）、またはかかるおそれがある児童生徒がある場合には、校長が出席を停止させることができるとする。なお、この場合、出

席停止期間等については病種に応じて定められる。

　なお、ここで留意すべきは、性行不良を理由とする場合は原則として学校を管理する教育委員会が、そして感染症の場合には校長が命じるとされていることである。2001（平成13）年の学校教育法の一部改正によって、出席停止の要件を明確化するため、「性行不良」について、「他の児童に傷害、心身の苦痛又は財産上の損失を与える行為」、「職員に傷害又は心身の苦痛を与える行為」、「施設又は設備を損壊する行為」、「授業その他の教育活動の実施を妨げる行為」が示された。出席停止の処分要件を厳しくしたというよりも、むしろ学校の秩序維持のために出席停止を避けようとする学校の姿勢の見直しを促す改正だと解されている。

　その後、前記の文部科学省通知でも、「出席停止制度の活用について」取り上げ、必要があると認めるときには「市町村教育委員会は、出席停止制度の措置を採ることをためらわずに検討する」よう促したのである。

4　少年非行と生徒指導

1◎少年非行とは何か

　昨今の少年犯罪は著しく凶悪化している。特に、神戸の児童殺傷事件は社会を震撼させ、以来、中学生による殺人などが続発し、2015年には神奈川の河川敷において男子中学生を刃物で殺害するなど深刻な事態に至っている。これら青少年の行動は、逸脱行動の一つである。

　逸脱行動とは、特定の社会の中で承認されている行動様式や習俗、規範などから外れた行動全般を意味する。一般に、犯罪、非行などの反社会的行動をイ

> **不良（行為）少年**
>
> 　不良行為少年とは、非行少年には該当しないものの、飲酒、喫煙、家出、深夜徘徊、不良交友、不純異性交遊などで警察に補導された20歳未満の者のことである。最近では、このうち喫煙と深夜徘徊で補導された者が多くなっている。

メージするが、自殺など非同調行動をも含んでいる。その場合、逸脱の判断基準が時代や社会によって異なるため、逸脱行動かどうかはあくまでも相対的に判断されることになる。たとえば、現在、中高校生の髪染や化粧に対する許容度が高まり、一般化しつつあるので、次第に逸脱行動として認識されにくくなるのである。したがって、生徒指導の在り方は、これら時代的変化の影響を少なからず受けていくことになる。

ところで、一般に非行とは、未成年者によって起こされる犯罪およびこれに準じる逸脱行為のことをいう。具体的には、刑法犯、特別法犯、触法、ぐ（虞）犯などである。このうち触法とは 14 歳未満による刑罰法令に触れる行為のことで、ぐ犯は 20 歳未満で、その性格、行状等から判断して、将来罪を犯し、または刑罰法令に触れる行為のおそ（虞）れのあることである。このほか、広義の非行は、家出、飲酒・喫煙、深夜徘徊、性の逸脱行動などの不良行為を含めることもある。

なお、2021 年の少年法一部改正により（翌年 4 月施行）、18・19 歳の者が罪を犯した場合、「特定少年」として、一部の扱いが 20 歳以上の者と原則同様にされ、起訴された場合には実名報道も可能とされるようになった。

少年非行は 1998（平成 10）年〜2003（平成 15）年頃に戦後第 4 のピークを迎え、以後、ずっと減少傾向にあるが、凶悪化・粗暴化してきたといわれる。また、減少傾向にあるものの、2019（令和元）年は 19 年ぶりに前年から増加した[9]。罪種を見ても、殺人、重傷害、強盗など凶悪化し、その動機は情状酌量の余地もないケースが目立っている。今日の学校が絡む少年犯罪は、もはや教育論を超える段階にあるといえよう。そうした背景のもとで、「学校と警察との連携強化」が重視されている。だからといって、学校は少年犯罪の問題を警察に委ねて、ただ手を拱いているわけにはいかない。教育の場として学校は、少年犯罪・少年非行を睨んだ生徒指導に計画的、組織的に取り組む必要がある。とりわけ、問題行動の防止や問題が起きた場合の適切な措置に日頃から備えておかなければならない。そこに、今日の生徒指導に期待される一つの役割がある。

9）法務省 法務総合研究所『令和 5 年版犯罪白書』2024 年。

2◎少年非行と学校の危機管理

　たしかに、今日の非行や犯罪などの問題行動の背景には社会風潮や教育制度の問題もあるかもしれないが、実際、目の前で起きつつある、あるいは起こる可能性のある問題行動に対しては、何らかの手を打たねばならない。生徒の持ち物検査の実施はその一つの方法だが、生徒の人権の配慮からどうしても及び腰になりがちである。だが、それは、いつ被害者になるかわからない生徒全体の人権を守るための対症療法として必要な一つの措置だということもできる。持ち物検査が望ましくないとするなら、その具体的な代替措置を講じる必要がある。

　そのためにも、現在、児童生徒による悪質な問題行動に対しては、すべての教職員が深刻に受けとめ、危機意識をもって生徒指導に努めなければならない。特に、管理職には、人権尊重や非管理主義をタテマエにした及び腰の姿勢ではなく、毅然たる態度で生徒指導に取り組む覚悟が求められる。そこに学校経営における危機管理の必要性が指摘できるのである[10][11]。その意味でも、学校はリスク・マネジメントの考え方をもつことが大切であろう。

5 進路指導とキャリア教育

1◎生徒指導と進路指導

　現在、中学校と高等学校においては生徒指導と進路指導を分けて行っているが、両概念は同じ次元に立つものではなく、前者の生徒指導が機能的概念であるのに対して、進路指導は生徒指導の内容の一つとして位置づけられてきた。つまり、進路指導は学業指導や道徳性の指導、余暇指導などと並ぶ一つの内容的課題で、職業指導と進学指導を含む営為とされた。

10）「文部科学省×学校安全」サイトを参照されたい。
11）危機管理に関しては、文部科学省『学校の危機管理マニュアル』（2007 年 11 月）を参照されたい。

しかし、進路指導に関わる指導が大きいことから、中学校と高等学校に生徒指導主事に加えて進路指導主事を置くようになり、進路指導は生徒指導から独立した取り組みに位置づけられるようになった。

2◎キャリア教育の背景と意義

　進路指導とは、『提要』（改訂前の版）によれば、「生徒が自ら、将来の進路選択・計画を行い、就職又は進学をして、さらには将来の進路を適切に選択・決定していくための能力をはぐくむため、学校全体として組織的・体系的に取り組む教育活動」だと定義される。

　進路指導が学習指導要領で取り上げられるようになったのは、高等学校では昭和30年代の改訂からであり、中学校の場合は昭和40年代の改訂からである。それぞれホームルーム活動（高等学校）または学級活動（中学校）で行うものとされた。その後、進路指導において生徒のキャリア発達を重視するようになり、特に若者の職業観と就労意識をめぐる様々な問題が表れるようになったことから、キャリア教育が注目されていた。

　2011（平成23）年の中央教育審議会答申「今後の学校におけるキャリア教育・職業教育の在り方について」はキャリア教育を、「一人一人の社会的・職業的自立に向け、必要な基盤となる能力や発達を育てることを通して、キャリア発達を促す教育」だと定義した。

　キャリア教育が重視されるようになった背景として、雇用形態の変化と若者の勤労観・職業観の未熟さ、子どもたちの精神的・社会的自立の遅れ、モラトリアハ傾向の強まりなどがある。

　中央教育審議会答申「幼稚園、小学校、中学校、高等学校及び特別支援学校の学習指導要領等の改善及び必要な方策等について」は、前記2011（平成23）年の答申の定義を踏まえて、「キャリア教育を効果的に展開していくためには、教育課程全体を通じて必要な資質・能力の育成を図っていく取組が重要になる。小・中学校では、特別活動の学級活動を中核としながら、総合的な学習の時間や学校行事、特別の教科道徳や各教科における学習、個別指導としての進路相談等の機会を生かしつつ、学校の教育活動全体を通じて行うことが求めら

れる」と述べた。ここでは特別活動がキャリア教育の中核をなすものと明記されている。

前出の中央教育審議会答申「今後の学校におけるキャリア教育・職業教育の在り方について」は、キャリア教育と職業教育の違いを以下のように述べている。

（ア）育成する力

キャリア教育…一人ひとりの社会的・職業的自立に向けて、必要な基盤となる能力や態度

職業教育………一定または特定の職業に従事するために必要な知識、技能や態度

（イ）教育活動

キャリア教育…普通教育、専門教育を問わず様々な教育活動の中で実施される。職業教育も含まれる。

職業教育………具体の職業に関する教育を通して行われる。この教育は、社会的、職業的自立に向けて必要な基盤になる能力や態度を育成する上でも、極めて有効である。

このように、キャリア教育は職業教育と異なり、特定の職業の従事に向けたものでなく、また具体的な職業に必要な知識・技術を身につけさせるものでもない。ただ、教育活動に関しては、様々な教育、たとえば特別活動や社会科などを通して行われることから、当然、職業教育も含むことになる。

また、同答申は、キャリアプランニング能力を社会的・職業的自立などに必要な能力に加えている。これは、「働くこと」の意義を理解し、自らが果たすべき立場などとの関連で「働くこと」を位置づけ、主体的に判断してキャリアを形成していくための力のことである。具体的には、「学ぶこと・働くことの意義や役割の理解、多様性の理解、将来設計、選択、行動と改善等」に関わる力ということになる。

そこで、キャリア教育の実施状況をみると、右の表に示したように、校種によって実施割合が異なり、全体的に小学校での実施率が低い傾向にある。たとえば、「6　児童の個別面談を行っている（中高校：生徒の進路相談を行っている）」は中高校が80％台なのに対して小学校は30.0％に過ぎない。また、「5

キャリア・カウンセリングを実施している」「10　将来の進路にかかわる体験活動の実施においては，事前指導・事後指導を十分に行っている」も同様の傾向にあり，小学校の数値が低い。中高校は小学校に比べて「進路指導」が切実な課題として認識されているからだと考えられる。なお，数値は小さいが，「15　特にキャリア教育に関する計画・実施はしていない」では中高が2%未満なのに対して小学校は12.8%と若干高い数値を示していることがこうした校種による違いを裏付けていると言えよう。

2016（平成28）年12月に，中教審答申「幼稚園，小学校，中学校，高等学校及び特別支援学校の学習指導要領等の改善及び必要な方策について」はキャリア・パスポートの作成と活用を提言した。キャリア・アパスポートとは，学習指導要領及び同「特別活動編」で取り上げられ，以下のように定義されている。

> 「キャリア・パスポート」とは，児童生徒が，小学校から高等学校までのキャリア教育に関わる諸活動について，特別活動の学級活動及びホームルーム活動を中心として，各教科等と往還し，自らの学習状況やキャリア形成を見通したり振り返ったりしながら，自身の変容や成長を自己評価できるよう工夫されたポートフォリオのことである。

その目的については「『キャリア・パスポート』の様式例と指導上の留意事項」は以下のように記している。

> 小学校から高等学校を通じて，児童生徒にとっては，自らの学習状況やキャリア形成を見通したり，振り返ったりして，自己評価を行うとともに，主体的に学びに向かう力を育み，自己実現につなぐもの。教師にとっては，その記述をもとに対話的にかかわることによって，児童生徒の成長を促し，系統的な指導に資するもの。

キャリア・パスポートはいわゆるポート・フォリオの一種で，児童生徒がキャリアに関して主体的に学びに向かい，自己のキャリア形成に生かすこと，さらに，特別活動や各教科等の指導の改善にも寄与することが期待されている。キャリア教育に関する新たな取組になる。

キャリア教育の現状

　質問「あなたの学級（ホームルーム）あるいは学年における，キャリア教育の計画・実施の現状についておたずね（無回答等除く）します。あなたが「そのとおりである」と思うものをすべて選んでください。」

以下の質問中、高校は「学級」を「ホームルーム」と記される。	小学校	中学校	高等学校
1　学級または学年のキャリア教育の計画は，学校全体のキャリア教育の計画に基づいて作成されたものである	47.2%	54.0%	48.7%
2　学級または学年のキャリア教育の計画は，児童のキャリア発達の課題に即して作成されたものである	28.3%	35.1%	35.1%
3　学級または学年のキャリア教育は計画に基づいて実施している	38.4%	48.5%	42.4%
4　学級のキャリア教育計画を実施するための時間は確保されている	20.6%	32.9%	28.7%
5　キャリア・カウンセリングを実施している	3.8%	15.3%	21.0%
6　児童の個別面談を行っている（中高校：生徒の進路相談を行っている）	30.0%	85.8%	84.1%
7　キャリア教育に関する指導案や教材の作成等を工夫している	10.6%	11.2%	11.5%
8　キャリア教育に関する研修などに積極的に参加し，自己の指導力の向上に努めている	3.0%	5.0%	7.8%
9　将来の進路にかかわる体験活動（職場見学等）を実施している（高校：将来の進路にかかわる体験活動（就業体験（インターンシップ）やアカデミック・インターンシップ等）を実施している	25.7%	74.0%	42.9%
10　将来の進路にかかわる体験活動の実施においては，事前指導・事後指導を十分に行っている	17.8%	62.6%	33.5%
11　地域や家庭から協力を得るように努めている	33.8%	51.8%	42.9%
12　キャリア教育の取組に対して評価を行っている	10.3%	20.5%	10.7%
13　キャリア教育の評価結果に基づいて取組の改善を行っている	5.5%	12.6%	7.9%
14　本校（学年団）の教員はキャリア教育に関して理解し，協力している	20.5%	37.2%	32.5%
15　特にキャリア教育に関する計画・実施はしていない	12.8%	0.7%	1.9%

出所：国立教育政策研究所生徒指導・進路指導研究センター『キャリア教育に関する総合的研究第一次報告書』2020年。
※中学校・高校の質問票には上表の項目以外の質問項目もあるが，この表は小・中学校・高校の各校種に共通する質問項目のみに絞って掲載したデータである。

6 生徒指導の課題

　現代の生徒指導をめぐる課題は山積している。生徒指導に関して、児童生徒自身の問題としては、非行、校内暴力、いじめ、登校拒否、自殺など逸脱行動が大きく社会を騒がせ、また教員や学校の指導上の問題では体罰、校則が取り上げられた。こうした問題に対応していくために、生徒指導の在り方が注目され、その課題はますます多くなってきた。

1◎教師の意識変革と資質の向上

　教員自身に求められる課題としては、まず、教員自身の児童生徒に対する人間観を変えるとともに、その資質の向上が図られなければならない。とりわけ、危機管理能力の向上が強く求められている。つまり、日頃から問題行動の些細な兆候を的確に読み取り、それを危機として受けとめ、適切に対応していく資質が必要なのである。

　同時に、教員の生徒指導に関わる指導技術の向上も大切である。教員が児童生徒に対して適切な時期に的確な指導を与えられなければ、生徒指導は名ばかりのものに終わってしまうからである。特に、カウンセリングや心理検査などの知識・技術の向上が強く期待されている。また、最近はアメリカのゼロ・トレランスという考え方が紹介されている。これは、トレランス（寛容）のない指導、つまり容赦のない厳格な指導を意味しているが、賛否両論がある。

2◎生徒指導体制と教育相談の整備・充実

　次に、生徒指導体制に関わる課題としては、生徒指導担当教員の配置と校内における協働体制の確立、外部機関との連携・協力などがある。まず、現行体制を見直し、生徒指導主事のリーダーシップのもとに、教師間の協働体制を実質的に確立していかなければならない。生徒指導主事をはじめとする学校内の全教師が連携を取り合いながら協働してチームとして取り組んでいくこと、つ

まり学校ぐるみの生徒指導の展開が望まれるのである。

　その場合、学校は地域など外部との連携に努めることが大切である。たとえば、校内暴力やいじめ事件などは、事が重大な段階に至らないかぎり校内だけで処理されがちである。しかし、そうした自己完結的な姿勢では多様化する諸問題の抜本的解決を困難にするだけであるから、今後の学校に期待されるのは生徒指導に関する情報を地域社会に進んで公開するとともに、学校ボランティアの活動をはじめ、地域等の協力を得るなど積極的に連携していく態度だといえよう。つまり、学校だけで問題を抱え込まないことが大切なのである。

　くわえて、スクール・カウンセラーやスクール・ソーシャルワーカーなど専門家との連携による教育相談体制の構築も必要になってくる。むろん、教員自身がカウンセリングマインドをもつことは大切になる。

３◎多様な体験活動と児童生徒の参加機会の提供

　児童生徒自身に関わる課題には、まず、児童生徒に多様な体験活動の機会を与えることと、児童生徒自身が生徒指導の過程に参加できる仕組みの創出を図ることがある。

　多くの青少年に関する実態調査が明らかにしているように、現代の子どもには生活体験の不足が目立ってきている。これら生活体験を与え、豊かな情操を涵養し、社会規範を獲得させていくことは今後も生徒指導の大きな課題となる。そして、校則や一部の教育活動計画の決定過程に児童生徒を参加させ、その意見を反映させるとともに、彼らの主体性を伸ばすような指導姿勢が求められる。換言すれば、児童生徒の自己指導能力による生徒指導の推進をめざす努力と工夫が最も重要な課題になる。

４◎保護者・地域による苦情・要望への対応

　児童生徒への対応に加えて、近年は保護者・地域住民等による苦情・要望も目立つようになり、それへの対応も教職員にとって負担の大きな仕事になってきている。教育委員会などが実施する生徒指導研修には保護者等への対応に関

するプログラムが組まれるようになった。その背景には、それら苦情・要望の多くが生徒指導に関するものだからである。たとえば、指導が厳しすぎるから改善してほしい、いじめにあっているようなので止めてほしい、仲のよくない子とクラスが一緒なのでクラス替えをしてほしいなどの要望が目立つ。また、子どものケンカも止められないのか、そんな担任は代えるべきだという苦情もある。その意味で、保護者等への対応も生徒指導上の課題に数えられる。

　日本教材文化研究財団の調査[12]によると、2014（平成 26）年度間に保護者から苦情・要望を受けた教員は、小学校 63.4%、中学校 60.0% となる。苦情等を受けた年間の件数は、小学校 2.3 件、中学校 2.0 件である。校種を問わず、約 6 割の教員が保護者からの苦情・要望を受けて対応していることになる。一方、保護者の回答[13]では、2014 年度間に苦情・要望を申し出た者の割合は、校種を問わず約 30% である。単純に計算すれば約 3 割の保護者が 1 年に 2 件程度苦情・要望を申し出たということになる。

　そうした苦情・要望に対する効果的な取り組みとして[14]、教職員の回答は「保護者と教職員が交流する機会を設けた」が最も多く、両校種共に約 40%の回答になっている。次いで、「学校の情報を HP や『たより』で積極的に提供した」となる。いずれも、学校理解を促す取り組みであることから、苦情等への対応には直接的・間接的のいずれの方法でもよいから学校理解や保護者との相互理解を深めることが有効だといえそうである。

【参考文献】
・文部科学省『令和 4 年度児童生徒の問題行動・不登校等生徒指導上の諸問題に関する調査結果』、2022 年。
・生徒指導研究会編『詳解生徒指導必携　改訂版』ぎょうせい、2006 年。
・文部科学省国立教育政策研究所生徒指導研究センター編『キャリア教育の更なる充実のために―期待される教育委員会の役割―』同センター、2011 年。

12）研究代表者：佐藤晴雄『家庭教育と親子関係に関する調査研究―調査研究シリーズ No.63』公益財団法人・日本教材文化研究財団、2016 年、pp.115–116。
13）前掲書、p.73。
14）前掲書、p.118。

・文部科学省国立教育政策研究所生徒指導研究センター編『キャリア教育・進路指導に関する総合的実態調査第一次報告書（概要版）』同センター、2013年。

・森田洋司・山下一夫監修、佐古秀一編著『チーム学校時代の生徒指導』学事出版、2020年。

・文部科学省『中学校学習指導要領解説　特別活動編』、2017年。

・佐藤晴雄編『保護者対応で困ったときに開く本』教育開発研究所、2012年。

第6章

学校経営と学校組織の改善

1 学校経営の意義

1◎学校経営の概念

　教育行政が学校と教育委員会等との相互作用の過程だとすれば、学校経営は教育行政の影響を取り込みながら学校内部において行われる自主的な営みだといえる（保護者等との関係を含む。下図参照）。学校経営の具体的な営為には以下のようなことがある。まず、各学校の中で、学校・学年・学級でそれぞれ目標を設定して、その達成を図るために、特定教員を特定の学級担任に割り当てるなど教職員の職務分担を行うとともに児童生徒を学級など教育集団に編成することである。つぎに、校舎などの施設を児童生徒の教育活動にふさわしい

教育経営と学校経営等の関係モデル（公立小中学校の場合）

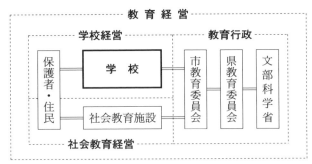

方法で効果的に活用していくのである。たとえば、低学年の教室を校舎の低層階に配置したり、体育館や特別教室、視聴覚機器など共有施設・設備の利用を競合しないように計画していく。そして、これら各々の営みにおいて学校予算を適正かつ効率的に用いることである。

　以上の一連の過程は学校経営とよばれるが、それはわが国の戦後から定着してきた実践的な概念であるが（戦前にもこの用語は見られるが）、学校経営という用語は国の法律等には見られず、代わって学校管理という言葉が用いられている。したがって、学校経営の概念規定については多くの所説が見られるわけである。

　たとえば、吉本二郎は、学校経営を「一つの学校組織体（協力体系）の維持と発展をはかり、学校教育本来の目的を効果的に達成させる統括作用である」と定義し、そこに創意機能と管理機能という2つの機能を見いだした。特に、「経営は個々の事実としてよりも、組織の存続と発展における基本的機能」であることを重視したのである[1]。

　また、牧昌見によれば、「学校経営という概念は、教育経営を構成する一領域で、各学校がその教育目標を効果的に達成するために必要な組織づくりを行い、これを能率的に運営する営みを意味する」とし、それは学校運営と学校管理を内包するものだと定義した[2]。その場合、学校管理とは、公教育の制度的枠組みを個々の学校に即して再構成して、各校の教育活動の水準の維持・向上を保障する働きのことであり、学校運営とは、学校における諸条件（人的・物的・財政的条件）を最適に組み合わせることによって、教育実践を効率的・能率的に促進する働きのことだという[3]。

　そして、児島邦宏は、従来の所説が「発想として教授＝学習過程と経営・管理過程を二元的にとらえている」ことを問題視しつつ、「学校の教育課程の編成とその展開過程」こそが学校経営の中心課題だと述べる[4]。したがって、学校の諸条件は教育課程の編成と展開の過程においてそれを最も効果的に促進するための条件でなければならないとして、教育課程経営を重視する考え方を示

1）吉本二郎著『学校経営学』国土社、1965 年、pp.88-90 および pp.115-126。
2）牧昌見著『学校経営の基礎・基本』教育開発研究所、1998 年、p.154。
3）牧、前掲書、p.156 および p.158。
4）児島邦宏著『学校経営論』（教育学大全集 12）第一法規出版、1982 年、pp.1-2。

した。いうまでもなく、児島以外の研究者による所論においても教育課程の編成・展開ないしは教授＝学習過程の問題を除外しているわけではないが、そのことが「発想として」前面に出ていなかっただけである。

　いずれにしても、多くの所説を整理すれば、学校経営とは、①学校教育目標の達成を目的とし、②教職員および児童生徒など人的条件、施設・設備など物的条件、学校予算などの財政的条件、そして学校の運営組織などの諸条件を内実とするもので、③それら諸条件を整備するとともに効果的に活用していくことだといえよう。

2◎学校経営の諸領域と機能

（1）学校経営の段階的構造

　法律上、学校は設置者が管理し、その経費を負担することととされ（学教法第5条）、このことは「設置者管理負担主義」とよばれている。公立小中学校は市町村によって設置されることから、市町村によって管理・負担されることになるが、地方教育行政の組織及び運営に関する法律第32条に基づいて当該市町村の教育委員会が管理することになる。各学校はこの「制度的枠組み」を実態に即して再構成することによって自らを管理していくわけである。校長は教育委員会の学校管理権を具体化する形で学校を管理および運営する責任者に位置づけられる。その意味で、学校経営は校長や教頭（副校長）など管理職の役割だと認識されやすいが、各種主任や学級担任をはじめすべての教職員が関わる営みである。

　狭義の学校経営は学年や学級に直接関係することを除く、学校全体に関わる領域のみを対象にしており、広義の学校経営とは狭義の学校経営と学年経営および学級経営の総体を意味するのである（右図参照。学級・学年経営については第2節で述べる）。学校経営を狭義にとらえ

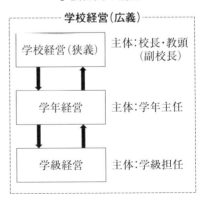

学校経営の構造

148

れば、むろん管理職が主体になる。しかし、それを学年経営および学級経営を含めて広義にとらえると、教職員は学年経営や学級経営の主体になり、かつ学校経営過程に参加しながらそれぞれの役割を遂行していくことになる。

（2）学校経営の機能と意義

　学校経営は学校組織を維持するという管理的側面をもつと同時に、教育機関として個々の教育実態に即しながら自主的・自律的に運営していくという創造的な側面を有する（前記の吉本がいう管理機能と創意機能のこと）。近年、学校の創意工夫による特色づくりが重視され、1998（平成10）年9月の第16期中教審答申「今後の地方教育行政の在り方について」は学校の自主性・自律性を確保するために、学校と教育委員会との関係を見直して学校の裁量権を拡大するよう提言した。

　そもそも学校経営が教育行政からある程度独立した営みだと認識されるのは、個別具体的な児童生徒を対象にして、地域性の異なる社会環境の中で教育活動を展開していくことが大切だからである。学校にそうした自主性・自律性を求める前提的根拠には教職の専門性の存在が指摘されている。したがって、学校経営は公教育としての水準を確保していく管理的機能と地域や児童生徒の特性に応じて教育機関としての創意を図りながら創造的機能を維持・発展させるところに重要な意義をもつ営為だといえよう。

（3）学校経営の領域

　学校経営の領域に関する様々な論説は見られるが、それを対象領域として見れば、①教育指導（学習指導、生徒指導等）、②運営管理、③学校事務、④研究・研修、⑤学校評価などに大別できる。これら対象領域毎に、目標設定と計画化―実施・展開―評価が行われる。この手順の流れは「マネッジメント・サイクル」（Plan〔計画〕―Do〔実施〕―Check〔評価〕―Action〔改善〕とよばれ、今日の学校経営において広く定着してきた。このサイクルは、計画を立てて（P）、これを実施し（D）、その結果を評価して（C）、さらに改善を図る（A）ことによって、新たなP′に影響を及ぼして、新たなサイクルをP′　D′　C′―A′へと発展させるような流れのことである。

3◎学校経営と教育目標

　学校経営にとって学校教育目標の設定は最も重要な過程である。学校教育目標は、学校が地域社会や保護者に対して示す子ども像としての意味をもち、同時に学校における児童生徒の生活の目当てとして機能する。さらに、教職員の立場から見れば、自らが達成しようとする経営目標に位置づくものである。これは学校全体の目標にとどまらず、学年および学級の目標に具体化されていくのである。

　学校教育目標は、教育基本法や学校教育法等の法体系に基づいて規定されるとともに、それらを踏まえて各学校で地域や児童生徒の実態に応じて独自に設定されていくという2つの側面をもつ。前者の側面は教育水準の維持を図るために不可欠であり、後者は学校の自主性や創造性の観点から重視されるのである。一般に、法体系から導き出される教育目標を教育行政段階で具体化したものを教育委員会目標とよび、さらにこれを各学校でより具体化したものを学校教育目標とよんでいる。したがって、理論的には、学校教育目標は学校の数だけ存在することになる。そして、各学校の中で、学校教育目標を踏まえて学年や学級毎に定めたものを学年目標、学級目標という。

2 学級・学年の経営

1◎学級経営の意義

(1) 学級とは何か

　学級とは、原則として同一学年の児童生徒とその学級担任からなる教育指導のための組織集団のことである。ただし、特別の事情がある場合には、複数学年の児童生徒からなる複式学級を編成することができ、これは特に過疎地の学校や特別支援学級に多く存在している。

　学級は、教育を目的にして、教師によって意図的に編成（法令上は「編制」）される継続的な集団で、児童生徒と教師および児童生徒相互の人格的結合を前

提にしているという性格をもつ。これは学校における児童生徒の生活の基本単位になり、彼らが帰属意識を感じる準拠集団として、また多くの共通体験を得る学習集団としての意義をもつ。

　2002（平成14）年に制定された小学校設置基準および中学校設置基準は、特別の定めがある場合を除き、小中学校の1学級当たりの児童生徒数を40人以下と定めている。公立小中学校の場合には、公立義務教育諸学校の学級編成及び教職員定数の標準に関する法律によって、複式学級や特別支援学級を含めた標準児童生徒数が次頁表のように定められている。ただし、同基準及び同法律の一部改正により特別の事情がある場合には次ページの表の人数を下回る数の学級を編制できるものとされ、2011（平成23）年度から小学校1年生の場合には35人学級で編制されるようになった。なお、2021（令和3）年度から5年間をかけて全学年で35人学級が導入されている。

　したがって、公立小中学校の場合、基本的には児童生徒が1学級当たり40人を超えるときには学級が増設されることになるので、計算上、その児童生徒数は20人から40人の範囲になる。

　たとえば、同学年の児童生徒が41人以上になると、2学級体制にすることができるので、その場合、21人と20人という2学級が生まれる。

　このように実質的な児童生徒数は40人を下回る場合が多い。

　諸外国の学級編制基準は、小学校の場合、イギリス・30人（第2学年までで、第3学年以上は上限なし）、アメリカ・20〜30人（州と学年によって異なる）、フランス・なし、ドイツ・15〜29人（学校規模によって異なる）、中国・40〜45人（都市部。農村部は適宜決める）、韓国・特になし、とされている。中等教育学校の場合、イギリス・特になし、アメリカ・31人（ケンタッキー州）、フランス・特になし、ドイツ・25人、中国45〜50人、韓国・特になし、となっている（文部科学省「諸外国の教育統計」令和5年版）。欧米は概して日本よりも少ない学級規模とされている。

　こうした基準に基づいて、児童生徒を継続的な集団に組織することを学級編制とよび、日本の場合、その編制の視点には、①生年月日、②心身の発達、③知能指数、④社会性、⑤学業成績、⑥通学区域、⑦名字の50音順、⑧その他教育的要因（家庭環境、兄弟数など）などがある[5]。

学級の標準児童生徒数（公立学校）

校種	学級編制の区分	1学級の児童生徒数
小学校	第1学年 同学年の児童で編制する学級 2の学年の児童で編制する学級 学校教育法第81条第2項及び第3項に規定する特別支援学級	35人 40人（2021年度から5年間かけて順次35人とされる） 16人（第1学年の児童を含む学級は8人） 8人
中学校（中等教育学校前期課程含む）	同学年の生徒で編制する学級 2の学年の生徒で編制する学級 学校教育法第81条第2項及び第3項に規定する特別支援学級	40人 8人 8人

　学級編制の方式には、異質編制方式と同質編制方式の2つがあり、異質編制方式は同一学級の中を、①から⑧までの視点から見て様々な特質をもつ児童生徒によって組織化する方法である。公立小中学校においては、ふつうこの方式が採用されている。同質編制方式は①から⑧までの視点のいずれかの点において共通する児童生徒によって組織化するもので、たとえば能力別・学習進度別学級や高等学校の進路別学級などが該当する。

（2）学級と教員配置

　小学校設置基準によると1学級当たりに置く教諭の数を小学校1人以上、中学校設置基準では中学校1人以上と定めているが、公立義務教育諸学校の学級編制及び教職員定数の標準に関する法律は学校の学級数に応じてその配置数を上回る規定を示している。たとえば，最も配置率の高い小学校の場合は6学級を有する学校で、教諭等（助教諭、講師を含む）の数を1.292倍にすることとしている。小中学校における学級数の標準は12学級から18学級までとされるが、その数を超えると増加率は低くなっていく（ただし、小学校の場合、1から2学級の学校は1を乗じるのみとされる）。しかし、中学校の場合、1学級だけを置く学校については4倍とされ、以後、学級数が多くなると乗じ

5）渡辺孝三著『学校経営管理法』学陽書房、1978年、p.99。

る割合は低下していく。小規模校においても、各教科の担任を確保する必要が
あるからである。

（3）学級経営の展開

　わが国では、小学校は学級担任制をとり、中学校および高等学校では教科担
任制をとっている。学級担任制ではふつう1人の担任が特定の学級に所属す
る児童に対して全教科を担当することとなる（一部教科を他の教員が担当する
こともある）。教科担任制は、特定教科の担任がその教科に関して複数の学級
の生徒に対して学習指導を行うが、だからといって学級担任が存在しないわけ
ではない。つまり、教科担任として任用された教員の一部が学級担任になるの
である。いずれにしても、学級担任は学級を構成するメンバーであり、学級経
営の主体として日々の学級を経営していくのである。

　学級担任の役割には、①児童生徒理解、②学級指導（学級会や学級目標の設
定など）、③学級の組織化（人間関係づくりや班編成、座席の決定など）、④教
室環境の整備、⑤保護者とのコミュニケーション、⑥児童生徒に関する問題の
解決、⑦学級事務の処理（出席簿、健康診断票、通知表の作成など）、⑧学級
経営評価の実施などがある。これら一連の事柄が学級経営の内実を構成するの
である。多くの学校では、学級担任に新年度の始めに「学級経営案」を校長に
提出させ、一定の時期にその評価を行うよう求めている。「学級経営案」は学
級経営の計画でもあり、学級目標や経営方針、児童生徒の実態、各教科・領域
の実践計画などの項目からなり、学級経営評価の重要な資料になるものである。

2◎学年経営の意義

（1）学年とは何か

　学年とは、児童生徒の年齢に基づく単位であり、学校の最初の学年を第1
学年とよぶように、もともと修業年限のうちの1年を意味する概念であった
が、同一学年に属する学級のまとまりも意味するようになった。つまり、学年
は校内において学校と学級の中間に位置する単位として理解されるのであり、
学年経営の観点からは複数の学級の束としてとらえられることになる。ただし、

複式学級の場合には、同一学級内に複数学年の児童生徒が混在するわけであるから、学年経営という考え方が認識されない。

（2）学年経営の展開

学年経営の意義が広く認識されるようになった理由には、①都市化に伴う学校規模の増大と過疎化地域における学校統廃合による学校規模の拡大化が学年経営の実質的な展開を求めたこと、②教材の構造化や教育内容の精選など学校教育の現代化にともなって学級の問題を広く学年や学校全体の視野からとらえることが必要になったこと、③地域や保護者の学校への要求が複雑化・多様化したために学級担任だけでは対応できなくなったこと、があるといわれる[6]。こう考えるなら、小規模校における学年経営の意義はそれほど大きくないといえよう。単一学級のみの学年（単級学年という）ではそもそも学級と学年とが一致するため、学年経営という発想は学級経営の中に溶解するのである。

学年経営においては、①学年目標の設定、②学級相互の連絡調整と情報交換、③学級編成、④当該学年の教育課程の編成作業、⑤学年行事の計画と実施、⑥当該学年児童生徒に対する生徒指導・進路指導、⑦学習進度の調整、⑧学校経営方針の指示・連絡、⑨学年経営評価、⑩児童生徒の問題行動の対応、研究・研修活動、などを行う。その学年経営の中心になるのが学年主任である。学年主任は、学年の代表者として、学校と学級のタテ系列の連絡調整と当該学年の学級間のヨコの連絡調整を行っている。この学年レベルの会議組織は学年会とよばれる。

3 学校組織と校務分掌

1◎学校組織とは何か

学校組織は、学校経営の基盤になるもので、その機能から、①教育組織、②

6）新谷敏夫「学級・学年経営と学校経営」、永岡順編著『学校経営』東信堂、1983年、pp.118-119。

事務組織、③運営組織、④研修・研究組織に大別される。

　教育組織は、学年・学級など児童生徒の学習組織、ティーム・ティーチングなど協力教授組織を含むもので、主として児童生徒の教育指導に直接関係する組織である。

　事務組織は、広義に解すれば学年・学級など教育組織を含んだ校務分掌組織のことだといえるが、狭義には事務部を意味することになる。事務部では経理や庶務、施設管理など教務外事務と並んで保健・安全・給食、教務等に関する教務事務を行い、一般的にはこれら事務が教頭（副校長）と事務職員によって担当されているようだ（教員が担当することもある）。

　そして、運営組織は、職員会議、教育課程委員会、企画委員会、学年会など学校運営を助長するための組織のことをいう。

　研修・研究組織は、教職員（事務職員等も含む）の資質の向上を図るための組織で、研究部・研修部、研究推進委員会などの名称のものがある。これを教育組織に含める分類方法もあるが[7]、教育組織はあくまでも児童生徒に対する働きかけのための組織であること、そして研修・研究組織には経営研究や事務に関する部門も置かれていることを考えると、研修・研究組織を教育組織から切り離してとらえるのが適切だと思われる。

　以下では、このうち校務分掌組織と職員会議について述べていきたい。

2◎校務分掌の意義

　学校が行う業務全般のことを校務というが、従来、この解釈をめぐって一部混乱が見られた。後述するように、かつて、校務に関して、学校における管理事務に重点を置いて狭く解釈する立場があり、そのような観点から校務は教員の職務に含まれないという主張がなされた。しかし、現在、校務は学校が教育目標を達成していくために必要なすべての業務のことを意味するものと広く理解されるようになり、その範囲はおおよそ次のような内容に分類できる[8]。

7）たとえば、吉本二郎、前掲書、pp.141-143。
8）学校管理運営法令研究会編著『新学校管理読本　第5次全訂』第一法規、2009年、p.33。

① 教育課程に基づく学習指導など教育活動に関するもの

② 学校の施設設備や教材教具に関するもの

③ 教職員の人事に関するもの

④ 文書の作成処理や人事管理事務、会計事務など学校の内部事務に関するもの

⑤ 教育委員会などの行政機関やPTA、社会教育団体などとの連絡調整に関するもの

　こう考えれば、校務には教育活動も含まれることになるので、校務を事務とみなす考え方は適当でないことがわかろう。

　法律上、校長は校務掌理権を拠り所にしてこれら校務遂行の責任者とされるが、一人だけで校務を処理することが現実的に不可能であるばかりでなく、教育効果の観点からも望ましいとはいえない。学校が組織である以上、一人ひとりの教員は学校全体の運営に関わっていくことが避けられないからである。

　そこで、学校に所属する教職員一人ひとりに一定の役割をもたせ校務を分担しながら協力的に処理していくことが必要になる。このように所属教職員が校務を分担、処理することを校務分掌とよんでいる。一般的に、学校に教員として勤務すれば、担任以外に何らかの校務を一つ以上分担することになる。

　校務分掌は各学校で学校規模や教育目標ならびに教職員等の実態に応じて独自に決めているので、学校によって様々なタイプのものがある。これを組織化したものが校務分掌組織とよばれ、次頁に示したような組織図などによって表されている。また、校務分掌の教職員への割り当ては本来校長の職務上の権限に属するが、実際には校長が各教職員の希望等を聞き取った上で最終決定を下している。しかし、一部には、教職員代表からなる委員会が校長の意向とは別に割り当てている学校も見られるが、法的に校長の校務掌理権が認められている事実から考えれば問題になる。

3◎校務分掌の組織

　いうまでもなく校務分掌のねらいは学校教育目標の効果的達成にある。したがって、その組織は教育目標と深く関連づけられ、系統化される必要がある。

校務分掌組織図（中学校の例）

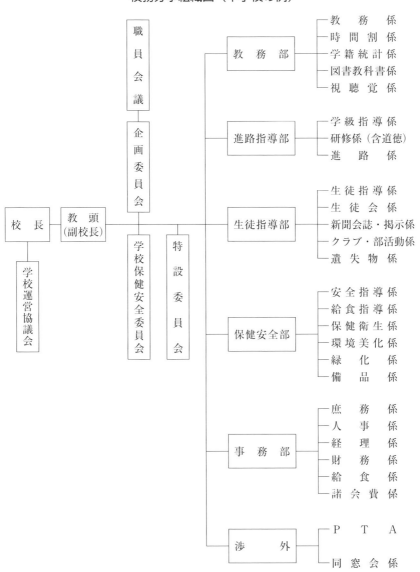

- 教務部
  - 教　務　係
  - 時　間　割　係
  - 学　籍　統　計　係
  - 図書教科書係
  - 視　聴　覚　係
- 進路指導部
  - 学　級　指　導　係
  - 研修係（含道徳）
  - 進　路　係
- 生徒指導部
  - 生　徒　指　導　係
  - 生　徒　会　係
  - 新聞会誌・掲示係
  - クラブ・部活動係
  - 遺　失　物　係
- 保健安全部
  - 安　全　指　導　係
  - 給　食　指　導　係
  - 保　健　衛　生　係
  - 環　境　美　化　係
  - 緑　化　係
  - 備　品　係
- 事務部
  - 庶　務　係
  - 人　事　係
  - 経　理　係
  - 財　務　係
  - 給　食　係
  - 諸　会　費　係
- 渉　外
  - Ｐ　Ｔ　Ａ
  - 同　窓　会　係

校長 ― 教頭（副校長） ― 職員会議 ― 企画委員会 ― 学校保健安全委員会 ― 特設委員会

学校運営協議会

その場合、組織編成の原則として、①校務の合理化と効率化、②業務内容の性質と量を加味した分担の適正化、③教職員の経験や専門、意思に基づいた適正配置、④役割と責任の明確化、⑤教職員の参加による合意の形成などがある。

校務の合理化・効率化とは、あくまでも教育目標の観点から校務を整理・系統化して、基本的・重点的な業務を中心に設定し直すことである。そのためには校務処理規程等を作成し、校務の処理を的確にしていくことが大切になる。そして、学校が様々な資質を有する職員集団であることから、その実態を踏まえながら分担の適正化及び人材の適正配置を図らなければならない。

その場合、校務の分担内容が質と量の点において現実のわが校に適切であるかを検討した上で、わが校の教員の経験、性別、専門領域、特性などを考慮して適切な人材をそれぞれの役割につけるような組織編成が必要である。いくら理想的な組織を編成しても教職員の数や適性にマッチしない組織では画餅に帰す可能性があるからである。

そして、それぞれが分担すべき業務の範囲をはっきりさせて、役割の重複や漏れなどがないように配慮するとともに、その責任をあらかじめ明示しておくことが求められる。後々のトラブルを避けるためにも、この役割と責任の明確化は重要である。さらに、教職員の意見や希望を反映させるような方法で組織編成を図り、本人の意思を尊重しながら役割分担を決定するなどして、校務分掌が教職員の参加と合意の形成を得た民主的原則のもとに組織化されることは、学校経営の円滑化にとって不可欠になる。

4◎校務分掌と教員の役割

教員の中には教室こそが自らの唯一の職場であり、教育活動だけが自分の職務だと考えるため、校務分掌に対してある種の煩わしさを感じているものもいる。たしかに、校務分掌組織と教育組織を峻別しようとする考え方もある。これは教育を校務と別にとらえようとする発想に起因する。つまり、教育とは授業など教育指導に直接関わる業務であって、校務はそれ以外の業務のことだと解するわけである。ここでは校務は雑事に位置づけられ、教員に嫌われる仕事として扱われる。この峻別論はもともと教員の教育権の独立・確立をめざす運

動から展開されたといわれる。

　しかしながら、具体的な教育活動を支える校務を教育活動と切り離して考えることは現実的ではないし、公教育下の教員は家庭教師とは異なり、学校という組織の中で仕事をする以上、学校全体の業務にも積極的姿勢で臨むべきなのである。

　教員にとって校務分掌は、一人ひとりが学校経営に参加できる機会であり、その業務を通して同学年・同教科以外の教員から有益な指導や情報を得る機会でもあり、自らの資質の向上のための重要な現職教育の場でもある。この意味でも、校務分掌は教育活動と並ぶ教員の重要な仕事の一つだといってよい。

5◎職員会議の性格

　学校には職員会議をはじめ各種校内組織が設置され、学校経営における重要な役割を担っている。なかでも、職員会議は、教職員間の意思伝達、教職員の経営参加、業務に関する連絡調整、教職員の研究・研修の場という機能をもつもので、当該学校の教職員（事務職員や業務職員が参加しないこともある）が一堂に会する最も重要な会議組織である。しかし、法律上、職員会議の在り方や目的については規定されていなかったため、その性格をめぐって、次のような見解が示されてきた[9]。

　①補助機関説　　校長の校務掌理権を前提に、職員会議が校長の職務を補助するための機関であるという考え方。

　②諮問機関説　　校長はその職務を執行するにあたり、重要な案件は必ず職員会議に諮問すべきだとする考え方。

　③議決機関説　　職員会議は校内の最高の議決機関であり、校長が校務を執行する際にはその議決に拘束されるとする解釈。最高意思決定機関説ともよばれる。

　このうち諮問機関説については、以下の点において適当でないと指摘されている。すなわち、「諮問機関とは、第三者の立場で諮問を受け意見を述べるも

9）たとえば、渡辺孝三著『教育法規の学び方　増補版』日本教育新聞社出版局、1989年、pp.52-53。

のであり、校長も構成員となっているのが通例である職員会議をそのような第三者機関たる諮問機関として位置付けることは不適切」だからである[10]。

議決機関説は、憲法上の学問の自由を拠り所にして、大学教授会の位置づけを準用して理解する観点や教員の職務上の独立を保障しようとする観点、あるいは教育条理法によるとする観点などに依拠するものであるが[11]、学校教育法に基づいて、校務をつかさどる権限を与えられ、校務の処理に関して職務命令を発することができるのは校長であるから、その「校長の責任と権限を法令の根拠なく制限することが許されないのは当然のこと」であり、そこでの意思決定が校長を拘束することは許されないと解されている[12]。

したがって、行政解釈においては、このうちの補助機関説をとっており、多くの地方教育委員会規則等でも補助機関として職員会議を位置づけていた。そこで、1998（平成10）年の第16期中教審答申「今後の地方教育行政の在り方について」は、職員会議を校長が主宰するものとし、校長の職務の円滑な執行に資するため教職員の意思疎通や共通理解の促進、意見交換などを行う場だとした。つまり、補助機関として位置づけているわけである。この答申を受けて、学校教育法施行規則が改正され、職員会議は校長が主宰するものと明確にされたのである。

ただし、補助機関としての職員会議は、単に校長の命に従うためだけの下請け機関だというのではなく、「行政官庁等に附属し、その意思決定の補助を任務とする機関」として解されるもので、法的に校務に関する権限を有する校長の職務を具体的に行う機関だとされる[13]。こうとらえれば、その過程において各教職員が積極的に意見を述べるなどして学校経営に参画しながら、職務に対する意欲と自校への所属意識を高めていくことができるよう配慮していくことが重要になるわけである。

結局、学校教育法施行規則の改正にともない、職員会議は設置者（公立学校は教育委員会）の定めるところにより設置され、校長の円滑な職務の執行に資

10）学校管理運営法令研究会編、前掲書、p.47。
11）藤枝静正「職員会議は学校の最高意思決定機関か」、牧昌見・小松郁夫編『教育経営の論争点』教育開発研究所、1994年、pp.62-63。
12）学校管理運営法令研究会編、前掲書、p.47。
13）菱村幸彦「職員会議への誤解」、『教職研修』教育開発研究所、1999年1月号、pp.20-21。

する機関と位置づけられた（同規則第48条）。職員会議は校長が主宰するものであるから、その権限は一切校長に属することとなる。

6◎チームとしての学校

2015（平成27）年12月の中央教育審議会答申「チームとしての学校の在り方と今後の改善方策について」は、「生徒指導や特別支援教育等を充実していくために、学校や教員が心理や福祉等の専門スタッフ等と連携・分担する体制を整備し、学校の機能を強化していくことが重要」だとし、そうした「体制」を「チームとしての学校」と名付けた。そのためには、「心理や福祉等の専門スタッフについて、学校の職員として、職務内容等を明確化し、質の確保と配置の充実を進めるべきである」と提言したところである。こうして新たなタイプの学校組織がつくられるようになると、これからの教職員には、他の専門職等と協働していく資質が求められることになる。

4 学校評価と学校改善

1◎学校評価の意義

学校評価とは、「学校がその本来の機能をどの程度果たしているかを、教育の目的や客観的基準に照らして総合的に明らかにし、その結果に基づいて、学校の改善を図るための評価」のことである[14]。つまり、学校評価は外部からの「品定め」というよりも、学校自身の改善を促す営みだとする意味合いが強く、その意味で、マネッジメント・サイクルのCに相当するもので、今後の改善策（A）に生かされ、次の計画（P'）に結びつけるための重要な営為になる。

学校評価は、わが国の戦後になってから普及した営為で、文部省が1951（昭和26）年に『中学校（高等学校）学校評価の基準と手引』を発行したことに

14）「学校評価」、東洋・奥田真丈・河野重男編『学校教育辞典』教育出版、1988年。

始まり、この手引を受けて都道府県教育委員会が活動を展開するなど、しばらくの間、かなり普及する動きを見せたが、なかなか実践に移されなかったようである[15]。しかし、その後、昭和30年代に、学校経営の近代化論のもとでマネッジメント・サイクルの発想が定着してくると、教育目標の達成状況を客観的に評価しようとする動きが表われてきた。この評価のことを「学校経営評価」とよぶ。このための具体的方法として、教育委員会等が示す学校評価基準や学校経営診断票が用いられるようになった。

このような経緯があるため、学校評価は学校経営評価のことだと理解される傾向にあるが、それは学校経営評価（学年・学級経営評価を含む）のほかに児童生徒に対する教育評価や教師の授業評価、教育課程の編成と実施に対する教育課程評価など多様な評価を含む概念である。ただし、実際には学校経営評価を指す概念として用いられる傾向が強い。

学校評価は単位学校において実施される場合と教育委員会など外部の参加によって客観的に行われる場合とがある。したがって、学校評価の方法には、学校自身が行う自己評価と第三者の参加によって行われる他者評価（外部評価）がある。

2002（平成14）年3月に制定された小学校設置基準および中学校設置基準によって、学校は教育活動と学校運営などの状況について自ら点検および評価を行い、その結果を公表するよう努めることとされた。つまり、学校の自己評価が法的に定められたのである。

その後、学校教育法が2007（平成19）年6月に改正され、学校評価を行うよう努めるべきことを定めた条文が盛り込まれた。

2◎学校評価の目的と方法

これまでの学校評価の取り組みは、方法と規模の点において実に多様であり、たとえば「学校経営診断票」を用いて本格的に行っている学校がある一方で、年度末に職員会議で「反省会」を開くだけで済ましてしまう事例などの格差が

15）牧昌見、前掲書5）、pp.423-424。

見られた。しかし、第16期中教審答申「今後の地方教育行政の在り方について」（1998年）が学校の経営責任を明らかにすることを重視し、そのために学校の自己評価に努めることを提言すると、学校評価に対する関心がにわかに高まった。

　文部科学省のガイドラインによると、学校評価の目的は、①学校として組織的・継続的な改善を図ること、②評価の実施とその結果の公表・説明により、適切に説明責任を果たすとともに、保護者、地域住民等から理解と参画を得て、学校・家庭・地域の連携協力による学校づくりを進めること、③各学校の設置者等が、学校に対する支援や条件整備等の改善措置を講じることにより、一定水準の教育の質を保証し、その向上を図ることという3点にあるとされる。

　また、地域住民の学校運営参加が求められ、その具体策の一つとして「学校評議員」が創設されたように、学校評価は単なる自己評価にとどまることなく、外部評価の一形態である地域住民や保護者などによる学校関係者評価にも取り組んでいくことが期待される。学校評価と外部の経営参加とは表裏の関係にあるからである。そして、評価の時期については、月毎、学期毎、年度末、あるいは行事毎に実施されるが、管理職や教職員一人ひとりの日々の評価と省察の積み重ねがそうした単位期間毎の学校評価の内実を形成するのである。

3◎学校評価の実態

（1）学校評価の実施状況

　その形式を問わなければ、学校評価を実施していないところはきわめて少ないのではないだろうか。

　文部科学省調査によれば[16]、2014（平成26）年度には、自己評価に取り組んだ学校は、小学校99.9％、中学校99.2％、高等学校96.6％、特別支援学校99.8％である。また、学校関係者評価を実施した学校は、小学校97.8％、中学校97.6％、高等学校99.8％、特別支援学校99.2％となっている。ようするに、ほとんどの学校が自己評価と外部評価等に取り組んでいる実態にある。

16）文部科学省「学校評価等実施状況調査結果について（平成26年度間調査結果）」2014年（2016年3月公表）。

(2) 学校評価のタイプ

　ともあれ、学校関係者の中には、自己評価に対しては外部評価ではなく他者評価ではないか、あるいは内部評価と外部評価が対になるのではないかという声がある。さらに、最近は第三者評価も注目試行されているが、これは外部評価とどう違うのか、また、児童生徒による評価は自己評価になるのか、などという疑問もある。そこで、各種学校評価のタイプを改めて整理すると、下図のようになる。

　まず、図の右側にある教職員が行う評価は自己評価になり、これに児童生徒による評価を合わせたものが内部評価になる。なお、児童生徒による評価を自己評価に含めてとらえる場合もある。

学校評価のタイプ

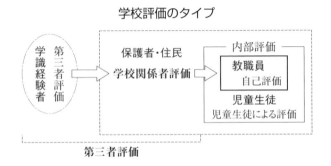

　学校関係者評価とは外部評価の一種で、一般的に保護者・地域関係者など学校の外部にいるが学校との一定の関係を有する人が行う評価をいう。また、第三者評価も外部評価に該当するが、当該校と関係のない人によって行われる評価をいう。

(3) 学校評価のタイプ特性

　それでは、以上のような4つのタイプの学校評価は、どのような特性を有するのだろうか。次頁図は、それぞれの特性を、「客観的―主観的」と「専門的―素人的」という二軸のクロスによって描いたものである。

　まず、自己評価は第Ⅰ象限に位置づけられるように、教員という専門家の目線で行われるが、自らの実践や教育環境を評価する意味では主観的である。当然、そこには教職員の内省も含まれる。

学校評価のタイプと特性

```
                    主観的
                      │
        ┌──────────┐ │ ┌──────────┐
        │児童生徒に │ │ │自己評価   │
        │よる評価   │ │ │          │
        └──────────┘ │ └──────────┘
素人的 ─────────────┼───────────── 専門的
        ┌──────────┐ │ ┌──────────┐
        │学校関係者 │ │ │第三者評価 │
        │評価       │ │ │          │
        └──────────┘ │ └──────────┘
                      │
                    客観的
```

次に、第Ⅱ象限にある児童生徒による評価は、児童生徒各自が教育の素人という立場から主観的に学校環境や教師、授業などを評価するものだといってよい。児童生徒は教育指導を直接受ける立場にあることから、あくまでも自分が受ける教育を評価することになるので、主観的にならざるを得ない。

第Ⅲ象限の学校関係者評価は素人の視点から、学校からある程度の距離を保った客観的立場で評価を行うものである。学校関係者評価には教職経験者なども含まれるだろうが、基本的には保護者や地域住民など専門家以外が評価することになる。第三者評価が一般化すれば、学校関係者評価に専門家はあまり必要でなくなるかもしれない。

最後の第三者評価は、教育の専門家の視点から、当該校とは全く関係を持たない者が評価するものである。文部科学省の調査研究協力者会議報告（平成22年3月）は、第三者評価を、「学校教育法に規定されている学校評価の一環として、学校とその設置者が実施者となり、学校運営に関する外部の専門家を中心とした評価者により、教育活動その他の学校運営の状況について、専門的視点から評価を行うもの」と定義している。

（4）学校評価票の実例

現在、次頁表のような学校評価のための各種の学校評価票が開発されてきている。東京都のように教育委員会が「学校評価基準」を作成して、学校改善のための活用を促している例があり、また、北海道や千葉県、福岡県などのように教育センター等がリーダーシップをとって学校評価票の活用を図っている例もある。

そのほか、学校経営診断研究会[17]が独自に開発した「学校経営診断カード」のように自主的な研究グループによる取り組み例もみられ、また、2006（平

学校評価票の例（総合編）

| 担当学年　　　年 | 性別　男・女 |

「よく当てはまる」＝５、「ある程度当てはまる」＝４
「まったく当てはまらない」＝１、「あまり当てはまらない」＝２

評　価　項　目	
１．教育課程に関する特色づくり	
①教職員は特色ある教育課程の編成に意欲的な姿勢を持っている	5 - 4 - 3 - 2 - 1
②教育目標は毎年見直され、重点化が図られている	5 - 4 - 3 - 2 - 1
③教育課程は学校や児童生徒の実態に応じて編成されている	5 - 4 - 3 - 2 - 1
④教育課程の内容は学校や地域の特色が生かされている	5 - 4 - 3 - 2 - 1
⑤時間割は教育効果を高めるために弾力的に編成されている	5 - 4 - 3 - 2 - 1
小　　計	
２．教育方法に関する特色づくり	
①教職員は教育方法の改善に意欲的な姿勢を持っている	5 - 4 - 3 - 2 - 1
②TTなどの協力教授法を積極的に採り入れている	5 - 4 - 3 - 2 - 1
③少人数指導や習熟度別指導など個に応じた指導を積極的に採り入れている	5 - 4 - 3 - 2 - 1
④体験的・課題解決的な学習の充実を図っている	5 - 4 - 3 - 2 - 1
⑤外部機関・外部人材等の活用を積極的に図っている	5 - 4 - 3 - 2 - 1
小　　計	
３．学校の組織体制に関する特色づくり	
①教職員は学校運営に意欲的に係わろうとしている	5 - 4 - 3 - 2 - 1
②校務分掌は学校や児童生徒の実態に即して編成されている	5 - 4 - 3 - 2 - 1
③学校評議員などの外部の意向を積極的に聞き入れている	5 - 4 - 3 - 2 - 1
④学校は自己点検・自己評価を積極的に行っている	5 - 4 - 3 - 2 - 1
⑤学校は情報提供に積極的に取り組んでいる	5 - 4 - 3 - 2 - 1
小　　計	
４．児童生徒指導に関する特色づくり	
①教職員は児童生徒指導の充実に意欲的な姿勢を持っている	5 - 4 - 3 - 2 - 1
②学校は児童生徒の問題行動に関する情報交換や研修の充実に努めている	5 - 4 - 3 - 2 - 1
③学校は外部の専門機関と連携しながら児童生徒指導に取り組んでいる	5 - 4 - 3 - 2 - 1
④学校には児童生徒のための相談体制が整えられている	5 - 4 - 3 - 2 - 1
⑤児童生徒指導に地域の人材を効果的に活用している	5 - 4 - 3 - 2 - 1
小　　計	
５．保護者・地域との連携に関する特色づくり	
①教職員は保護者・地域との連携に意欲的に取り組んでいる	5 - 4 - 3 - 2 - 1
②学校は保護者・地域のニーズに十分応えている	5 - 4 - 3 - 2 - 1
③学校は学校支援ボランティアなどを適切に活用している	5 - 4 - 3 - 2 - 1
④学校は、地域の社会教育施設やその他公共施設と積極的に連携している	5 - 4 - 3 - 2 - 1
⑤学校は保護者・地域に対して組織的に対応している	5 - 4 - 3 - 2 - 1
小　　計	
合　　計	

成 18）年 3 月、文部科学省は「義務教育諸学校における学校評価ガイドライン」を策定し、全国の学校に学校評価を実施するよう具体的に促した。これは、2008（平成 20）年から三度改訂され、2016（平成 28）年改訂版では、義務教育学校など小中一貫教育を実施する学校の留意点を反映させたものとなっている。

4◎学校評価の課題

学校評価に関する今後の課題にはどのようなことがあるのか。

まず、学校評価がそのまま学校に対する単なる価値付けにならないよう留意することである。

学校選択制が行われるようになった今日、学校評価結果がその選択のための参考資料として利用されるかもしれない。また、それが教職員の勤務評価に結びつくことも考えられる。

しかし、学校評価はあくまでも学校改善の資料やそのための教職員の経営参加意欲を高め、さらには児童生徒や保護者・地域住民の経営参加を促すための手段であるべきことを改めて認識しておきたい。

もう一つの課題は、学校評価を様々な角度から実施していくことである。

たとえば、初期の事例として、大阪府では、1997（平成 9）年に学校教育自己診断検討委員会を設置し、学校診断に関する検討を積み重ね、98 年には「診断票」が開発された。その場合、校長用と教職員用とは別に、保護者用と児童生徒用の診断票を作成し、この「診断活動を積み重ねることによって、将来的には、学校が積極的に家庭や地域社会に情報を提供し、家庭・地域社会と一体となって、学校教育の在り方や家庭・地域社会の役割について話し合う場づくり」をめざしている。

学校評価を単に学校だけの問題にとどめず、広く家庭や地域社会の課題としてとらえているわけである。この意味で、今後の成果が期待される。

17）川崎市の教員が主体の研究組織で、代表は国立教育研究所の牧昌見次長。この診断方法については、以下の文献に記されている。牧昌見編著『学校経営診断マニュアル』教育開発研究所、1986 年。

5 保護者・地域の学校経営参加

1◎保護者・地域社会と学校経営

　2006（平成18）年12月に全面改正された教育基本法は第13条で「学校、家庭及び地域住民等の相互の連携及び協力」について定めたところである。むろん、それ以前から、学校はその経営過程になんらかの形で保護者・地域社会の参加を得るよう求められていた。現在、保護者・地域社会の学校経営参加（「学校運営参加」ともいう）は各校の実践的アイデアで取り組まれているほか、学校評議員制度や学校運営協議会など制度化もなされた。

　以下、それぞれについて解説しておこう。

2◎児童生徒・保護者・地域等による経営参加

　まず、保護者等による学校経営参加に対する教育委員会の意識を見てみよう。1997年の国立教育研究所（当時）の調査[18]によると、全国市町村教育長のうち「生徒自治や生徒の学校参加は必要」だと回答したのは72.7％（そう思う31％＋どちらかといえばそう思う41.7％）であったのに対して、「住民・保護者の教育行政・学校教育参加は時期尚早」だとしたのは76％（同じく39.1％＋36.9％）であり、住民や保護者など外部の参加には7割以上が否定的な見解を示している。ところが、2006年にBenesse教育研究開発センターが実施した全国市町村教育長対象の調査によれば、「学校や教員の外部評価制度」の取り組みに賛意を示した割合は76.5％になっている[19]。

　一方、日本教育新聞社が全国の都道府県・指定都市教育委員会の全部と市町村教育委員会の一部に対して1997年に実施した調査[20]によると、「学校理事

---

18) 国立教育研究所教育政策研究部『市町村教育委員会の行政機能に関する調査（教育長調査）＜速報＞』（1997年9月実施）1998年。
19) Benesse教育研究開発センター編『学校長の裁量・権限に関する調査報告書』ベネッセコーポレーション、2007年。
20) 日本教育新聞社「98'教育改革全国調査」（1997年12月〜98年1月実施）。

会」（学校経営の中核に影響を及ぼす組織で、教職員と外部メンバーからなる組織のことで現在の学校運営協議会に相当）の設置が必要だとした教育委員会は都道府県と市町村のいずれも約1割程度である。「地域住民の意思を反映させる仕組み」については、「必要」だと回答したのはともに9割弱である。学校経営に関して強い意思決定権限をもつ「学校理事会」の設置には抵抗が強いようだが、地域住民の意思を反映させる仕組みについてはほとんどの教育委員会が必要性を認めていることがわかる。しかし、その調査の9年後にBenesse教育研究開発センターが実施した前出の調査では、「学校運営協議会制度」の取り組みに賛意を示した教育長は48.7％になる。

　これら両調査結果からわかることは、教育委員会は学校経営に生徒や保護者・地域等の外部意見を参考資料として活用することは必要だとしながらも、経営過程の中核に関わるような「参加」、たとえば「学校理事会（学校運営協議会）」の設置などには消極的な姿勢だったが、学校関係者評価（外部評価）の普及や学校運営協議会の制度化などの影響もあってか、次第に保護者・地域の学校経営参加を肯定的にとらえるようになったと考えられる。

　また、そうした意識の変化は制度の創設も説明できよう。中教審答申が提言した「学校評議員」は、「校長の推薦に基づいて」教育委員会に委嘱され、その役割が「校長の求めに応じて、教育活動の実施、学校と地域社会の連携の進め方など、校長の行う学校運営に関して、意見を述べ、助言を行うものとする」とされた。学校評議員は、2000（平成12）年度から学校教育法施行規則第49条に基づいて設置され、「校長の求めに応じ、学校運営に関し意見を述べることができる」機関として、校長の推薦に基づいて学校の設置者によって委嘱される任意設置の制度であると定められている。

3◎学校運営協議会

　その後、地域や保護者の学校運営への参加は本格化してきている。2004（平成16）年3月、中央教育審議会は「今後の学校の管理運営の在り方について」と題する答申を公表し、地域が参画する新しいタイプの公立学校運営について提言した。答申は、学校運営協議会を設置し、学校運営に地域住民や保護者が

参画することにより、地域の実情に応じた特色ある学校づくりを実現するよう述べたのである。

その答申を受けて、2004（平成16）年9月、地方教育行政の組織及び運営に関する法律が一部改正され、学校運営協議会が法的に位置づけられることになった。同法第47条の5は、「教育委員会は、教育委員会規則で定めるところにより、その所管に属する学校のうちその指定する学校（以下この条において「指定学校」という。）の運営に関して協議する機関として、当該指定学校ごとに、学校運営協議会を置くことができる」と定めた。この学校運営協議会を置く学校のことを、コミュニティ・スクールまたは地域運営学校とよんでいる[21]。学校運営協議会は教育委員会の指定により設置され、住民や保護者等からなる委員の合議機関に位置づけられている。

学校運営協議会は、以下の権限を有するものとされる。

① 校長が作成した学校運営の基本方針や教育課程の編成などを承認すること
② 学校運営に関して、教育委員会及び校長に意見を申し出ること
③ 当該校の教職員の任用等に関して任命権者に意見を申し出ること

コミュニティ・スクールのイメージ（市町村立小中学校の例）

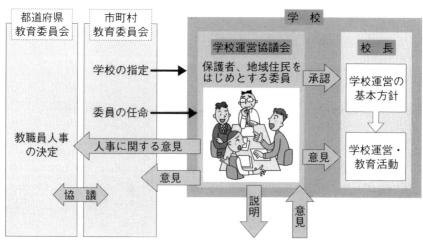

『文部科学白書2006』より

学校評議員制度が評議員個々による活動を原則とし、また校長の求めに応じて意見を述べるものであったのに対して、学校運営協議会は学校の教育方針等を承認し、さらに校長の求めを待たずに人事にも意見を述べることができる権限を有する点で学校評議員制度よりも一歩踏み込んだ制度として位置づけることができる。

　市町村立小中学校の場合、下図に示されているように、市町村教育委員会を経て、任命権者である都道府県教育委員会に対して、「人事に関する意見」を述べることとされている。なお、学校運営協議会を設置する学校を指定し、その委員を任命するのは市町村教育委員会である。都道府県立学校の場合には、前頁図にある市町村教育委員会の役割を都道府県教育委員会が担うことになる。

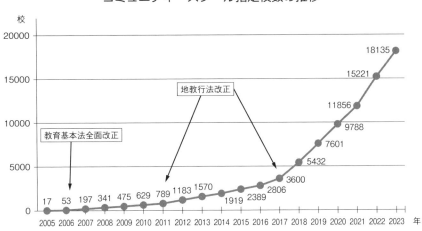

コミュニティ・スクール指定校数の推移

　その第1号として、2004（平成16）年、東京都足立区立五反野小学校に学校運営協議会（「学校理事会」という名称）が設置され、今後のゆくえが注目されている。同校はわが国公立学校で初めて「学校理事会」を設置した学校として全国的に知られている。

21）文部科学省『コミュニティ・スクール設置の手引き』2006年1月。
　　コミュニティ・スクールについては、次の文献に詳しい。佐藤晴雄著『コミュニティ・スクール』エイデル研究所、2016年。

以後、上図に示したように、コミュニティ・スクールは毎年確実に数を増やしてきている。こうした実態を踏まえて、2013（平成25）年に閣議決定された国の「第Ⅱ期教育振興基本計画」はコミュニティ・スクールを今後5年間で公立小中学校の1割に拡大するという数値目標を示した。そして、2015（平成27）年12月の中教審答申「新しい時代の教育や地方創生の実現に向けた学校と地域の連携・協働の在り方と今後の推進方策について」は、すべての公立学校をコミュニティ・スクールにするよう努めることを提言したところである。

　また、同答申は地域学校協働本部との一体的な推進を促して、両取組の相乗効果を期待したところである。地域学校協働本部は、文部科学省が教育委員会に対する補助金を支出する社会教育事業として実施されるもので、放課後子供教室や地域未来塾、家庭教育支援などの地域学校協働活動を企画・運営するコーディネートの仕組である。ここにコミュニティ・スクールの機能を重ねることが期待されているのである。

教職員制度と教員の職務

第7章

1 教職員制度の現状

1◎教職員の種類

　われわれは、学校時代を振り返るとき、教育熱心な素晴らしい教師の姿を心に思い浮かべることが少なくない。児童生徒の悩みを真剣に受けとめ、相談には気軽に乗ってくれ、生徒とともに泣き、喜ぶことのできる教師たちであった。

　しかしながら、近年は新たな教育課題が増し、さらに保護者や住民による苦情・要望への対応も強く求められるようになり、教職員の負担が増してきている。つまり、児童生徒に対する教育指導に加えて、保護者等への対応も教職員の大きな仕事になっているのである。

　教師という言葉はいわゆる慣用語であり、正式な名称ではない。法令では「教育職員・教職員」などの言葉が用いられる。法令によって教師の意味する範囲は異なるので一概にはいえないが、おおよそ教師とは、主幹教諭、指導教諭、教諭・助教諭・講師、栄養教諭、養護教諭・養護助教諭、校長、教頭（副校長）など給料表上の「教育職」が適用される職員を意味するのが一般的である。これら教師は2023（令和5）年12月現在、全国に、幼稚園約8万5千人、小学校では約42万4千人、中学校には約24万7千人、高等学校には約22万3千人が公立・私立・国立の各学校に勤務している（文部科学省「令和5年度学校基本調査」）[1]。そのうち女性教師の比率は、幼稚園93.4％、小学校62.6％、

学校の児童生徒数と教員数（本務者）

校　種	児童生徒数 計（人）	児童生徒数 男（人）	児童生徒数 女（人）	教員数 計（人）	教員数 男（人）	教員数 女（人）
幼　稚　園	841,824	423,781	418,043	85,432	5,627	79,805
幼保連携型 認定こども園	843,280	431,327	411,953	142,281	7,584	134,697
小　学　校	6,049,685	3,092,456	2,957,229	424,297	158,775	265,522
中　学　校	3,177,508	1,625,405	1,552,103	247,485	137,205	110,280
義務教育学校	76,045	39,038	37,007	7,448	3,413	4,035
高　等　学　校	2,918,501	1,485,991	1,432,510	223,246	148,631	74,615
中等教育学校	33,817	16,444	17,373	2,829	1,820	1,009
特別支援学校	151,362	100,502	50,860	87,869	32,709	55,160
合　　計	14,092,022	7,214,944	6,877,078	1,220,887	495,764	725,123

（資料）　文部科学省「令和 5 年度学校基本調査」

中学校 44.6%、高等学校 33.4% であり、学校段階が低いほど高くなり、また近年校種を問わず上昇傾向にある。

　学校には教諭（教師）以外にも、事務職員、給食調理員、学校栄養士、学童擁護員、学校用務員等の様々な職員が設置されている。これら職種を設置義務関係から見ると、必ず設置すべき職員（必置職員）、特別な事情がある場合には設置しなくてもよい職員（原則必置職員）、そして置くことができる職員（任意設置職員）に分類できる。そのうち教諭は必置職員とされ、小中学校の場合、小学校・中学校設置基準に基づいて、学級に 1 人が配置されることとなる。高等学校の場合は高等学校設置基準で課程および学科別に生徒数に応じて定められている。この意味でも、教師（教員）なくして学校の存在自体が成り立たないといってよい。なお、以下では特別な場合を除いて、「教師」を「教員」と表記する。

2◎教員の資格と身分

　教員の資格には、積極的要件と消極的要件の 2 つがある。積極的要件とは

1）文部科学省「令和 5 年度学校基本調査報告書」、2023 年。

備えるべき資格のことであり、消極的要件とは該当してはならない欠格事由のことである。

　前者に関しては、教育職員免許法第3条によって「教育職員は、この法律により授与する各相当の免許状を有する者でなければならない」と定められている。後者は、学校教育法第9条に校長および教員の欠格事由があり、公務員として共通の欠格事由として地方公務員法第16条で規定され、さらに教員免許授与に際しての要件が教育職員免許法第5条で定められている。

　それでは教員はどのような身分をもつのだろうか。公立学校教員は地方公務員、国立学校は国立大学行政法人または独立行政法人国立高等専門学校機構等の法人職員、私立学校の場合には学校法人の職員としての身分を有することとされる。公立学校の教員は原則としてその服務、人事に関しては地方公務員として扱われるが、勤務態様の特殊性から一部については教育公務員特例法によって特例が設けられている。

　とくに、県費負担教職員とよばれる公立義務教育諸学校の教員の身分関係は複雑である。現在、市町村立小中学校（義務教育諸学校）の教員の場合、その身分は当該学校の設置者である市町村に属するが、その任命権者は都道府県（指定都市を含む）教育委員会とされる。市町村の財政規模の格差などによって学校運営に必要な人員の確保に影響が表れないようにするとともに、また広域的な人事交流を図っていくためである[2]。

　その給与は都道府県によって負担されていることから、市町村立小中学校の教員と一部事務職員は「県費負担教職員」とよばれるのである。なお、事務職員の一部や給食調理員、学校用務員等は、一般行政職と同様に、身分、給与負担、任命権者などが市町村に属するので、市町村固有職員とよばれる。

2）渡辺孝三著『学校経営管理法』学陽書房、1978年、pp.313-314。

2 教員の人事管理

1◎教員の任用と任命権者

　職員の任用、身分保障、服務、研修、勤務評定、勤務条件等に関わる管理のことを人事管理という。県費負担教員の場合には、その権限は原則として任命権者である都道府県教育委員会に属するが、地方教育行政の組織及び運営に関する法律に基づいて、服務監督権ならびに勤務評定権は市町村教育委員会に委ねられ、また研修は市町村教育委員会（中核市も含む）も行うことが可能である。そして、校長は服務監督権を分任され、所属職員の勤務評定者とされている（都道府県立学校の場合、市町村教育委員会の関わりはない）。

　そのうち任用とは、任命権者が特定の人を特定の職に就かせることをいい、この方法には採用、昇任、降任、転任がある。採用とはそれまで職員でなかった者を新たにある職に任命することをいう。普通、公務員の採用は「競争試験」によることを原則とするが、教員の場合には教育公務員特例法で「選考」によるものと定められている。昇任（昇格）は、ある職員をその職に属する職種を同じくする上級の職級に属する職に移すことをいう。たとえば、教諭が教頭になったり、教頭が校長になる場合が昇任である。この場合にもやはり「選考」による。降任（降格）は、昇任とは逆に、ある職員をその職に属する職種を同じくする下位の職級の職に移すことをいう。校長が教頭に、あるいは教頭が教諭になることがこれに該当する。そして、転任とは、昇任や降任することなく、ある職にある職員を他の職に任命することをいう。学校間や地域間の教育格差を解消し、校務運営の円滑化を図るとともに、教員自身にとっては意欲の向上や職能成長を図るために行われる。

　これら任用行為を行うのは任命権者であると定められている。いわゆる県費負担教職員である市町村立学校（特別区立を含む。以下同じ）の教員は当該市町村職員の身分を有するが、その市町村が属する都道府県教育委員会が任命権者となる。ただ、県費負担教職員の任免は、勤務校の属する市町村教育委員会の「内申」をまって行われなければならない[3]。そして、学校長は任免に際し

て、市町村教育委員会に「意見具申」を行うことができる。

2◎教員の服務

（1）服務の根本基準

　教員の圧倒的多数は公立学校に勤務する公務員である。そこで、公務員たる者は、「全体の奉仕者として公共の利益のために勤務し、且つ、職務の遂行に当つては、全力を挙げてこれに専念しなければならない」（地公法第30条）のである。これは服務の根本基準とされ、公立学校の教師にも適用されるものである。

（2）職務上の義務

　公務員の服務上の義務は、職務上の義務と身分上の義務とに大別できる。職務上の義務とは、職員が職務を遂行するに当たって守るべき義務のことをいう。これには、法令や上司の職務命令に従う義務と職務に専念する義務とがある。

　①　法令および上司の命令に従う義務　　これは職員がその職務を遂行するに当たって、法令、条例、地方公共団体の規則および地方公共団体の機関の定める規程に従うとともに、職務上の上司の命令に忠実に従わなければならないとされる義務のことである（地公法第32条）。公立学校の教員は、国の法令と自らが属する地方公共団体の条例等法令を遵守する義務がある。その場合の上司とは教育委員会、校長、副校長・教頭を意味する。

　なお、職務命令が成立するためには次のような条件が必要とされる。つまり、ⓐ職務上の上司により発せられた命令であること、ⓑ命令を受けた職員の職務に関係のある命令であること、ⓒ命令を受けた職員の職務の独立の範囲を侵さない命令であること、ⓓ法律上不可能な命令でないこと、ⓔ法令に違反した命令でないことである[4]。命令は口頭や文書など、どのような形式でもかまわないとされる。その内容には、研修命令、出張命令、宿直勤務命令、超過勤務命

3）都道府県教育委員会が市町村教育委員会に対して内申を求め最大限の努力を払ったにもかかわらず、内申をしないというような異常な場合には、内申がなくても任命権を行使できるとする文部省通達がある（初中局長通達1974年）。
4）渡辺孝三、前掲書、pp.313-314。

令をはじめ多様なものがある。

　②　職務に専念する義務　職員が勤務時間および職務上の注意力のすべてをその職責遂行のために用い、当該地方公共団体がなすべき責を有する職務にのみ従事しなければならないことをいう（地公法第35条）。ただし、法律や条例に特別の定めがある場合にはその義務が免除される（一般に、「職専免」とよばれる）こともある。

```
公立学校教員の服務義務
１　服務の根本基準
２　職務上の義務
　　①法令および上司の命令に従う義務
　　②職務に専念する義務
３　身分上の義務
　　①信用失墜行為の禁止
　　②秘密を守る義務
　　③政治的行為の制限
　　④争議行為の禁止
　　⑤営利企業等の従事の制限
```

(3) 身分上の義務

　身分上の義務とは、職務の内外を問わず、公務員としての身分を有する限りにおいて遵守すべき義務のことをいい、当然、勤務時間以外の私生活の場面においても適用される義務である。これには、信用失墜行為の禁止、秘密を守る義務、政治的行為の制限、争議行為の禁止、営利企業等の従事の制限がある。

　①　信用失墜行為の禁止　職員がその職の信用を傷つけ、または職員の職全体の不名誉となるような行為をしてはならないことをいう（地公法第33条）。特に、児童生徒に人格的影響を直接及ぼす教師には、一般公務員よりも厳しい判断がくだされることが多い。

　②　秘密を守る義務（守秘義務）　職員が職務上知り得た秘密を漏らしてはならないことをいい、その職を退いた後にも適用される義務である（地公法第34条）。その秘密とは、児童生徒の成績評価および個人的家庭的事情に関するプライバシー情報、教職員の人事記録等の情報、行政目的を喪失させるような事項、テスト問題など事前に非公開とすべき情報がある。

　③　政治的行為の制限　職員が政治的中立の立場から公務を執行していくために、政党など政治団体の役員に就くことやその勧誘運動を行うことなどが禁止されていることをいう。教員の場合には、地方公務員の身分を有しているが、その職務の性質から当該地方公共団体の区域以外においてもそれらの行為

は一切禁止され、国家公務員と同様に扱われる。たとえば、公職選挙期間中に、候補者を支援する選挙カーに同乗すること、候補者の選挙ポスターに名前を連ねること等は勤務地の内外で禁止されている（地公法第36条）。

④　争議行為の禁止　　職員は地方公共団体の機関が代表する使用者としての住民に対して同盟罷業（ストライキ）、怠業（サボタージュ）その他争議行為をし、地方公共団体の活動の能率を低下させるような行為をしてはならず、また何人もそのような違法行為をそそのかしてはならないとする義務である（第37条）。特に、学校では、教員の争議行為によって児童生徒に人格形成上のマイナス影響を与えることがあるので、この義務遵守が十分自覚されなければならない。その代償措置には、法律等による身分保障を受けること、法令等により給与など勤務条件が定められていること、人事行政を行う人事委員会が設けられていることがある。

⑤　営利企業等の従事の制限　　職員が勤務時間の内外を問わず、任命権者の許可を受けなければ、営利企業等の事業に従事することが禁止されていることをいう（第38条）。しかし、公務の能率および公正に支障をきたすおそれがないものと認められる場合には、任命権者の許可を受けてその制限が解除されることがある。教育公務員については、その能力を広く社会に活用できるようにするため、任命権者が本務に支障がないと認めた場合には、「教育に関する他の職を兼ね、又は教育に関する他の事業若しくは事務に従事すること」（教特法第17条）を認める特例が設けられ、その制限がある程度緩和されている[5]。

3◎教員の勤務条件

（1）勤務時間

学校教職員の多くは公務員であるが、その勤務時間とは、労働基準法でいう労働時間に該当し、職員が職務に専念する義務を負う時間をいい、給与支給の根拠となるものである。国家公務員の場合は、一般職の職員の勤務時間、休暇等に関する法律に基づき、地方公務員の場合は労働基準法第32条第1項に基

5）都道府県立高等学校の教諭が私立学校講師を兼任する場合などが該当する。

づいて各地方の条例等で定められ、1週間40時間以内とされている。公立学校の教員に関しては、地方公務員としての扱いがなされる。特定の場合を除いて時間外勤務を命じることはできない。ただし、2002（平成14）年に完全学校週5日制が実施され、学校職員の勤務時間は一般公務員と同様に週40時間勤務に改められたが、その後、人事院勧告によって、1日の勤務時間が15分短縮されたところである（1日の勤務時間7時間45分）。地方公共団体でもその勧告にそう形で勤務時間の短縮が進められている。なお、私立学校教員の勤務時間の場合には、基本的に労働基準法に基づいて各学校の実情に応じて定められる。

　教員の勤務時間については、その職務と勤務態様の特殊性に基づいて一律4％の教職調整額を支給した上で、原則として時間外に勤務を命じないこととされている。しかし、やむを得ない必要があるときには、条例によって、①生徒の実習に関する業務、②学校行事に関する業務、③職員会議に関する業務、④非常災害等に必要な業務に限って時間外勤務を命じることができる。いずれも、超過勤務手当は支給されないこととされる。

　条例で定められた勤務時間を具体的に割り振る権限は基本的には任命権者に属するが、学校教職員の場合には校長に委任されているのが一般的である。その割り振りとは、①勤務を要する日（以下、勤務日という）の特定、②勤務日における勤務を要する時間数の決定、③勤務日における勤務終始時刻の決定、④勤務日における休憩時間の配置などを行うことである[6]。学校内では、学校の実情に応じて、教員、事務職員、業務職員などの職種を考慮して勤務時間は割り振られる。

　教員の働き方改革の一環として、2019（令和元）年12月に給与特別措置法の一部改正により、2021（令和3）年度からは変形労働時間制の導入が可能になった。すなわち、公立義務教育諸学校については、「教育職員を正規の勤務時間を超えて勤務させる場合は、政令で定める基準に従い条例で定める場合に限るものとする」（同法第6条）とされ、繁忙期には超過勤務を認め、その分を夏季休業中などの閑散期に休暇を充てることができるようになったのであ

6）学校管理運営法令研究会編『新学校管理読本　第5次全訂』第一法規、2009年、p.135。

る。それを導入するか否かは自治体の判断による。

（2）休憩・休息時間

　勤務時間とは別に、使用者は労働者の心身の疲労を回復させるために、勤務時間数に応じて休憩時間を与えなければならない。休憩時間は原則として勤務時間の途中に一斉に与え、また自由に利用させなければならない。つまり、休憩時間には、①途中付与、②一斉付与、③自由利用という3つの原則が適用される[7]。しかし、教員の休憩時間は、その職務の特殊性から、給食指導等のため昼時間に与えることが困難となるため、放課後に与えるケースもあるが、勤務の終わりに与えて勤務時間を短縮することは労働基準法上疑問が残る。

　休憩時間が勤務時間外に付与されるのに対して、休息時間は軽度の疲労回復のための手休めの時間として勤務時間内に与えられる。したがって、自由利用の原則は当てはまらず、私用外出もできない。これは労働基準法上の規定をもたず、条例を根拠としている。近年、国の人事院勧告があったことから、地方公共団体でも人事委員会の勧告によって休息時間を廃止するようになった。

（3）年次有給休暇と時季変更権

　年次有給休暇とは、労働基準法で年間に一定日数与えるよう規定されたもので、職員が希望する時季に理由を問われることなく使用できる有給休暇のことである。ふつう、休息、娯楽、能力啓発などのために使用される。国家公務員の勤務時間等を定めた「一般職の職員の勤務時間、休暇等に関する法律」では「年次休暇」と表記されている。

　地方公務員には、年間20日まで年次休暇を与えることができ、前年の未使用日数を翌年に20日以内の範囲で繰越すことが可能である。年次休暇は使用者が時季変更権を行使しないかぎり成立し、その使用目的も労働者の自由とされる（最高裁判決1973年）。ただし、労働基準法第39条第5項によって、使用者は請求された時季に有給休暇を与えることが事業の正常な運営を妨げる場合には他の時季に与えることができると定められている。この権限を時季変更

7）文部省新学校経営研究会編『Q&A 教職員服務の基礎知識』教育開発研究所、2000年、pp.132-133。

権[8]とよんでいる。

　なお、2019（令和元）年4月からは、年10日以上の年次有給休暇が付与されている者は年5日の休暇を取得（消化）しなければならないとされている。

4◎身分保障と分限・懲戒

（1）職員の身分保障

　公務員として教員が「全体の奉仕者」として全力をあげてその職務に専念していくためには、その身分を保障する制度が整えられている必要がある。そこで、教員は地方公務員法によって、自らの意思による場合を除いて、法令等に定めのある事由によらなければその意に反して不利益な処分を受けることがないと定められている。この身分保障は争議行為の禁止の代償措置の一つに位置づけられる。

（2）分限

　しかし、そうした身分保障にも一定の限界があり、一定の事由が認められる場合には、職員の意に反して身分上の不利益な変動をともなう処分が行われる。このことを「分限」とよび、身分保障の限界をその言葉は表している。分限は、降任、免職、休職、降給、失職などの処分として行われるが、すべての職員に対して公正に行われなければならないとされ、地方公務員法第28条によって以下の事由のいずれかに該当した場合にのみ適用される。

［降任、免職の事由］
①　勤務実績がよくない場合
②　心身の故障のため、職務の遂行に支障があり、またはこれに堪えない場合
③　①および②以外でその職に必要な適格性を欠く場合
④　職制もしくは定数の改廃または予算の減少により廃職または過員を生じ

8）労働者がその希望する年次有給休暇を指定した場合、使用者の承認を要せずにその休暇が成立するが、このことを労働者の時季指定権とよび、一方、使用者はその指定通りに休暇を付与すると事業の正常な運営を妨げる場合にのみ時季変更権を行使できる。しかし、単に繁忙や利用目的などを理由としてその変更を行うことはできない（最高裁判決1973年）。

た場合

［休職の場合］

①　心身の故障のため、長期の休養を要する場合

②　刑事事件に関して起訴された場合

　このように分限は客観的にやむを得ない事由により、その職員の意に反して身分上の変動をもたらす処分であるから、義務違反や過失等に対するペナルティーとして行われる懲戒とは性質を異にしている。

（3）懲戒

　職員には前述したような諸義務が課せられているが、これらに違反した場合には公務員の秩序を維持することを目的として、当該職員に対して一定の制裁措置が加えられる。この措置を「懲戒」とよぶ。懲戒は以下の事由に該当する場合に処分が行われる（地公法第29条）。

①　法律・条例等の法令で定める規程に違反した場合

②　職務上の義務に違反し、または職務を怠った場合

③　全体の奉仕者たるにふさわしくない非行のあった場合

　懲戒処分には、戒告、減給、停職、免職の4種類がある。戒告とは比較的軽微な職務義務違反に対してその将来を戒める申し渡しを行うことであり、減給は給料（俸給）の一定額を一定期間にわたって減じて支給する処分であり、多くは管理責任を問われる場合に適用されている。停職は職員としての身分を保有させながら一定期間職務に従事させないことで、免職は公務員としての身分を一方的に剥奪する最も重い不利益処分である。なお、懲戒には至らない義務違反に対する制裁措置に「訓告」処分があるが、これは不利益処分には該当しないものとされている。

　これら分限処分や懲戒処分などの不利益処分は任命権者の一方的な行為であり、事実認識の不足や偏見に基づいて行われたりすることが皆無とはいえないので、処分を受けた職員はこれに対して不服を申し立てることができるという救済措置がとられている。ただし、不利益処分に当てはまらない訓告についてはこの制度が適用されない。

3 教員の職務

1◎教育活動と事務業務

学校教育法は、教諭の職務を「児童（生徒）の教育をつかさどる」（第37条第11項）と規定している。この「つかさどる」とは、一定の仕事を自己の担当すべき事柄として処理することを意味する。そして、この条文は教員の仕事がある程度独立した職務権限をもつことを示すともいわれ、教員の教育権の根拠として解釈されることもある。ただし、教員の教育権をどの程度まで認めるかについては説が分かれるところである。

教員の仕事には授業、学級経営、児童生徒指導、クラブ活動、学校行事の運営の指導などの教育活動、出席簿の管理、学級費の徴収・支出などの事務がある。教育活動は教育課程に基づくものと教育課程外の活動とに分けられる。たとえば、清掃、部活動、放課後の指導、業間体育などは教育課程外の活動になる。そのほか職員会議や学年会への出席、校務分掌の遂行、家庭との連絡（学級通信、「連絡表」の作成、家庭訪問、授業参観等）、保護者会の運営、PTA活動への参加・協力、地域団体や関係機関との連携・協力など教育活動に連動する様々な役割がある。

教員が行う事務は教務事務と教務外事務に分けられ、前者には教育計画の企画、児童生徒の学籍、調査・記録・統計の実施、行事・授業時間の配当などがある。後者には人事管理、施設・設備の管理、経理、渉外などがある。一部には教員の職務は教育活動に限られるべきだとする見解も見られるが、教務関係以外の事務も担当することがあり、判例でもそのことを認めている[9]。第6章3節で述べたように、限られた定員の中で様々な校務を処理するためには、組織体として教職員全体で校務を分担して処理する必要があるからである。あくまでも、学校教育法上の職務は教諭の主たる職務を示したに他ならないのであ

---

9) このことについては、「もとより教諭は、児童生徒の教育をつかさどることをその職務の特質とするのであるが、その職務はこれのみに限定されるものではなく、教育活動以外の学校営造物の管理運営に必要な校務も学校の所属職員たる教諭の職務に属する」という東京高裁の見解が示されている（1967年9月29日）。

る。しかしながら、事務職員の充実などにより、できるだけ教育活動や教務事務に専念できるようにすることが望ましい。

2◎教育活動に係る義務と権限

　これら多様な職務をどう具体的に担当していくかは各学校の実態に即して決められるが、法の上で教諭に課せられる主な義務としては教科書使用の義務と補助教材使用の権限、児童生徒に対する懲戒の権限などがある。教科書使用の義務とは、小学校、中学校、義務教育学校、高等学校、中等教育学校、特別支援学校（小学部・中学部・高等部）における各教科の学習指導に当たって、教員が教科書（教科用図書）を使用しなければならない義務を負うことをいう。ただし、高等学校や特別支援学校の場合には一定の手続をふめば特例によって使用しないこともできる。

　また、教育効果の観点から有益適切だと判断される教科書以外の教材を補助教材とよび、学校は教育委員会にあらかじめ届け出るなど所定の手続を経たのちにこれを使用することができる。補助教材には、副読本、ドリル、ワークブック、地図帳、統計資料等がある。

　そして、校長および教員は、教育上必要があると認められる場合には、文部科学大臣の定めるところにより、児童生徒に対して懲戒を加えることができるとされている。しかし、いかなる理由があろうとも、体罰（肉体的苦痛をともなう懲戒）を加えることはできないと定められている。

　このほか、現実に教諭は指導要録を作成することになる。指導要録作成は法的には校長に義務づけられるが、実際には職務規程などにより担任教員が作成するのである。指導要録とは、学籍に関する記録、学習の状況に関する記録、健康の状況に関する記録から成り[10]、児童生徒の指導のための資料として、また当該児童生徒の進学や就職等に際しての外部への証明資料の原簿となるものである。

---

10) 学籍記録や学習の状況に関する記録に「健康の記録（手帳）」を一括して指導要録としている。

3◎学校の働き方改革

　学校教職員の勤務負担の増加が課題視され、その働き方改革が国や地方で取り組まれている。長時間勤務の抑制や業務負担の軽減、教職員の意識改革などが検討されつつある。

　そうした中で、中教審は 2019（平成 31）年 1 月に「新しい時代の教育に向けた持続可能な学校指導・運営体制の構築のための学校における働き方改革に関する総合的な方策について」と題する答申を公表した。同答申は働き方改革の目的を次のように述べている。

　　「教師が疲労や心理的負担を過度に蓄積して心身の健康を損なうことがないようにすることを通じて、自らの教職としての専門性を高め、より分かりやすい授業を展開するなど教育活動を充実することにより、より短い勤務でこれまで我が国の義務教育があげてきた高い成果を維持・向上することを目的とする。」

　そして、学校及び教師が担う業務の明確化・適正化を図るために、「基本的には学校以外が担うべき業務」「学校の業務だが、必ずしも教師が担う必要のない業務」「教師の業務だが、負担軽減が可能な業務」という 3 つの枠組を提示した（次表参照）。表中にあるように、地域ボランティアやサポートスタッ

基本的には 学校以外が担うべき業務	学校の業務だが、必ずしも 教師が担う必要のない業務	教師の業務だが、 負担軽減が可能な業務
①登下校に関する対応 ②放課後から夜間などにおける見回り、児童生徒が補導された時の対応 ③学校徴収金の徴収・管理 ④地域ボランティアとの連絡調整 　※その業務の内容に応じて、地方公共団体や教育委員会、保護者、地域学校協働活動推進員や地域ボランティア等が担うべき。	⑤調査・統計等への回答等（事務職員等） ⑥児童生徒の休み時間における対応（輪番、地域ボランティア等） ⑦校内清掃（輪番、地域ボランティア等） ⑧部活動（部活動指導員等） 　※部活動の設置・運営は法令上の義務ではないが、ほとんどの中学・高校で設置。多くの教師が顧問を担わざるを得ない実態。	⑨給食時の対応（学級担任と栄養教諭等との連携等） ⑩授業準備（補助的業務へのサポートスタッフの参画等） ⑪学習評価や成績処理（補助的業務へのサポートスタッフの参画等） ⑫学校行事の準備・運営（事務職員等との連携、一部外部委託等） ⑬進路指導（事務職員や外部人材との連携・協力等） ⑭支援が必要な児童生徒・家庭への対応（専門スタッフとの連携・協力等）

フ、地域人材の活用などによって教員の業務を軽減させるよう提案している。

　また、文部科学省は同時に「公立学校の教師の勤務時間の上限に関するガイドライン」を周知し、在校等の超過勤務時間の上限を定めた。

超過勤務の上限の目安時間

①　1か月の在校等時間について、超過勤務45時間以内

②　1年間の在校等時間について、超過勤務360時間以内

※児童生徒等に係る臨時的な特別の事情により勤務せざるを得ない場合は、1か月の超過勤務100時間未満、1年間の超過勤務720時間以内（連続する複数月の平均超過勤務80時間以内、かつ、超過勤務45時間超の月は年間6か月まで）

---

4 教員の力量形成と研修

1◎研修の種類

　教員は初めて教壇に立つ日から一人前の専門家として学級の児童生徒の教育を一手に引き受け、その責任を負うことになる。たしかに、初任者研修期間中は経験豊かな指導教員の指導を受けることも可能であるが、晴れて条件附採用から正式採用となればあくまでも自らの専門的力量に基づいて教育活動を行うのである。ここに教職が他の職業と大きく異なる点がある。したがって教員は一般労働者以上に、常に研鑽に努め、その資質の向上を心がけなければならないのである。むろん、力量形成は日々の教育活動を通して経験的に図ることもできるが、意図的に行う研修に負うところが大きいといわなければならない。

　法律でも教職のそうした特殊性から、教員の研修を強く求めている。教育公務員特例法は、「教育公務員は、その職責を遂行するために、絶えず研究と修養に努めなければならない」（第21条第1項）とし、また「研修を受ける機会が与えられなければならない」（第22条第1項）と規定している。この規

定は、教員の研修を受ける権利を保障するとともに、それを義務づけているものと解釈できる。少なくとも、教員の研修が他の公務員以上に重要であることを法的に認めていることは確かである。

　教員の研修を服務の形態別に見ると、職務研修（行政研修）、職専免研修、自主研修の3つに分けることができる。また、職務として行われるが、行政研修とは区別されている校内研修も重要である。なお、教員免許状更新制が廃止されたことに伴い、公立学校教員の任命権者は校長及び教員毎に「研修等に関する記録」を作成することとされた。

2◎職務研修（行政研修）

　職務研修は、都道府県および市町村教育委員会や教育センター等が主催し、参加者が職務として参加する研修であり、その意味で行政研修、命令研修ともよばれる。研修に要する費用は行政が負担し、その参加は出張扱いとされ、交通費等が公費によって支出される。なかには参加の義務づけられる研修があり、これに理由もなく参加を拒んだときには職務命令違反とみなされることもある。また、初任者に対して実施される初任者研修は職務研修の一環に位置づけられる。

　初任者研修とは、新任教員を対象として1年間の条件附採用期間中に指導教員の指導のもとに実施される最初の職務研修である。この研修は、かなり前から教育委員会ごとに行われていたが、臨教審答申の提言を受けて全国的に制度化されるようになった。1986（昭和61）年の臨教審第2次答申は、実践的指導力と使命感を養い、幅広い知見を得させることをねらいに初任者研修の実施を提言したのであった。

　初任者研修は、主にOJT（職場内で仕事を通じて行われる研修）として行われるが、校外研修として実施されることもある。旧文部省が1987（昭和62）年度から実施している洋上研修をプログラムの一部に取り入れている場合やその一部に他の校種の学校や社会教育施設の参観、野外教育活動、民間企業での実習、奉仕活動等を組み入れている事例が見られる。教育公務員特例法の一部改正により、1988（昭和63）年度から研修期間に合わせて教員の条件附採用

期間が6か月から1年に延長されるなど制度的条件が整ったところである。

そして、教員として10年の在職期間に達した者には、10年経験者研修が実施されることになった。10年経験者研修は、2002（平成14）年6月の教育公務員特例法改正により必須の研修として実施されることになったものである。そのねらいは、教員の個々の能力や適性等に応じて、教諭等としての資質の向上を図ることにある。しかし、教員免許更新講習が定着したこともあり、2016（平成28）年11月の教育公務員特例法の一部改正により10年経験者研修を廃止して、ミドルリーダーの資質向上を図ることをねらいとする中堅教諭等資質向上研修としてその実施を弾力化するよう改められた。そのほかの職務研修に、課題別研修や経験年数別研修、夏季研修などがある。

一方、指導力の不足する教員や不適格な教員に対する研修が導入されるようになった。2007（平成19）年6月の教育職員免許法改正により、2008年度から指導改善研修が実施されている。指導改善研修とは、任命権者（公立小中学校の場合は都道府県教育委員会・指定都市教育委員会）が、「指導が不適切であると認定した教諭等に対して、その能力、適性等に応じて、当該指導の改善を図るために必要な事項に関する研修」（教特法第25条の2）のことで、原則として1年間以内実施される研修である。ようするに、指導力不足教員の資質・能力の改善を図るという対応が法的に定められたのである。

3◎職専免（職務専念義務免除）による研修

職専免による研修とは、参加教員が職務専念義務を免除されて、勤務場所以外で行う研修のことをいう。夏季休業中に自宅で行う研修や民間教育団体が主催する研修に参加する場合は、この種の研修扱いとされることが多い。教育公務員特例法では、「教員は、授業に支障のない限り、本属長の承認を受けて、勤務場所を離れて研修を行うことができる」（第22条第2項）としている。ここでいう本属長である校長は、教員から研修参加の申し出があったときには、その研修に職務と関連性を有すること、研修の参加によって職務遂行に支障が認められないこと、研修の成果が期待できることなどを条件として参加を許可することになる。

なお、2002（平成14）年7月の文部科学省通知「夏季休業期間等における公立学校の教育職員の勤務管理について」が夏季休業期間等における職専免による自宅研修の扱いの適正を求めたことから、ほとんどの公立学校ではその期間中、教職員が学校に勤務することを原則とするようになった。

4◎自主研修

　教員が勤務時間外において自主的に行う研修を自主研修という。民間教育団体が行う研修会・研究会への参加や個人で自主的に行う研究活動が該当する。むろんこの研修は義務づけがなされないため、教員間における研修量の格差が顕著に表れてくる。

5◎校内研修

　校内研修とは、学校の教育目標を達成していくために設定された研究課題のもとに、学校内の全教職員が教育実践を通して意図的、計画的に取り組んでいく職務研修である。その特質は、各教員の自発的なモラール（士気）に基づくものであること、学校・学年・教科ぐるみに組織体として行われるものであること、研究課題が教育実践と直接結びつき具体的であることなどの点にある。校内研修は、教員自身の資質能力の向上に資するだけでなく、その学校における課題解決に迫り、さらに教職員間の人間関係やモラールを高める効果が期待される。この意味で校内研修は最も重要な研修の一つだといえる。なお、校内研修を促進するための制度としては、文部科学省や教育委員会の研究指定校制度や教育財団等民間機関が募集する研究助成制度がある。

　以上のほかに、教員の研修には、教育センター等が行う長期研修、大学院への内地留学制度（派遣研修）、教員組合等の職員団体が主催する研修がある。

6◎教員免許更新講習

　前述した2007（平成19）年6月改正の教育職員免許法は、教員免許の更新

制についても新たな条文を盛り込んだ。従来、教員免許状は終身有効制をとってきたが、教員に最新の知識・技能等を確実に修得させる必要があること、企業等の多様な人材登用が進んできていること、教員全体の専門性向上が期待できることなどの理由から、10年ごとに更新講習を修了して免許状の更新を行わせる免許更新制が2009（平成21）年度から実施されていた。しかし、2022（令和4）年に教育公務員特例法及び教育職員免許法の一部改正により、同年7月に教員免許更新制が廃止された。この法改正により、同年7月1日時点で有効な教員免許状はそのまま有効期限のない免許状となり、更新講習を修了せずに失効した免許状は都道府県教育委員会に再授与申請手続を行うことで有効期限のない免許状を授与されることができるようになった。

5 新たな学校スタッフの誕生

1◎外部人材活用の意義

　これまで、学校の教職員スタッフは、校長、副校長・教頭、教諭、事務職員など主として正規職員で充てられていたが、近年、それに加えて外部の人材も登用されるようになった。1998（平成10）年改訂の学習指導要領においても、「開かれた学校づくり」の観点から、「地域や学校の実態等に応じ、家庭や地域の人々の協力を得る」よう求めていた。

　地域住民等の外部人材を活用する意義とは何か。おおよそ以下の3点に求めることができよう。第1に、「学校のスリム化」を背景に、家庭や地域社会との連携を図り、学校・家庭・地域社会とが一体になって子どもたちに「生きる力」をはぐくむことが重要だとされるからである。つまり、専門家や地域住民等の外部人材の活用によって、学校教育の限界を質的、量的に補っていこうとする視点なのである。

　つぎに、学校教育の活性化と教職員の意識改革を図るために外部人材を刺激剤として活用することが重視される。1996（平成8）年に公表された中教審第1次答申は、「ともすれば閉鎖的になりがちな学校に、外部の新しい発想や教

育力を取り入れることにより、教員の意識改革や学校運営の改善を促すことも期待される」と述べている。

　そして、生涯学習推進の立場および「開かれた学校」の観点から、地域住民の学習成果を活用する一つの方法として外部人材の活用が有効になる。実際、多くの学校の取り組みを見ると、協力した地域人材の多くは自らにやりがいを感じ、引き続き協力姿勢を示しているが、このことは、生涯学習の成果を活用する場として学校が期待されている表れだと考えられる。

　そのほか、教員のゆとり確保の観点なども指摘できるであろうが、いずれにしても、今後の学校運営において地域住民等の外部人材の活用はますます重視されるであろう。ここでは、特別非常勤講師制度、学校支援ボランティア、スクール・カウンセラーとスクール・ソーシャルワーカーについて取り上げる。

特別免許状

　教育職員免許法で定める教員免許状の一種。教育職員検定に合格した者に与えられ、免許状を授与した教育委員会を置く都道府県においてのみ効力を有する。検定は、学士号取得者または相当者で、担当する教科に関する専門的知識・技術を有し、社会的信望と教職に熱意・識見をもつ者を、教員として任命しようとする場合に行われる。免許状の有効期間は、授与した日の翌日から10年以内の範囲で都道府県教育委員会によって定められる。臨教審答申で提言された。フルタイムの活用を前提とする。

2◎特別非常勤講師制度

　これは、学校における社会人や地域人材の活用を目的に設けられた制度である。教育職員免許法の改正によって、指定された校種と教科に関して、特に必要があると認めるときには、特別非常勤講師を任命しようとする者が都道府県教育委員会にその旨を届け出れば免許状をもたない者を非常勤講師として任用できるようにするものである（第3条の2）。

　中学校と高等学校では普通免許状と同様の科目について授与できるが、小学校の場合、1996（平成8）年までは、音楽・図画工作・家庭・体育の教科に限

られていたため、ほとんど活用されていなかった。そこで、社会人の活用を活発にするために、1997（平成9）年度から小学校の全教科に適用できるよう改められた結果、その活用件数は飛躍的に増大した。

これまでにも社会人等を授業の中で補助指導者として活用した実践も少なくなかったが、この制度は社会人等を教員（非常勤講師）として正式に位置づけようとするもので、社会人等の活用のほか、小規模中学校等における免許外教科担任の解消のために適用されることが期待される。そして、中教審第1次答申は、企業に対して、この制度の活用によって学校に貢献するよう呼びかけている。このほか、特別免許状制度も社会人活用の一方法になる。

3◎学校支援ボランティア

学校支援ボランティアとは学校の教育活動等を支援する保護者や地域住民のボランティアのことである。アメリカなどでは定着しているが、わが国においてはいまだ馴染みの薄い取り組みだといえる。

1996（平成8）年の中教審第1次答申でも学校支援ボランティアに対する期待が述べられ、そして、1997（平成9）年の文部省の教育改革プログラムは、「学校支援ボランティア活動の推進」を取り上げ、「学校の教育活動について地域の教育力を生かすため、保護者、地域人材や団体、企業等がボランティアとして学校をサポートする活動を推進する」としている。

具体的な活用例として、①授業等の教科指導の協力、②特別な指導を要する児童生徒の指導・助言、③図書館・室の運営補助、④学校行事への協力、⑤部活動の指導、⑥教育指導に関する情報の提供が考えられる。前述の特別非常勤講師制度が外部の人材を指導者（講師）として活用するのに対し、ボランティアは指導以外の場面でも広く活用可能である。そして、児童生徒にとって、ボランティア活動を肌で理解する機会になる点でも有意義である。むろん個々の学校の実情に応じてさまざまな活用場面が考えられるが、ボランティア・バンクなどを設け、システム化を図ることが大切である。最近、大学生などを活用したティーチング・アシスタントを取り入れている学校も次第に増えてきている。

文部科学省は、2008（平成20）年度からは学校支援ボランティア等による学校支援体制づくりを促すために、文部科学省が学校支援地域本部の設置を推進し、2017（平成29）年度からは地域学校協働本部に改めたところである（詳しくは9章4節参照）。

4◎スクール・カウンセラー

　スクール・カウンセラー（SC）とは学校においてカウンセリング等を担当する職員である。その具体的な役割は、児童生徒・保護者・教師に対する個別の相談と助言、児童生徒の心理テストや調査の実施、保護者や児童相談所等の関係機関との連携、校内の相談室の管理運営、生徒指導計画への参画ないしは助言、校内におけるカウンセリング研修の実施などにある。

　学校現場では、不登校・いじめ・自殺・非行・学校不適応・学業嫌いなど児童生徒の問題が多様化、深刻化してきている。むろん生徒指導主事や担任をはじめ、教師たちはその問題解決に努めているが、それに十分対応できるカウンセリングの知識・技術を有しているものが少ない実態にある。

　中教審答申も指摘するように、こうした背景のもとでスクール・カウンセラーに対する期待が高くなっている。その資格は特に定められていないが、文部科学省では臨床心理士等の活用を念頭に置いている。2018（平成30）年現在、全国に26,139人が配置されている。

> **臨床心理士**
> 　日本臨床心理士資格認定協会が認定した臨床心理の専門家のこと。心の悩みなどの問題をもつクライエントに「言語的・行動的」に対応しながら、心の健康を回復するための支援を行う。資格取得には、大学院修了レベルの専門的知識・技術を習得していることと協会の実施する筆記試験と口述試験に合格することが必要である。2022年現在、資格認定者は40,749人、合格率は64.8%である。

5◎スクール・ソーシャルワーカー

　また、文部科学省は 2008（平成 20）年度からスクール・ソーシャルワーカー派遣事業を開始した。スクール・ソーシャルワーカー（SSW）とは、「教育分野に関する知識に加えて、社会福祉などの専門的な知識・技術を用いて、児童生徒が置かれた様々な環境へ働き掛けたり、関係機関などとのネットワークを活用して支援を行う専門家」（平成 21 年度文部科学白書）である。具体的には、子どもをめぐる問題解決のために、子どもの相談に応じたり、その代弁を行いながら、その家族の相談にも乗り、学校や関係機関との調整・仲介などを図りながら社会環境に働きかけ、子ども自らが問題解決できるような条件づくりを進めることを役割とする。その資格としては、社会福祉士や精神保健福祉士などが期待されているが、明確な要件が定められているわけではない。スクール・カウンセラーが人間の内面に働きかけるのに対して、スクール・ソーシャルワーカー（SSW）は、個人と環境に働きかけながら、問題解決の条件をつくるという違いがある。児童虐待やいじめ、不登校などの問題が深刻化する今日、その役割への期待は次第に高まってきている。

社会福祉士

　社会福祉士とは、主として、「専門的知識及び技術をもつて、身体上若しくは精神上の障害があること又は環境上の理由により日常生活を営むのに支障がある者の福祉に関する相談に応じ、助言、指導、福祉サービスを提供する者」を言う（社会福祉士及び介護福祉士法）。大学などで所定単位を取得して、国家試験に合格することが求められる。

精神保健福祉士

　「精神障害者の保健及び福祉に関する専門的知識及び技術をもって、精神科病院その他の医療施設において精神障害の医療を受け、又は精神障害者の社会復帰の促進を図ることを目的とする施設を利用している者の地域相談支援の利用に関する相談その他の社会復帰に関する相談に応じ、助言、指導、日常生活への適応のために必要な訓練その他の援助を行う」者を言う（精神保健福祉士法）。大学などで所定単位を取得して、国家試験に合格することが求められる。

文部科学省は 2024（令和 6）年度に重点配置（いじめ・不登校対策、貧困対策、虐待対策）をはじめ、様々な課題への対応策として全中学校区に SSW を配置する予算を計上している。

【参考文献】
・佐藤晴雄「校務分掌と事務職員の役割」永岡・小林編『校務分掌（新学校教育全集第 23 巻）』ぎょうせい、1994 年。
・坪田護・堀井啓幸・佐藤晴雄著『教育経営概説』第一法規出版、1994 年。
・永岡順編『学校経営』東信堂、1983 年。
・野崎弘編『学校管理講座 3　教職員』第一法規出版、1984 年。
・学校管理運営法令研究会編著『新学校管理読本　第 5 次全訂』第一法規、2009 年。
・渡辺孝三著『教育法規の学び方　増補版』日本教育新聞社出版局、1989 年。
・窪田眞二・澤田千秋著『学校の法律がこれ 1 冊でわかる　令和 6 年版教育法規便覧』学陽書房、2024 年。
・山極隆・千々布敏弥編著『教員免許講習ガイドブック』明治図書、2009 年。
・山野則子編『よくわかるスクールソーシャルワーク』ミネルヴァ書房、2016 年。

第8章 教育行政と教育法規

1 教育行政の基本的考え方

1◎教育行政の概念

　行政とは立法、司法と並ぶ、国家統治権の一作用に属し、国や地方公共団体等の行政官庁によって執行される公的な営みをいう。教育における行政は教育行政とよばれるが、これについては様々な定義が見られる。

　たとえば、相良惟一は「教育に関する行政」だと最も簡潔に定義したが[1]、この定義では教育行政を特別な行政とみなさず、他の行政と同列に位置づけている。安藤堯雄は「教育行政とは、社会的、公共的活動としての教育活動に目標を指示し、その目標達成のために必要な条件を整備確立し、その達成を助長することである」[2]とし、教育基本法でいう条件整備の機能に着目した。また、木田宏は、「教育行政とは、教育政策として定立させた法の下に、その法の定めに従って具体的に教育政策を実現する公権力作用である」と述べ、教育政策の観点から定義を行った[3]。そして、宗像誠也は、「教育行政とは、権力の機関が教育政策を実現しようとする営為である」と定義して、教育政策の観点に立ちながらその権力性をとらえた[4]。

---

1) 相良惟一著『教育行政学　新版』誠文堂新光社、1970年、p.17。
2) 安藤堯雄著『教育行政学』光文社、1950年、p.282。
3) 木田宏著『教育行政法　新版』良書普及会、1983年、p.18。
4) 宗像誠也著『教育行政学序説　増補版』有斐閣、1969年、p.1。

それら学説のいずれを採るかについてはここで論じないが、現実に即して見れば、教育行政は国や地方公共団体が民主的手続を経て設定された公教育の目的を実現するための作用だといえる。その主な領域は学校教育、社会教育をはじめ、学術、文化、宗教にも及ぶ。学校に関する行政を学校教育行政、社会教育に関する行政を社会教育行政とそれぞれよぶが、家庭教育に対してその作用は直接及ばない。

2◎教育行政の基本原則

　戦後わが国の教育行政は、①法律主義（民主化の原則）、②分離独立主義（政治的中立性の原則）、③地方分権主義の3つの基本原則に基づいて行われている[5]。戦前の①勅令主義、②教育行政と一般行政の一体化、③中央集権主義という原則の反省から生まれた原則なのである。

（1）法律主義（民主化の原則）

　この原則とは、行政が国権の最高機関である国会の議決を経て制定された法律に基づいてのみ行われるべきだという考え方のことで、いわば「法による行政」の原則をさす。国民の代表からなる国会において制定された法律は国民の意思が反映された結果だと見て、その法律に基づいて民主的な行政を行うべきとする考え方に立つことから、民主化の原則とよぶこともある。

　戦前は天皇の勅裁を経た勅令や天皇大権の委任に基づく省令等の形式によって行政が執行されたが、戦後はそれら勅令等の形式を認めず、教育関係の法律を執行することを教育行政の使命とし、文部省令等行政機関の命令も原則として法律の委任に基づいてのみ発せられることとなった。しかし、例外として国会以外の機関も立法権をもつことが認められる。すなわち、行政機関が法律の委任に基づく場合（委任命令）ならびに法律の規定を実施するために法規を制定する場合（執行命令）、さらに、地方公共団体の自主法規（条例・規則等）などの例である。

5）これらの原則に「学校の自主性の尊重」を加える考え方もある。たとえば、鈴木勲「教育行政の基本原則」、木田宏編著『教育行政』有信堂高文社、1982年。

（2）分離独立主義（政治的中立性の原則）

　これは、首長（知事、市区町村長）の政治的恣意が教育に直接影響を及ばないようにするため、教育行政組織を首長部局から分離、独立させて設置する原則である。戦前の制度下においては、教育行政が一般行政に包含され、首長の政治的影響力をもろに受けていた。しかし、戦後、自由な精神形成を本質とする教育は政治的党派的影響をもろに被るべきではないと考えられるようになると、首長の政治的影響力を制約するために教育行政の政治的中立性が要請され、その制度化を図るために首長部局から分離独立させた行政委員会として教育委員会が設置されたのである。その意味で政治的中立性の原則ともよばれる。

（3）地方分権主義

　地方分権主義とは公の事務を国および地方公共団体に割り当てる場合に、そのより多くを地方公共団体に配分する考え方のことであり、地方分権化（または地方分権の推進）は国の事務を地方の事務として委譲することをいう[6]。したがって、中央政府の権限を、もっぱら全国的レベルに関わる事務、たとえば学校・施設の設置基準や国庫補助などにできるだけ制限することになる。

　戦前、地方の教育行政は学校の施設管理の責を負うだけで、人事や運営の管理については文部大臣や地方長官の名のもとに国が行うこととされていたが、戦後は、憲法で地方自治の本旨がうたわれ、その本旨に基づいて地方公共団体に教育行政の事務責任を移行し、公立学校や社会教育に関する事務を固有な権限として認めることになった。その管理機関が教育委員会なのである。

　また、地方分権化は教育に限らずあらゆる分野で推進されつつあり、1998（平成 10）年に、総理府の地方分権推進委員会は地方分権推進計画を策定し、地方公共団体の事務の新たな考え方と事務区分の改正、地方事務官制度の廃止、国と地方公共団体との新たな関係の構築などによって地方分権化を進めた。

　民主党政権下で内閣府は、地方分権の考え方を発展させた「地域主権改革」に取り組んでいる。これは、「日本国憲法の理念の下に、住民に身近な行政は、地方公共団体が自主的かつ総合的に広く担うようにするとともに、地域住民が

6）これに対して、中央官庁本庁の事務を地方出先機関の権限として分担させることは「分散」とよばれる（塩野宏著『行政法Ⅲ』有斐閣、1995 年、p.143 参照）。

自らの判断と責任において地域の諸課題に取り組むことができるようにするための改革」（「地域主権戦略大綱」2010 年 6 月）であった。

　地域の自主性及び自立性を高めるための改革の推進を図るための関係法律の整備に関する法律により義務付け・枠付けの見直し、国から地方、都道府県から市町村への権限移譲が進められている。

3◎教育行政の性格

（1）指導行政としての性格

　教育行政は権力行政としてではなく、いわゆる指導行政＝非権力的サービス行政（給付的行政）として特徴づけられる。なぜなら、国民の教育水準を確保し、教育機会を保障していくという公共目的を教育振興の観点から実現するための営みだからである。地方公共団体や私人の行為に制約を加えることよりも、それら活動を奨励することを本旨とするのである。教育の自主性を尊重するために、後述する教育行政の三作用のうち、規制作用をできるだけ控え、むしろ助成作用による条件整備を中心的な課題にしている。

（2）条件整備の範囲

　改正教育基本法は第 16 条第 1 項で、「教育は、不当な支配に服することなく、この法律及び他の法律の定めるところにより行われるべきものであり、教育行政は、国と地方公共団体との適切な役割分担及び相互の協力の下、公正かつ適正に行われなければならない」と定めている。これは、政治的圧力などによる教育に対する「不当な支配」を禁じ、教育行政が公正かつ適正に行われるよう定めた条文である。そして、第 2 項では、「国は、全国的な教育の機会均等と教育水準の維持向上を図るため、教育に関する施策を総合的に策定し、実施しなければならない」とし、第 3 項では地方公共団体の役割についても同様に述べ、第 4 項では国と地方公共団体の財政措置に関して規定している。

　ようするに、国と地方公共団体が教育施策を実施し、必要な財政措置を講じる責任があることを明確にし、教育行政が「教育の条件整備」を行うものと定めているのである。

この場合、教育行政が行う条件整備とは、いったい教育のどの範囲にまで及ぶのか。教育を教育内容や方法などに関わる側面と施設・設備や人事などに関する側面とに分類する考え方がある。前者を内的事項（interna）、後者を外的事項（externa）とそれぞれよんでいる。かつて、宗像誠也はアメリカのキャンデル（Kandel,I.L.1881-1965年）の学説に基づいて教育を内的事項と外的事項とに区別して、行政が内的事項に関与できないことを主張した[7]。この論は権力的教育行政の在り方を否定する研究者に支持され、教員組合運動に少なからぬ影響を与え、教科書裁判の杉本判決に採用されたのである。これに対して、内的事項について教育行政が適切な指示を行う行為も条件整備の中に含まれるという考え方が文部省職員から論じられるようになった[8]。この解釈は、教育学者の中では伊藤和衛や市川昭午らによって支持された。

　その後、1976（昭和51）年のいわゆる北海道学力テスト判決は、必要かつ合理的と認められる場合には、教育の内容や方法についても行政の介入が認められることがあり、教育基本法第10条はそのことを禁じていないとする判断を示した。改正教育基本法では、その第10条が修正される形で第16条になり、「教育は、不当な支配に服することなく」という文言をそのまま継承しているが、その後に「この法律及び他の法律の定めるところにより行われるべきもの」という文言が加えられた。つまり、教育に対する「不当な支配」を禁じると同時に、学習指導要領や教科書等の扱いなど他の現行法で認められている行政の教育に対する一定の関与を第16条は改めて認めた形になるのである。

　たとえば、学校教育法施行規則第52条が教育課程の基準として文部科学大臣が公示する学習指導要領を位置づけているように、教育の機会均等保障の観点から、内的事項への行政の関与をある程度認めていることは明白である。しかし、行政の内的事項に対する関与はあくまでも教育の自律性を尊重し、禁欲的でなければならない。

<hr>

7）宗像、前掲書。
8）木田、前掲書。

4◎教育行政の作用

　行政は公共目的の実現を使命とするが、その過程は、①規制作用、②助成作用、③実施作用という3つの作用によって進められる。このうち、③については、それを規制や助成に含めて解釈し、「作用」として独自にとらえない場合もあるが、ここでは一つの「作用」としてとらえておきたい。

（1）規制作用

　規制作用とは、国または地方公共団体が地方公共団体または私人の行為に対して一定の制約を加えたり、何らかの義務を課したりすることをいう。たとえば、親の就学義務や地方公共団体の学校設置義務、国公立学校における政治活動や宗教活動の禁止、公民館等における営利事業の禁止、文化財保護のための私人の財産に対する制約などが該当する。この規制作用を行う場合には、必ず具体的な法的根拠を必要とする。

（2）助成作用

　この作用は、国または地方公共団体が地方公共団体や私人の行為を奨励、援助するために、財的援助や指導助言を行うものである。学校施設や公民館の設置のための地方公共団体に対する国の補助、経済的理由によって就学困難な家庭に対する就学援助、義務教育学校における教科書の無償給付、公立義務教育学校教職員の給与に対する国庫補助、私立学校への助成、社会教育関係団体への補助金の支出などの場合がある。ただし、助成作用は教育活動を行う主体の自主性を冒すことがないよう配慮すべきであり、この限りにおいて法に禁止の規定がなければ特に具体的な法的根拠を必要としない。

（3）実施作用

　これは行政主体が自ら事業を行うことである。つまり、第三者に対して働きかける作用ではなく、国あるいは地方公共団体が学校、公民館、図書館、博物館などを設置し、職員を配属し、運営費を支出することをいう。これら諸事業の実施を通して国民や地域住民に行政が教育サービスを直接提供しようとする

のである。この場合、教育を広く普及させることが重要だとする観点から、法に禁止の規定がない限り具体的な法的根拠を要しない。

　教育行政においては、このうち規制作用は就学義務や文化財保護など特定分野に限定して極力控えられるべきで、助成作用が中心になるのが望ましいとされている。教育においては、国民の自主性や自律性を最も重視することから、教育行政の関与はサービス的側面に徹することが大切だからである。とりわけ、今日では規制緩和の浸透によって国、都道府県教育委員会、市町村教育委員会、学校、国民の相互の諸関係における規制作用を極力緩めようとする方向にあるのも、教育の自主性・自律性尊重の一つの具現化策だといえよう。

2 教育における地方自治

1◎地方自治の本旨

　戦後、わが国の教育行政は地方分権主義に基づいて、これまで国が有していた権限の多くを地方に委譲する仕組みがとられるようになった（教育行政の基本原則―地方分権主義）。つまり、地方公共団体が教育に関する相当多くの事務を独自に行うようになり、教育においても地方自治の原則が適用されることとなったのである。

　日本国憲法第92条は、地方自治の基本原則について、「地方公共団体の組織及び運営に関する事項は、地方自治の本旨に基いて、法律でこれを定める」としている。この地方自治の本旨は、「団体自治」と「住民自治」の2つの原理からなる。

　団体自治は、国家との関係において地方公共団体がそれとは独立した存在であることを認め、地方公共団体に係わる公共事務をある程度自主的、自律的に処理することをいい、ドイツやフランスなどのヨーロッパ大陸系諸国で発達してきた考え方である。これらの諸国では、国家に対する市民の主導権の獲得過程において、そうした自治原理が形成されていったのである。

一方、住民自治とは、地方公共団体の内部関係において地方公共団体事務がその住民の意思に基づきその責任において処理される原理をいうのであり、イギリスやアメリカなど英米法系諸国で定着してきた考え方のことである。

前者は対外的自治の原理、後者は対内的自治の原理とよばれている。これら2つの原理は独立したものではなく、相互に補いながら地方自治の本旨を形成するのである。日本国憲法は、第93条で地方公共団体の長ならびに議会の議員が住民の公選によるべきことを定めるとともに、第94条においては地方公共団体が事務処理等の権限を有し、法律の範囲内で条例を制定できる旨を定めて、団体自治と住民自治の2つの原理を採用しているのである。

教育においては、学校の設置、教員の任用、教科書の採択をはじめとする多くの具体的事項が地方の権限とされ、国の権限は、就学事務、教員免許状の基準設定、学校基準の設定、国庫補助金の支出など義務教育や教育基準の設定、補助金等の支出等が中心になるのである。

2◎地方公共団体の事務

一般に、地方公共団体の事務をとらえる場合、制限列挙主義と包括授権主義という考え方がある。前者は、イギリスやアメリカなどに見られる考え方で、地方公共団体の権能を法律で明確に授権されている事項に限定するものである。包括授権主義とは、ドイツやフランス、日本などでとられている考え方で、法律上明確に授権されている事項に限定されずに、広くその他の地方的事項を処理する権能を地方公共団体が有するとするものである。したがって、わが国の教育行政における助成作用および実施作用は法律等に禁止の規定がなければ行うことができ、公共事務として執行されることになる。

（1）自治事務

以上のように、包括授権主義をとるわが国の地方公共団体の事務は、長年、①公共事務、②行政事務、③団体委任事務に分類されてきた。

これらの事務は、義務づけの有無によって必要事務と随意事務に分けられ、ふつう団体委任事務は必要事務とされ、公共事務および行政事務は随意事務に

属するものが多かった。これらは、1998（平成10）年5月に閣議決定された「地方分権推進計画」によって、後述の機関委任事務の一部とともに「自治事務」に一括された（2000年4月1日施行）。

この自治事務とは、地方公共団体が行う事務のうち「法定受託事務」を除いたすべての事務のことをいう。

（2）法定受託事務

法定受託事務とは、①法律または政令により都道府県、市町村・特別区が処理することとされる事務のうち、国が本来果たすべき役割に係るものであって、国においてその適正な処理を特に確保する必要があるものとして特に定められたもの、②法律または政令により市町村・特別区が処理することとされる事務のうち、都道府県が本来果たすべき役割に係るものであって、都道府県においてその適正な処理を特に確保する必要があるものとして特に定められたものである（地方自治法第2条第9項）。

つまり、国（または都道府県）が本来行うべき役割のうち、法令等で定められたものについては、都道府県や市区町村が国（または都道府県）の事務として事実上処理するものと定められている事務のことなのである。

国の地方分権推進計画によって、国と地方公共団体との間に対等・協力の新しい関係を築くために従来の機関委任事務は廃止され、その一部は地方公共団体の自治事務または法定受託事務に位置づけられ、またそのほかの事務は国の直接執行事務とされ、あるいは事務自体が廃止されたのである。

したがって、地方公共団体の処理する事務は自治事務（公共事務、行政事務、団体委任事務、機関委任事務の一部等）と法定受託事務（自治事務とされなかった機関委任事務の一部）に再構成されたのである[9]。このうち法定受託事務に対する条例制定権が可能になり、地方議会の権限も特別の場合を除いて及ぶことになる。

9）自治事務は地方公共団体の処理する事務のうち法定受託事務を除いたものであり、法定受託事務とは国が本来果たすべき責務に係る事務で、国民の利便性または事務処理の効率性の観点から都道府県または市町村が処理するものとして法律または法律に基づく政令に特に定めるものである（総理府「地方分権推進計画の概要」より）。

1◎教育行政の組織

　教育行政の主体は国や地方公共団体であり、その客体は地方公共団体や学校法人あるいは国民・住民である。その主体たる国と地方はそれぞれ教育行政組織を設置し、国のそれは中央教育行政組織、地方の場合には地方教育行政組織とよばれている。国の教育行政組織は一般行政と同様な形態にあるのに対して、地方教育行政組織は原則として一般行政組織から独立した形で設置されている（教育行政の基本原則＝分離独立主義）。

　中央と地方の教育行政機関は原則として上下関係や従属関係に置かれているものではなく、相互に独立した権限と法人格を有するとされるが、国は地方に対する指導助言権や措置要求権をもち、またそこに国庫補助金を支出している実態があり、この意味で両者は全く対等な関係にあるとはいいにくい。

　一般に、国や地方公共団体などの行政主体は法人格であるため、現実にその手足になって行為を行う機関を設けることとなり、この機関を行政機関とよぶ。教育行政においては、行政庁としての文部科学大臣、都道府県知事、市町村長や教育委員会が行政機関に当たり、この各行政機関の職務を補助するために日常的な事務を遂行する機関は補助機関といわれる。

　補助機関には、国の場合、文部科学事務・政務次官、局長、課長などの職員と委員会事務局等があり、地方の場合は、副知事、副市町村長、教育長、職員などが相当する。これら機関の組織とその権限ならびに機関相互の関係などを行政組織という。

（1）中央教育行政組織と文部科学省

　まず国の教育行政組織は中央教育行政組織とよばれ、文部科学大臣と文部科学省を中核として成り立つが、憲法上、「行政権は、内閣に属する」と規定されていることから、内閣およびその首長たる総理大臣も含むことになる。したがって、中央教育行政組織は、内閣、内閣総理大臣、文部科学大臣、文部科学

省等に分けられる。

　内閣は、国の行政組織の頂点に立つもので、一般行政の一環として教育に関する法律案や予算案などを閣議において審議決定するとともに、重要な教育事項に関して審議し政令を発する。その意味で、内閣は教育行政に関与することになる。内閣総理大臣は、内閣の首長として、法律案や予算案の国会への提出、文部科学大臣の任免、閣議決定に基づく文部科学大臣に対する指揮監督、閣議裁定などを通して教育行政に関わっていく。文部科学大臣は、教育・学術・文化・宗教に関する主務大臣とされ、内閣の決定した方針に従って文部科学省が行う教育行政事務を統括しつつ、もっぱら国の教育行政を担っている。その主な権限には、文部科学省令の制定、告示・訓令・通達の発令、地方公共団体の首長および教育委員会に対する法定受託事務の指導などがある。

　文部科学省は、文部科学大臣とその補助機関を一体とみなしたもので、文部科学省設置法によって、「教育の振興及び生涯学習の推進を中核とした豊かな人間性を備えた創造的な人材の育成、学術及び文化の振興、科学技術の総合的な振興並びにスポーツに関する施策の総合的な推進を図るとともに、宗教に関する行政事務を適切に行うことを任務とする」ものと定められている。その権限は、教育予算の執行、教育・学術・文化全般に関する調査・企画・援助及び連絡調整、学校設置基準の設定、教科用図書の検定と無償給付、所管教育機関・研究所の援助、地方教育行政機関に対する指導・助言・援助・勧告・措置要求などがある。

　また、2007（平成19）年6月の地方教育行政の組織及び運営に関する法律の一部改正により、文部科学大臣は都道府県および市町村の教育委員会の教育に関する事務の管理及び執行が法令違反または怠りによって、児童生徒等の教育を受ける権利の侵害が明らかである場合には、講じるべき措置の内容を示して、地方自治法に基づく「是正の要求」を教育委員会に行うものと定められた（地教行法第49条）。この改正の背景には、教育委員会のいじめ事件の原因の究明の怠りなどの事件があった。

（2）地方教育行政組織と教育委員会制度

地方教育行政組織は都道府県知事・市町村長と教育委員会に分けられるが、

知事・市町村長部局は一般行政組織に位置づけられ、分離独立主義の例外として扱われている。むろん、教育委員会は組織上、首長部局から離れて設置され、独自の権限を有するものとされている。

まず、知事と市町村長は、教育に関する条例案および予算・決算案の議会への提出、教育予算の執行と教育財産の取得と処分、教育委員の任免、所管する大学・短期大学・高等専門学校の管理とその教職員の任免などの権限をもつ。このほか、知事だけが有する権限として、大学等を除く私立学校の設置・廃止の認可と助成および閉鎖命令権などがあり、それら私立学校の学期も定めるとされる。また知事は宗教法人関係事務も所轄する。なお、議会も教育に関する議決を行うなど教育行政に大きな影響を及ぼしている。

教育委員会は、教育行政の地方分権主義と分離独立主義を具体化する制度として、戦後わが国においてアメリカの例に倣って創設された行政委員会組織である。これは、教育における民主化を進めるために、住民の代表である教育委員による素人支配のもとで教育行政の専門家である教育長による専門的指導性を発揮させようとする理念（Layman control and Professional leadership）による。地教行法により地方公共団体単位に設置されることとなるので、①都道府県教育委員会、②市町村教育委員会および特別区教育委員会、③市町村組合教育委員会に分類される。

2◎教育委員会の組織と権限

教育委員会の主要な権限には、①当該地方公共団体が設置した学校およびその他の教育機関の設置と管理・廃止、②教育財産の管理、③教育委員会および学校等の職員の任免、④就学などに関すること、⑤学校の組織編制や教育課程をはじめとする学校教育に関すること、⑥教育関係職員の研修・保健・安全・福利厚生などに関すること、⑦社会教育・文化財保護・ユネスコ活動に関すること、⑧教育調査・統計に関すること、⑨教育等の広報および教育行政に関する相談に関すること、⑩その他教育関係事務などの管理と執行がある（地教行法第21条）。

以上の権限に関する必要な事項について、教育委員会は首長とは別に、国の

法令や条例に違反しないかぎりにおいて教育委員会規則を制定でき、当該地方公共団体における公立学校やその他教育機関における教育行政を実質的に担うきわめて重要な機関である。ただし、これは合議制の執行機関であるため、首長の場合と異なり、委員が単独で権限を行使することはなく、委員会会議による意思決定を通して権限を執行することになる。

　委員会は、教育長及び4人の委員で構成されるが、従来、都道府県・指定都市や地方公共団体組合のうち都道府県・指定都市が加入する委員会では教育長及び5人以上、また町村や地方公共団体組合のうち町村のみが加入する委員会では教育長及び2人以上の委員で組織できると定められている。教育長は任期3年で、委員は任期4年で、いずれも再任されることができ、議会の同意を得て首長によって任命される。

　従来、教育委員会に委員長と教育長が置かれていたが、2014（平成26）年の地行教法の一部改正によって、両職は一本化されて教育長のみに改められ、また、地方公共団体の長が総合教育会議を設けるものとされ、首長による教育行政への関与が制度化された。

　教育長の職務は、①教育委員会の会務を総理し、教育委員会を代表すること、②教育委員会の会議を招集すること、③教育委員会の会議の終了後、遅滞なく議事録を作成し、公表するよう努めることなどである。なお、教育長は常勤で、委員は非常勤とされる。

3◎総合教育会議

　前述したように2014（平成26）年の地教行法の一部改正によって、地方公共団体の長（首長）は、教育基本法が定める基本的な方針を参酌し、地域の実情に応じて当該地方公共団体の教育、学術及び文化の振興に関する総合的な施策の「大綱」を定めるものとされた。そして、首長は大綱に関する協議などを行うために、首長と教育委員会から構成員される「総合教育会議」を招集することになった。総合教育会議は、大綱の策定に関する協議のほか、①教育を行うための諸条件の整備その他の地域の実情に応じた教育、学術及び文化の振興を図るため重点的に講ずべき施策、②児童、生徒等の生命又は身体に現に被害

が生じ、又はまさに被害が生ずるおそれがあると見込まれる場合等の緊急の場合に講ずべき措置について協議し、これらに関する構成員の事務調整を行うことが定められている。

　総合教育会議を通して首長による教育及び教育行政への関与が強化されることにはなるが、関係行政部署間の連絡調整が効率的になされるようになったともいわれる。

4 教育法規と行政

1◎教育法規の概念

　第1節で述べたように、今日の教育行政は法に基づくことを原則とする（教育行政の基本原則＝法律主義）。教育に関する法のことを教育法ないしは教育法規とよぶが、この概念をめぐって様々な見解が見られる。一般に、教育法規の概念は、3つに分けられる[10]。まず、最も広い意味では教育法規を法規範の一つであるとみなすもので、「教育という社会現象の秩序と組織を維持してゆくために守らねばならない規範である」とする定義である。したがって、慣習法・判例法・条理法なども含むことになる。2つ目は、成文法としての教育法規のことで、その概念をやや狭く解釈して、不成文法のみを取り除き、教育に関する定めをもつすべての成文法を意味するとする考え方である。そして3つ目は、最も狭義に解釈するとらえ方であり、もっぱら教育に関して定めた法規のみをさすと考える立場である。

　ここでは、2つ目の解釈、すなわち、教育法規を教育基本法をはじめとする教育に関してもっぱら定める法と、憲法や地方自治法などの一般法における教育関係条項を含むものとして解釈しておきたい。

---

10) 沖原豊編著『教育法規概説　改訂』第一法規出版、1990年、pp.5-7。

2◎教育法規の分類

　一般的に法規は下図のように分類される。まず、不成文法を除くと、国の最高法規として憲法があり、この第26条の教育を受ける権利と義務、義務教育の無償に関する条項が教育に直接関係し、わが国における教育の在り方を規定する根本に位置づけられる。このほか、第19条の思想および良心の自由、第20条第3項の国およびその機関の宗教教育・宗教活動の禁止、第23条の学問の自由、第25条の生存権なども教育に関する条項に数えられる。

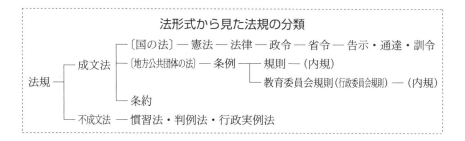

法形式から見た法規の分類

（1）国の法

　この憲法に矛盾しない範囲で国会の議決によって制定されるのが法律で、教育基本法をはじめ学校教育法、社会教育法、地方教育行政の組織及び運営に関する法律などの諸法がある。さらに、憲法および法律に反しない範囲で内閣が制定する政令がある。政令には、憲法や法律の規定を実施するために制定される施行政令と、法律の委任に基づいて制定される委任政令の2つがある。学校教育法施行令、公立義務教育諸学校の学級編制及び教職員定数の標準に関する法律施行令などは政令として制定されたものである。

　省令とは、各省各庁大臣が所管事務に関して憲法、法律、政令に反しない範囲で制定する命令であり、これは政令と同様に、法律等を施行する場合と法律等の委任による場合とがある。たとえば、学校教育法施行規則、高等学校設置基準、教育職員免許法施行規則などは文部科学省令である。

　告示・通達・訓令は、法規としての形式をもたないものの法的効果を有することから法規分類に含んで考えられている。告示は行政機関が決定した事項を

広く公式に知らせる行為をいい、単なる事実上の通知や準法律行為的行政行為として行われるもの、一般処分の性格をもつもの、あるいは立法的性格をもつものがある。教育関係では、学習指導要領、学校給食実施基準などが告示形式をとる。

通達は行政官庁が所轄諸機関とその職員等に対してある事項を知らせることをいい、訓令は上級機関が下級機関とその職員等に対して権限の行使を指示するために発する命令のことである。

(2) 地方公共団体の法規

一方、地方公共団体の法規には、条例、規則、教育委員会規則がある。条例は憲法・法律等に反しない限りにおいて地方議会の議決によって制定されるもので、規則は国の法規および条例に反しない限りにおいて地方公共団体の長が制定できるものである。教育委員会規則とは、それら法規に反しない範囲で、行政委員会たる教育委員会が自らの権限に属する事項について独自に制定する法規であり、学校管理規則などがある。これらは地方公共団体の自主法ともよばれる。

以上の関係法規は、その内容によっても分類される。すなわち、①基本法規（憲法、教育基本法、児童憲章）、②学校教育に関する法規、③高等教育に関する法規、④教育奨励に関する法規、⑤学校保健・環境に関する法規、⑥私立学校に関する法規、⑦社会教育・生涯学習に関する法規、⑧教育職員に関する法規、⑨教育行政に関する法規、⑩教育財政に関する法規、福祉・文化に関する法規、その他関係諸法などに分けられる[11]。

3◎法の失効と適用の原則

これら法規間に矛盾、衝突が生じた場合には、後法優先の原則、法律上位の原則（上位法優位の原則）、特別法優先の原則に従って解釈されることになる。

11) 窪田眞二ほか編『教育小六法』（学陽書房）の「総目次」分類による。

（1）後法優先の原則

　後法優先の原則とは、同形式の法規間において新法と旧法とが矛盾する場合には新法の施行によって旧法が当然に効力を失うというものである。

（2）法律上位の原則

　法律上位の原則は、下級の法が上級の法を改正したり、それに矛盾することを許さないことであり、仮に矛盾・衝突した場合には上級法を優先して解釈するため、その限りにおいて下級法は効力を失うという原則のことである。たとえば、かつて、社会教育関係団体に対する公金支出は公の支配に属しない団体への公金支出を禁じた憲法第89条に反するのではないかとする議論も見られた[12]が、これは下級法たる社会教育法が上級法である憲法に矛盾するという指摘であった。

（3）特別法優先の原則

　特別法優先の原則は、同じ地位にある法に関して、一般法に対して、特定範囲の対象や事柄について適用される特別法が優先して解釈されるとするものである。特別法とは「特別法」などの名称のものに限定されるのではなく、一般法に対する相対的な概念であるから[13]、教育公務員特例法などに限定されず、たとえば公立義務教育諸学校の学校編制及び教職員定数の標準に関する法律や、私立学校法は、学校教育法に対して特別法になる。ちなみに、教育公務員特例法は、教育公務員の選考、研修、条件附採用期間、休職の扱い、政治的行為の制限などに関して地方公務員法と異なる規定を設けている。

（4）時限法

　このほか、時限法とよばれる法規があり、これはあらかじめ有効期間を限定した上で、その期間においてのみ効力を有する法のことで、したがってその所定期限を経過した場合にはその効力を失うこととされる。たとえば、少子化社

12）1957年の法制局第一部長回答は、社会教育関係団体が行う教育事業は単に知識を豊富にするにすぎないものであるから、憲法第89条でいう「教育の事業」に該当しないとしている。
13）末川博編『法学入門　第6版』有斐閣、2009年、pp.62–63を参照。

会への対応を図るために 2003（平成 15）年 7 月に施行された次世代育成支援
対策推進法は 2015（平成 27）年 3 月までに限って効力を有する時限法（2014
（平成 26）年の改正により、令和 7 年 3 月 31 日までの時限立法に延長された）
である。

5 教育財政と教育予算

1◎教育財政とは何か

　一般に政府（地方を含む）の経済活動を財政とよぶ。民間部門が交換原理つ
まり労働・土地・資本財などのモノとカネを交換する関係のもとで成立するの
に対して、財政は租税から得た収入（強制収入）によって生産・消費を行うと
ころに特徴がある。しかし、わが国の教育財政においてはこのうち独自の作用
としての強制収入を行わない特徴がある[14]。

　この財政の公的性格を保障する制度が予算であり、これは財政において最も
重要な制度だといわれる。この予算とは、公共的な政治・経済の意志を表現す
るために、あらかじめ予想される収入と支出との均衡を貨幣によって示した財
政に係わる計画案のことである。それは、議会による行政府裁量をある程度統
制する「統制機能」、最小費用で効率よく目的を達成させるための「管理機能」、
そして達成すべきことを明らかにする「計画機能」をもっている。

　教育に係わる予算を教育予算とよんでいる。わが国の教育予算は、アメリカ
のように学区ごとに独立した教育税（school tax）から財源を得る制度をとら
ず、その歳入（収入）を一般財源に求めている。戦後初期においては、教育財
政の一般財政からの独自性と教育費の強制収入経済の制度的保障の確保が改革
方針に据えられていたが、結局、それは実現されず今日に至っている[15]。した
がって、わが国の教育財政において教育予算の編成は歳出予算中心になる。

---

14) 高倉翔「教育財政」沖原編、前掲書所収、p.78。
15) 小川正人著『戦後日本教育財政制度の研究』九州大学出版会、1991 年、pp.200-201。

2◎公教育費支出の根拠

　ところで、公教育費が行政機関によって支出されるのはなぜか。マスグレイブ（Masgrave,R.A.,1910–2007）は、財政の機能を「資源配分」、「所得再分配」、「経済安定」の３つに求めた[16]。このうち教育財政にとって重要なのが前の２つの機能である。

　資源配分機能とは、市場が私的財の供給を効率的に資源配分することに失敗したり、また公的欲求の存在にもかかわらずまったく供給できない財・サービスがある場合に必要な調整を行うことである。そのために、義務教育の無償提供や特別支援学校の設置などが公的に進められている。

　所得再分配機能とは、市場がもたらす所得や富の分配に関して、その不公平や不平等を是正するために必要な調整機能である。各種奨学金制度や低所得者に対する就学援助の実施などの公的関与はこの機能を実現している。こうした理由から公的財源の一定割合が教育費に支出されるのである。

3◎教育予算の仕組み

（1）予算の分類と会計年度

　国の経費の使用目的を示す歳出予算の費目の分類は、所管省庁ごとに、所管別・組織別・項・目の細分に分けられる。たとえば、文部科学省（所管別）・文部科学本省（組織別）・義務教育費国庫負担金（項）・旅費（目）などに分類される。このうち、「項」までは国会の議決対象になることから立法科目または議決科目とよばれ、「目」以下はその対象にならず、行政の規制に委ねられるもので、行政科目とよばれる。

　収入と支出を区分するための期間を会計年度という。わが国の会計年度は財政法で４月１日から翌年３月31日までの１年間とされている。予算制度はこの会計年度毎に、編成―審議―決定―執行―決算の過程を経て運営される。

16）マスグレイブ著、大阪大学財政研究会・木下和夫訳『財政学―理論・制度・政治（1）』有斐閣、2000年。

（2）教育予算に関する教育委員会の権限

　地方においては、教育予算案の議案作成・提出権および教育委員会所掌事項の予算執行権は教育委員会になく、地方公共団体の長に属する。ただし、地方公共団体の長は予算案作成に際して、教育委員会の意見を聴取しなければならないこととされる。旧教育委員会法においては、教育委員会に予算原案送付権と予算支出命令権が与えられていたが、現在ではこれらの権限がなく、その意味で地方における教育財政の独自性はほとんど消失しているといえる。

4◎国と地方の教育予算の特色

　文部科学省所管予算を経費別に見ると、最もその比率の高いのが義務教育費国庫負担金である。これは、国が義務教育諸学校教職員の給与費用の一部を負担するものである。予算全体を使途別に見ると、その費用や国立学校教職員給与費用（国立大学法人運営費交付金）を含めた人件費が8割近くを占める。つまり、国の教育予算の大部分が義務教育費国庫負担金や学校教職員の給与関係費に支出されているのである。

　原則的には、学校経費は税外負担を極力禁止するために、当該学校の設置者が経費を負担することとされているが、地方間の財政格差を是正し、教育の機会均等を図るために、その例外的措置として国庫負担制度が認められている。その結果、国の予算に占める国庫負担金の比率が高くなるわけである。

　また、地方教育費の場合、学校教育費が8割以上を占め、社会教育費や教育行政費を大きく引き離している。なかでも、小学校の運営に支出される経費が最多である。

　現在、小中学校の1学級当たりの標準児童生徒数はそれぞれの学校設置基準で40人以下と定められているが、公立小中学校の場合には公立義務教育諸学校の学級編制及び教職員定数の標準に関する法律でも40人と定められている。従来、公立小中学校の県費負担教職員の給与が都道府県負担とされ、なおその半額が国庫によって支出されているため、40人学級の改善に必要な教職員の増員はなかなか進展しなかったが、1998（平成10）年の中教審答申「今後の地方教育行政の在り方について」を受けて同法律が改正されてから、都道

府県は学級編制の標準を下回る人数の基準および教職員定数の配置基準等を定めることができるようになった。したがって、35人ないしは30人学級を実施することも可能になったが、そのために必要な教職員の給与は、国庫補助の対象とならないため、40人以下の学級編制はそう簡単には実現できない。その後、文部科学省が2011（平成23）年度から小学校1年生の学級規模を35人以下にするための教員配置に関わる予算を計上、さらに2017（平成29）年からは小学校2年生にも拡大することとされたが、2021（令和3）年の法改正によって小学校では5年間かけて順次35人学級が導入されて、2025（令和8）年度には全学年が35人学級になる。

【参考文献】
・市川昭午著『教育行政の理論と構造　3版』教育開発研究所、1980年。
・上原貞雄編『教育行政学』福村出版、1991年。
・原田尚彦著『行政法要論　全訂第7版補訂版』学陽書房、2011年。
・田中二郎著『新版行政法（上）　全訂2版』弘文堂、1974年。
・斎藤諦淳著『文教予算の編成』ぎょうせい、1990年。
・野口悠紀雄著『公共経済学』日本評論社、1982年。
・和田八束著『財政学要論　改訂新版』文眞堂、1995年。
・小島宏・寺崎千秋編著『教育三法の改正で学校はこう変わる！』ぎょうせい、2007年。
・田中壮一郎監修・教育基本法研究会編著『逐条解説改正教育基本法』第一法規、2007年。
・佐藤晴雄監修『新・教育法規解体新書　PORTABLE』東洋館出版社、2014年。
・入澤充・岩崎正吾・佐藤晴雄・田中洋一編著『学校教育法実務総覧』エイデル研究所、2016年。
・窪田眞二・澤田千秋著『学校の法律がこれ1冊でわかる　新教育法規便覧令和6年版』学陽書房、2024年。
・学校管理運営法令研究会編『第六次全訂　新学校管理読本』第一法規、2018年。

生涯学習社会の学校と社会教育

1 生涯学習の意義

1◎生涯教育から生涯学習へ

（1）生涯学習の定義

　生涯学習はもともと「生涯教育」という教育改革の理念から生まれた概念である。今日、その考え方は、学校経営や社会教育の経営に少なからぬ影響を及ぼしている。

　わが国において生涯学習について言及した国の諸答申によれば、生涯学習とは、自己の充実や生活の向上のために、各人が自発的意思に基づいて、自己に適した手段・方法を自ら選んで生涯を通じて行うことである。この生涯学習のために、自ら学習する意欲と能力を養い、社会の様々な教育機能を相互の関連性を考慮しつつ総合的に整備・充実しようとするのが生涯教育だといわれる。つまり、学校教育に代表されるフォーマルな教育のみならず、集団および個人が行う社会教育や広く社会で行われる多様な内容と形態をもつ各種の教育や学習などノン・フォーマルな教育・学習活動を含む概念が生涯学習であり、これを側面から援助する営みが生涯教育なのである。

（2）ユネスコの生涯教育論

　生涯教育が国際的な公式の場で最初に取り上げられたのは、1965（昭和40）

年にユネスコが主催した第3回成人教育推進国際委員会に、当時ユネスコ事務局の担当部長であったラングラン（Lengrand,P.）が提出したワーキング・ペーパー[1]に基づく議論においてであった。ラングランは、生涯教育が必要な理由として、社会的諸変化の加速化、人口の急増と寿命の延長、科学的知識および技術体系の進歩など8項目を指摘し、このような現代社会において自己と社会との均衡を保つためには継続して学んでいくことが必要であると提起した。したがって、教育が特定の時期に限定されることなく、生涯を通じて継続的に行われるよう統合され（垂直的統合）、同時に家庭・学校・職場・地域社会等のあらゆる生活や教育機能とも統合（水平的統合）されて営まれるようなシステムを用意しようとするのが生涯教育の考え方だというわけである。

（3）OECD のリカレント教育

　一方、OECD（経済協力開発機構）は、1968（昭和43）年に教育に関する革新的な研究や実験に取り組むことを目的に設置した教育研究革新センター（CERI）を通じて、リカレント教育を提唱した[2]。リカレント教育とは、学習は生涯にわたって行われるものであり、また選ばれた少数の者だけでなくすべての人間に必要であるとする考え方に立ち、人生の初期に集中している教育を個人の全生涯にわたって配分していくために、教育を終えていったん社会に出たすべての人々がいつでも回帰的（recurrent）な方法によってフォーマルな教育機関に戻ることを可能にするシステムのことである。

　つまり、生涯学習の考え方を実現させる具体策として、教育と仕事・余暇とを交互にクロスさせるようなシステムの確立を目指すわけである。ただ、OECDの場合、「学習」と「教育」とを区別し、「学習」は特定の場所や環境に限定されず人間生活のあらゆる場面で生涯にわたって行われるものであるのに対して、「教育」は他の活動から一定程度隔離された意図的につくられた場面において組織化、構造化されて行われるから生涯継続して行われることはあり得ないという認識に基づいて、生涯学習という概念を提唱したのである。

1）ラングランの理論はつぎの文献に著されている。ポール・ラングラン著、波多野完治訳『生涯教育入門』全日本社会教育連合会、1980年。
2）OECD とユネスコの理論と経緯については拙著（佐藤晴雄著『生涯学習概論　第3次改訂版』学陽書房、2023年）を参照されたい。

近年、政府はリスキリング（Reskilling）を進める個人や企業等を支援する施策を行うようになった。リスキリング、すなわち、re（再び）skill（技能等）を身に付けることをいい、いわば生涯学習の考え方に重なる概念である。これは将来的に特定の職業が消失する可能性があることから、成長産業など新たな業務に必要な知識・技術の習得を図る学習を意味する。文部科学省をはじめ経済産業省、厚生労働省などが支援施策を行っている。

2◎生涯学習推進施策の展開

（1）生涯学習体系への移行

　わが国では、1971（昭和46）年に発表された社会教育審議会答申「急激な社会構造の変化に対処する社会教育のあり方について」は、技術革新、中高年層人口の増大、学歴水準の向上、余暇時間の増大など社会的変化に対応していくためには生涯教育の観点から教育を見直し、とりわけ社会教育の在り方を模索し、その充実を図るべきことを提言した。その頃から、どちらかといえば地方で生涯教育は関心をもたれ、現実の施策として推進されるようになった。

　たとえば、1971（昭和46）年に施策化に取り組んだ秋田県や静岡県掛川市、岩手県金ケ崎町の施策は都市部に先駆けて着手され、首長の強力なリーダーシップによって進められた先進的な事例として著名である。こうした現実を踏まえた後に、1981（昭和56）年に発表された中教審答申「生涯教育について」は生涯教育が必要な理由を次のように述べている。

　①　社会・経済の急速な変化そのものが、人々に様々な知識・技術等の取得を迫っている。

　②　人々の教育的、文化的な要求そのものが増大しつつある。

　③　人々の多様な学習活動を可能ならしめる経済的、社会的条件が整いつつある。

　④　今後、わが国が自由な生き生きとした社会を維持し、その一層の発展を図る上からも、適切な社会的な対応が求められている。

　以来、生涯教育は各地でにわかに関心を集め、本格的な施策が展開されて、まさに「理念」から「実践」の段階へと移行していくのである。

こうして都道府県や市区町村レベルで生涯教育の推進施策は展開されたが、国レベルの具体的施策は地方にやや遅れたかたちとなり、1987（昭和62）年の臨教審最終答申以後に本格的に着手されることになる。同答申は、教育改革の視点の一つに「生涯学習体系への移行」を掲げ、「学歴社会の弊害を是正するとともに、学習意欲の新たな高まりと多様な教育サービス供給体系の登場、科学技術の進展などに伴う新たな学習需要の高まりにこたえ、学校中心の考え方を改め、生涯学習体系への移行を主軸とする教育体系の総合的再編成を図っていかなければならない」とし、そのためには人間の評価の多元化、学習活動のネットワーク形成、教育・研究施設と企業などの相互の連携・協力の推進、家庭・学校・社会の教育力の活性化を促す相互連携等の必要性を提言した。

（2）生涯教育から生涯学習へ

ところで、臨教審最終答申以前に先進的な施策をすでに開始していた地方公共団体では「生涯教育」という用語を用いていたが、臨教審ではもっぱら「生涯学習」という用語を採用している。その理由として、「学習は読書・独学など自由な意思に基づいて意欲をもって行うことが本来の姿であり、自分に合った手段や方法にそって行われるという性格から、学習者の視点から課題を検討する立場を明確にするため、「生涯教育」という用語ではなく、「生涯学習」という用語を用いた」と述べる。OECDは「生涯教育」があり得ないから「生涯学習」の概念を用いたのに対して、臨教審は学習者の立場を重視するという意味において「生涯学習」という用語を採用したのであった。

ともあれ、この最終答申を受けて、文部省は1988（昭和63）年に、これまでの社会教育局を生涯学習局に改組し、これに倣うように地方公共団体においても社会教育担当部局を生涯学習部局に改めた。

（3）生涯学習社会の到来

その後、中教審は先の答申を引継ぎ、翌1991（平成3）年に答申「新しい時代に対応する教育の諸制度の改革について」の中で、後期中等教育の改革と並んで、生涯学習社会への対応についての提言を行った。同答申によれば、「生涯学習社会」とは、人々の個性的で多様な生き方が尊重され、人生の各段階に

おいて、自らの能力、適性や意欲に応じて学習できる機会が整備されるとともに、学習の方法や時期を問わずあらゆる場面での学習の成果が適切に評価されるような社会のことである。つまり、生涯を通じて学習の機会が用意されていることと並んで、学習の形態を問わず、なにをどれだけ学んだかを適切に評価していく社会が生涯学習社会だというのである。

関連語に「学習社会」(The Learning Society) という用語もあるが、これは、R.M.ハッチンス (Hutchins,R.M.,1899-1977) が提唱した概念で、「すべての成人男女に、いつでも定時制の成人教育を提供するだけではなく、学習、達成、人間的になることを目的とし、あらゆる制度がその目的の実現を志向するように価値の転換に成功した社会」[3]のことである。彼は教育を職業や社会的地位を獲得する手段としてではなく、人生の真の価値、つまり「賢く、楽しく、健康に生きる」ための営みだととらえている。そして、それを実現していくためには、従来の形態の教育を用意するだけではなく、すべての機関がその目的実現に向けて努力する社会を目指そうと論じたのである。このほか、ユネスコのフォール委員会報告書「未来の学習」(Learning to be)[4]やアメリカのカーネギー高等教育委員会報告書「学習社会を目指して」(Toward a Learning Society,1974) もそれぞれの立場から学習社会を提唱している。

最近のユネスコは、市民が積極的に学び、その能力や知識を生かして、都市が抱える諸課題の解決を図るような「学習社会」という概念を提唱し、そのグローバルなネットワークの構築を推進している。

このように生涯学習を単なる行動の次元にとどめるのではなく、それを支持、評価しようとする社会的風土の形成へと高めて、生涯学習社会を実現していくことが現在の教育改革の大きなねらいの一つになっている。

2006 (平成18) 年12月に全面改正された教育基本法は、「生涯学習の理念」に関する以下の条文を盛り込み、生涯学習社会の在り方を明確に定めたところである。

　　(生涯学習の理念)

---

3) 新井郁男編『現代のエスプリ No.146―ラーニング・ソサエティ』至文社、1979年より引用。
4) 国立教育研究所内フォール報告書検討委員会（代表、平塚益徳）によって訳されている（教育開発国際委員会編『未来の学習』第一法規出版、1975年）。

第3条　国民一人一人が、自己の人格を磨き、豊かな人生を送ることができるよう、その生涯にわたって、あらゆる機会に、あらゆる場所において学習することができ、その成果を適切に生かすことのできる社会の実現が図られなければならない。

　この改正教育基本法によって、生涯学習は確たる法的基盤を有するようになった。この改正を受けて、2008（平成20）年に中央教育審議会は、「新しい時代を切り拓く生涯学習の振興方策について〜知の循環型社会の構築を目指して〜」と題する答申を文部科学大臣に提出した。同答申は、国民一人ひとりの生涯を通じた学習を行政が支援し、そこで学んだ成果を活用することによって社会の教育力の向上に資することができ、さらにその結果生じる新たな学習需要に応える形で学習を支援していくような循環を促す仕組みづくりを提言した。これが「知の循環型社会」だというのである。地域ぐるみで子どもの教育を行う環境づくりや学習成果の評価づくりなどの具体策が提言されている。

　その後、2016（平成28）年の中教審答申「個人の能力と可能性を開花させ、全員参加による課題解決社会を実現するための教育の多様化と質保証の在り方について」は、「学習した成果が適切に評価され、それが活用と有機的につながる環境を整備することを両輪で進めることにより、「「学び」と「活動」の循環」を形成していくことが重要」だと述べた。このように、学習の成果の活用は現代の生涯学習の重要な課題に位置づけられている。

2　生涯学習と学校教育

1◎生涯学習における学校の役割

　すでに述べたように生涯学習は社会教育のみに関わるものではなく、学校教育も含む概念である。1990（平成2）年の中教審答申「生涯学習の基盤整備について」は、生涯学習における学校の役割として次の2点が重要だと指摘している。

　「第1は、人々の生涯学習の基礎を培うことである。このことはとりわけ

小学校、中学校や幼稚園の段階で重要である。

　生涯学習の基礎を培うためには、基礎的・基本的な内容に精選するとともに自ら学ぶ意欲と態度を養うことが肝要である。平成元年3月に行われた学習指導要領の改訂においても、この観点が特に重視されている。

　第2は、地域の人々に対して様々な学習機会を提供することである。このことはとりわけ大学・短期大学、高等専門学校や専修学校（以下、「大学・短大等」という）に対して要請されている。

　このような要請に応じて今日では、社会人を受け入れたり各種の公開講座を開催するとともに、図書館や体育館・運動場等の施設を地域の人々の利用に供する動きが広まりつつある。」

以上から、生涯学習に果たす学校の役割は、①生涯学習の基礎づくり、および②地域の生涯学習機関としての対応の2つだといえる。もはや学校は、児童生徒だけを対象にするのではなく、地域の人々をもその射程に取り込み、将来の生涯学習社会を展望した教育活動の展開を図る経営方針が求められている。

2◎生涯学習の基礎づくり

　人々が学校を終えたのちも、生涯にわたって何かを学習し続けていく必要性は誰しも感じることであろう。ここに、学校教育における生涯学習の基礎づくりの重要性が見いだされるのである。児童生徒が学校を離れた後にも、学習を継続していこうとする意欲や態度、またそのために必要な基礎的知識・技術等を学校教育で養い、将来の生涯学習者を育成することが学校の役割になる。

　生涯教育は、学校教育の拡張、補償教育に続く、教育の機会均等化のために戦後試みられた第三の政策だといわれる[5]。そうだとすれば、生涯学習は、社会の変化に適応していくために最新の知識・技術を改めて学ぼうとする人々だけでなく、何らかの事情によって義務教育後の教育段階に進学しなかった人を対象にすることにも重要な意味をもつ。教育の機会均等という観点から見れば、その後者に対してこそより多くの学習・教育のチャンスを与え、それへの

5）市川昭午「生涯教育と教育の機会均等」、『教育社会学研究』第35集、1980年、pp.26-27。

アプローチを促すことが生涯学習に強く求められる。したがって、義務教育段階で生涯にわたる学習を行うことのできる資質や能力を身につけさせることが学校に課せられる重要な役割だといえよう。

3◎生涯学習機関としての学校

生涯学習における学校のもう一つの役割として、児童・生徒・学生だけでなく、広く社会に出ている成人の生涯学習のための機関として機能を果たすことがある。前述の答申においては、主として高等学校以上の段階の学校にこの機能が期待されているが、実際には義務教育段階においても「開かれた学校」として、この役割は期待されている。

生涯学習機関としての学校の具体的役割は、学校施設の自主的学習活動への提供、成人を対象にしたノン・フォーマルな教育機会の提供、そして社会人に対するフォーマルな教育制度の開放に分けることができる。

（1）学校施設の開放

学校には、学校教育法施行規則第1条に基づき、校地、校舎、校具、運動場、図書館（室）、保健室などの設備が設けられている。学校の教育活動に支障がないと認められる場合に、これら施設を地域社会の学習の場として開放するのが施設開放である。社会教育法第44条は、「学校……の管理機関は、学校教育上支障がないと認める限り、その管理する学校の施設を社会教育のために利用に供するように努めなければならない」としている。また、学校教育法の第137条では、「学校教育上支障のない限り、学校には、社会教育に関する施設を附置し、又は学校の施設を社会教育その他公共のために、利用させることができる」と規定する。両法では、「利用に供するように努めなければならない」と「利用させることができる」という若干のニュアンスの違いがあるものの、学校施設の社会教育などの活動の利用を法的に認めているわけである。

施設開放のなかでも校庭開放や体育館・プールの開放は古くから実施されているが、近年は児童生徒数の減少に伴って、余裕教室（空き教室）の開放や理科教室・家庭科室等の特別教室の開放も進められている。

(2) 学校機能の開放

　学校の施設とともに教員組織や研究成果を広く地域社会に開放しようとするのが学校機能の開放である。当該の学校に所属する教員が学校の施設を利用して、自らの専門分野にかかわるテーマに基づいて、通常の授業とは別に一般対象の授業を行うものである。

　社会教育法第 48 条は、学校管理機関は学校に対して、教育組織や施設の状況に応じて、文化講座、専門講座、夏期講座、社会学級講座等の学校施設を利用した社会教育のための講座の開設を求めることができるとしている。これらの開設に要する経費は国または地方公共団体によっても負担されている。文化講座等は、現在、大学が行うものは大学公開講座、高校や小中学校で実施されるものは開放講座とそれぞれよばれる。

(3) 学校制度の開放

　学校制度の開放とは、狭い意味からいえば学校開放の概念に含まれないが、学校をフォーマルな形で広く社会に開放し、社会人を正規の学生として受け入れようとするものである。これまで一部の大学で実施されてきている公開講座等は、正規の大学教育の余力を社会にも開放しようとするものであったが、今後は、大学教育を社会人に対して単に切り売りしていくのではなく生涯学習の観点から大学自身が新しい姿に変わるべきだという考え方が強くなっている。そのほか、放送大学や大学通信教育などが現在、社会人に対する学校制度として存在している。

　また、高校段階では、定時制高校や通信制高校の充実と並んで、単位制高校の設置が奨励されてきている。単位制高校とは、「学年による教育課程の区分を設けず、決められた単位を修得すれば卒業が認められる学校」[6]である。学年制をとらず卒業までに所要単位を修得すれば卒業を認める学校である。その特色は、①多様な学科目の開設と昼夜開講制など複数時間帯授業の実施、②学期ごとの入学および卒業が可能で、転入学が容易であること、③過去に取得した単位を所要単位として認める単位の累積加算制の採用、④特定科目の履修の

6）文部科学省編『平成 21 年度文部科学白書』佐伯印刷、2010 年。

みを目的とする受講生を受け入れる「一部科目履修・聴講生」制度の導入などにある。1988（昭和63）年創設され、2023（令和5）年4月現在、全国に858校（定時制、全日制の合計）設置されている。

　このように社会人等にフォーマルな教育を提供する機会を広げようとするシステムが現実に機能していくためには、勤労者等がそれにアプローチできる諸条件が整わなければならない。労働時間の短縮や有給教育休暇の導入などリカレント教育を可能にする条件の整備が今後の課題となる。

3 生涯学習と社会教育

1◎生涯学習と社会教育の関係

　わが国に生涯教育の考え方が移入された当時、それは社会教育との関係づけが強かった。当時の文部省社会教育局が生涯教育の窓口になったことも影響していたが、次のような共通点が生涯教育と社会教育の両者に見られたこともその理由として指摘できよう。すなわち、①生涯にわたるすべての発達段階にある人を対象にしていること、②ノン・フォーマルな教育を含んでいること、③現実社会における課題解決を目的にしていること、④自発的・自主的学習を重視すること、⑤学習の内容と方法（形態）が多様なことである[7]。

　しかしながら、その両者には異質な側面がある。第1に、社会教育が営為で、生涯教育は理念だということ、第2に、社会教育は教育の領域に基づく概念であるが、生涯教育は時間軸に基づいた概念であること、そして第3に、社会教育は生涯教育の下位に位置する概念であることである。

　本来、生涯教育ないしは生涯学習と社会教育とは次元の異なる概念であり、生涯学習の観点から社会教育をどう充実させるかが検討されるべきなのである。だが、現実には生涯学習と社会教育が混同される傾向にあり、「社会教育」から「生涯学習」への単なる用語の言いかえに終わっている事例も少なくない。

7）佐藤晴雄著『生涯学習と社会教育のゆくえ』成文堂、1998年。

2◎社会教育の定義

　社会教育の定義を示す場合、一般的に社会教育法第2条の条文が引用される。すなわち、「「社会教育」とは、学校教育法……に基き、学校の教育課程として行われる教育活動を除き、主として青少年及び成人に対して行われる組織的な教育活動（体育及びレクリエーションの活動を含む。）をいう」と定めた定義である。また、改正教育基本法は、社会教育に関して以下のように定めている。

　（社会教育）

第12条　個人の要望や社会の要請にこたえ、社会において行われる教育は、国及び地方公共団体によって奨励されなければならない。

2　国及び地方公共団体は、図書館、博物館、公民館その他の社会教育施設の設置、学校の施設の利用、学習の機会及び情報の提供その他の適当な方法によって社会教育の振興に努めなければならない。

　法的には社会教育とは学校で教育課程として実施される教育活動以外のすべてを意味するものとなるが、現実的にはそれが妥当でない場合がある。たとえば、学校には教育課程外の教育活動として清掃指導、業間および放課後の指導、部活動などが行われているが、これらがそのまま社会教育活動に当てはまるとは必ずしもいえない。企業内で行われる教育活動や家庭教育を社会教育に含んでとらえる考え方も見られるが、教育主体自らが社会教育だと自覚しているか疑問であるから、それを社会教育だと言い切ることも難しい。社会教育の概念を曖昧にする原因がそこにある。

　現実的には、教育委員会の社会教育関係部局が何らかの形で関与する地域住民の教育・学習活動を社会教育とよんでいる。社会教育行政自らが主催する学級・講座やそれが設置した施設における活動、あるいは行政によって「社会教育関係団体」として届けられたり、物的金銭的援助を受けた民間の活動などであるが、社会教育行政と無関係に行われている教育活動も社会教育に数えることができる[8]。

3◎社会教育の特徴

　しばしば、社会教育は学校教育との違いが強調される。そこで、学校教育との対比から社会教育の特徴をとらえると、①継続性、②多様性、③自主性、④現実性という4点が指摘できる[9]。学校教育が一定の修業年限を設けている（時限性）のに対して、社会教育はあらゆる年代層を対象にして随時営まれるもので、入学や卒業という概念をもたず、生涯にわたって継続的に行われるという特色をもつ（継続性）。また、学校教育には教育課程の基準が設けられている（画一性）が、社会教育は教育内容を定めた基準が存在せず、生活のあらゆる領域にわたる多様な学習内容が用意され、かつ学習形態や教育方法も多様である（多様性）。そして、学校教育が一定の強制的性格（義務教育に象徴される）をもつ（強制性）のに対して、社会教育の場合は個人のまったく自由な意思に基づく任意の活動である（自主性）。さらに、学校教育は知育を中心とする学習者の将来生活のための準備的活動（準備性）に比重を置くが、社会教育は余暇の活用や興味・関心の追求、育児などの現実の生活課題に直結しているという特色をもつ（現実性）。

　このように学校教育とは対照的な特色を有する点にこそ、社会教育の大きな意義がある。しかし、生涯学習社会においては、両者のそうした違いが弱まりつつあるといえよう。

4◎社会教育の内容と方法

（1）社会教育の対象と内容

　社会教育は主として青少年および成人（一般成人、高齢者、女性、障害者など）に対して行われ、それぞれの対象に応じた教育（学習）を提供する。文部省設置法第2条第7号で、「「社会教育」とは、公民教育、青少年教育、婦人教育、労働者教育等の社会人に対する教育、生活向上のための職業教育及び科

8）松下圭一は、これら市民による自主的な活動を「市民文化活動」とよび、社会教育とは一線を画した（『社会教育の終焉』筑摩書房、1986年）。
9）佐藤晴雄「生涯教育と社会教育」、岩崎正吾・佐藤晴雄・前田耕司・森岡修一編『教師をめざす人のための教育学』エイデル研究所、1986年、pp.123-124。

学教育、運動競技、レクリエーション並びに図書館、博物館、公民館等の施設における活動をいう」と定義していた（現在削除）。この定義には、教育対象、教育内容、教育提供主体（施設）の別による分類が混在している。そこで、まず対象について見ると、「青少年教育」および「婦人教育」に分けられているが、今日では「高齢者教育」という言い方も一般的になっている。また、「労働者教育」は現在一般的に用いられず、「成人教育」に包括されている。

　教育内容については、同法では「職業教育」、「科学教育」、「運動競技」、「レクリエーション」に分けているが、今日ではさらに多様な学習領域も見られるようになり、ふつう、文化や社会に関する内容（一般教養）、実技的技能に関する内容（趣味・芸術）、身体的活動に関する内容（スポーツ・レクリエーション）、職業上の知識・技術に関する内容（職業教育）、そして家庭生活や育児に関する内容（家庭）に分類されている。

(2) 社会教育における学習形態と方法

　社会教育における学習形態は、まず、個人単位で行う形態（個人学習）と複数の学習者が集って行う形態（集合学習）とに分けることができる。

　①　個人学習　　個人が自らの学習要求に基づき、様々な手段を用いて一人で学習を進める形態である。図書・雑誌・資料を用いたり、パソコンや通信教育講座を活用する媒体利用学習と、図書館、博物館等を利用する施設利用学習とに分けられる。この学習形態は、個人の興味・関心や能力、ペースに応じて随時学習を進めることができる利点をもつが、反面、学習意欲が希薄だと学習は継続されにくく、また人間的交流を図ることができないなどの短所もある。

　②　集合学習　　講演会・音楽会・映画会等の行事や大学公開講座の参加による集会学習と、グループ・サークル、社会教育関係団体、学級等の活動による集団学習とに分けられる。集合学習における学習方法には、講義（講演を含む）、実習、討議などがあり、学習者の能力、意図、ペース等に応じて弾力的に用いられる。

　講義は、講師と学習者間の教授学習過程を重視するもので、専門的知識、技能を習得する学習に適している。主として集団学習の一部や集会学習（講義や講演会等）で用いられる。

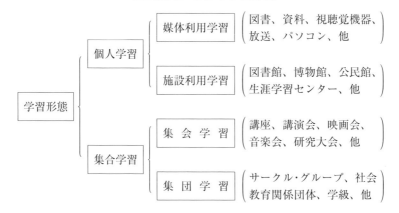

社会教育における学習形態

実習とは、生活技術や職業技術、あるいは野外活動の技法等を身につけるために、現実の条件と同じ状況下で学習活動を行う方法である。体験学習もこの方法の一つである。レクリエーションの指導実習やキャンプの野営実習で多用される。

討議は、多くは集団学習の中で用いられる話し合いや意見交換を中心にした学習方法で、相互教育・学習を行うのに最も適している。学習者の個人的経験や知識が集団の中で生かされ、共通のものとなる。その具体的方式として、パネル・ディスカッション、シンポジウム、映画フォーラムなど大集団で行う場合のものと、円卓会議、バズセッション、ブレーン・ストーミングなど小集団を単位として行う場合のものとがある。

以上のような学習形態および学習方法は、学習目的や学習者の実態に応じて適宜選択されることになる。

5◎社会教育職員

社会教育職員とは教育委員会事務局や社会教育施設に所属して、社会教育活動を指導または援助する職員のことであり、社会教育主事をはじめ、公民館の館長や主事、博物館学芸員、図書館司書、社会教育指導員などのことをいう。そのうち法で資格要件が定められている職員には、原則として教育委員会事務

局に置かれる社会教育主事、施設に置かれる博物館学芸員・同学芸員補、図書館司書・同司書補がある。また、資格要件をもたない職員に、公民館長・同主事、青少年教育・婦人教育施設などに置かれる指導系職員や社会教育行政に従事する事務職員などがある。

> **社会教育関係団体**
>
> 　社会教育法でいう、①法人であると否とを問わない、②公の支配に属さない、③社会教育事業を行うことを目的とする団体のこと。文部科学大臣および教育委員会は、団体の求めに応じて専門的技術的指導や助言を与えることができる。また、国や地方公共団体は、社会教育関係団体に対して、不当な統制的支配を及ぼし、その事業に干渉を加えてはならない。補助金を交付する場合には、生涯学習審議会ないしは社会教育委員の意見を聴くこととされる。

　社会教育主事は社会教育法に基づいて教育委員会事務局に設置され、「社会教育を行う者に専門的技術的な助言と指導を与える」ことを職務とする職員である。教育公務員特例法上、指導主事と並ぶ「専門的教育職員」として位置づけられ、一定の資格要件が定められている。社会教育主事補は、社会教育主事の職務を助ける職員であるが、「専門的教育職員」に位置づけられていない。司書とは、図書館の専門的事務に従事し、司書補は司書の職務を助けるとされている。司書の専門的事務には、図書・記録・資料の収集と提供、図書資料の分類と目録作成、レファレンス（参考業務）、集会等の開催がある。司書の専門性確保のために資格要件が設定されている。

　学芸員は、博物館資料の収集、保管、展示および調査研究その他これと関連する専門的事項をつかさどる職員である。学芸員の職務を助ける職員として学芸員補の職があるが、学芸員補は博物館法でいう専門職員に該当しない。

　公民館長は、公民館が主催する各種事業の企画・実施に当たるとともに、所属職員を監督する。公民館の主事は館長の命を受け、事業の実施に当たるものとされる。館長・主事は教育長の推薦に基づいて当該市町村教育委員会によって任命されるが、法的にその資格基準が明文化されていない職種である。

　以上のうち、社会教育主事（主事補を含む）は地方公務員としての身分をもつが、司書や学芸員は地方公務員のほかに、国家公務員（国立施設職員）や民

間事業所・法人職員（民間施設職員）の身分にあるものもいる。また、その他の社会教育職員は法律上専門職員に位置づけられていない。

6◎社会教育施設

　社会教育施設とは、学級・講座等の社会教育事業を実施する機関であるとともに、その設備・空間の一部を社会教育活動のために提供する施設である。社会教育施設には、公民館、図書館、博物館、青年の家等があり、公民館を除き、それぞれ国立・公立・私立（私立公民館は存在する）の施設が存在している。

　①　公民館　　公民館の設置目的は、実際生活に即する教育・学術・文化に関する事業の実施によって、地域住民の教養の向上、健康の増進、情操の純化を図ることにある（社教法第 20 条）。設置者が市町村および社会教育法第 21 条でいう法人に限定されているのは、公民館のもつ地域性を重視する考え方による。公民館の機能は、事業の開催、図書・資料の貸し出しと提供、各種団体間の連絡調整、施設利用の提供等である。館の運営に民意を反映させるための機関として、公民館運営審議会を置くことができる。

　②　図書館　　図書館法によれば、図書館とは図書、記録その他必要な資料を収集し、整理し、保存して、一般公衆の利用に供し、その教養、調査研究、レクリエーション等に資することを目的とする施設である。設置者は、地方公共団体、日本赤十字社又は一般社団法人もしくは一般財団法人となっている。また、図書館の運営に関して館長の諮問に応じ、館長に対して意見を述べる機関として、図書館協議会を設置することができる。

　③　博物館　　博物館法によれば、博物館とは歴史、芸術、民俗、産業、自然科学等に関する資料を収集し、保管（育成を含む。以下同じ）し、展示して教育的配慮のもとに一般公衆の利用に供し、その教養、調査研究、レクリエーション等に資するために必要な事業を行い、あわせてこれらの資料に関する調査研究をすることを目的とした機関である。このうち、地方公共団体や法人設置のもので都道府県教育委員会に登録された博物館を登録博物館とよび、これは博物館法上の規定の対象とされる。また、登録されていないが、文部科学大臣あるいは都道府県教育委員会が相当と認めたものを博物館相当施設という。

なお、美術館、資料館、動物園、植物園、水族館等も博物館の一種である。

　以上のほかに、社会教育施設として、社会教育センター、青年の家（国立は青少年交流の家）、少年自然の家（国立は青少年自然の家）、児童文化センター、視聴覚センター、文化会館、女性センター等の名称をもつ多様な施設が数多く設置され、人々の生涯学習や社会教育に関する活動を実質的に支えている。

4 学校教育と社会教育の連携

1◎地域学校協働本部

　学校と地域との連携が重視されるようになって久しいが、文部科学省は「地域とともにある学校」づくりという施策を推進し、学校教育についてはコミュニティ・スクールの推進を図り、社会教育施策としては学校支援地域本部の拡充を進めてきている。その結果、全国各地の教育委員会や学校ではそれらの仕組みや事業を活用しながら学校と地域の連携を展開してきた。

　その後、2015（平成27）年12月の中央教育審議会答申「新しい時代の教育や地方創生の実現に向けた学校と地域の連携・協働の在り方と今後の推進方策について」は、学校支援地域本部を「地域学校協働本部（仮称）」に発展させるよう提言した。この名称変更からわかるように、「学校支援」だけでなく、地域と学校が「協働」して、地域の活性化を図ることもそのねらいにある。この答申を受けて、2017（平成29）年度から文部科学省の社会教育事業として、地域学校協働本部事業が開始された。

　地域学校協働本部は、「従来の学校支援地域本部等の地域と学校の連携体制を基盤として、より多くのより幅広い層の地域住民、団体等が参画し、緩やかなネットワークを形成することにより、地域学校協働活動を推進する体制」だと定義されている（文部科学省『地域学校協働活動の推進に向けたガイドライン─参考の手引』より）。

　そして、学校と地域の双方向の「連携・協働」を推進するために、①コーディネート機能、②多様な活動（より多くの地域住民等の参画による多様な地域学

234

校協働活動の実施）、③継続的な活動（地域学校協働活動の継続的・安定的実施）という3要素を必須とする。従来、個別に実施されていた連携活動を総合化・ネットワーク化を進めて、コーディネート機能を充実させることによって、活動の多様化を図り、地域学校協働活動が継続的に取り組めるようにする仕組である。そのため、教育委員会には総括コーディネーターが設置され、この総括の基に、各本部には地域コーディネーターが配置されて、実際のコーディネートを担うこととされる。

2◎放課後子供教室

　子どもの居場所づくりの観点から、文部科学省は2004（平成16）年度に3カ年計画として、全国の自治体を対象にした社会教育事業である「地域子ども推進教室事業」を実施し、放課後の子どもたちに様々な体験活動の機会を設けるよう進めてきた。それから3年を経た2007（平成19）年度には「放課後子ども教室推進事業」という名称で、放課後事業を継続してきている。この事業は、子どもたちが地域社会の中で放課後や週末等に安全で安心して健やかにはぐくまれるよう、小学校の余裕教室等を活用して地域の人々協力を得て、学習やスポーツ・文化活動等の機会を提供するものである。補習等の実施も可能とされる。小学校の他にも、公民館や児童館などの施設でも実施されている。

　なお、厚生労働省の「放課後児童健全育成事業」（「放課後児童クラブ」として学童保育機能を持つ）をまとめて「放課後子どもプラン」と称される。

　そして、2020（令和2）年には「新・放課後子ども総合プラン」が策定され、放課後児童クラブと放課後子供教室の一体的な実施を中心とする整備計画が進められ、教育と福祉の連携が従来にも増して求められた。その後、2023（令和5）年8月には放課後児童クラブの待機児童の解消のための学校施設の活用の一層の推進を図るための通知がなされ、さらに同年12月には放課後児童対策の強化を進めるために、こども家庭庁と文部科学省による「放課後児童対策パッケージ」にまとめられた。

　以上のように、近年の社会教育においては、放課後対策として学校との連携求められるようになった。

3◎地域未来塾

　地域未来塾は、「学習が遅れがちな中学生・高校生等を対象に、退職教員や大学生等の地域住民等の協力により実施する原則無料の学習支援」を行うことを目的として（文部科学省 HP より）、2015（平成 27）年度から開始された。これは放課後子供教室と同様に放課後や土曜日、夏休みに学校や公民館等で開催される中学生及び高校生対象の事業である。

　文部科学省は 2019（令和元）年度までに 5,000 中学校区で実施することを目標にしていたが、同年度は 3,316 ヵ所に止まっている。なお、開始当初は中学生対象とされたが、2016（平成 28）年度からは高校生も対象とされるようになった。

【参考文献】
・岩永雅也著『生涯学習論　改訂版』放送大学教育振興会、2006 年。
・清水一彦・佐藤晴雄他編著『最新教育データブック［第 12 版］』時事通信出版局、2008 年。
・佐々木正治編著『生涯学習社会の構築』福村出版、2007 年。
・林部一二他編『社会教育事典』第一法規出版、1970 年。
・生涯学習・社会教育行政研究会編『生涯学習・社会教育行政必携（令和 4 年版）』第一法規、2021 年。
・佐藤晴雄著『学校を変える地域が変わる』教育出版、2002 年。
・佐藤晴雄著『生涯学習概論　第 3 次改訂版』学陽書房、2023 年。
・佐藤晴雄「学校支援地域本部・放課後子ども教室の可能性」天笠茂編集代表・小松郁夫編著『「新しい公共」型学校づくり』ぎょうせい、2011 年。
・吉田武男監修・手打明敏・上田孝典編著『社会教育・生涯学習』ミネルヴァ書房、2019 年。
・岩崎久美子著『成人の発達と学習』放送大学教育振興会、2019 年。
・佐藤晴雄・佐々木英和著『社会教育経営実践論』（放送大学教材）放送大学教育振興会、2022 年。

第10章
現代の子どもをめぐる諸問題

1 子どもの日常生活意識

　子どもたちの日常生活に対する意識はどうなのだろうか。全国学力・学習状況調査（令和5年度）の児童生徒に対する「質問紙調査」から自己肯定感に絞って見ることにしよう。

図1　自分には、よいところがあると思いますか

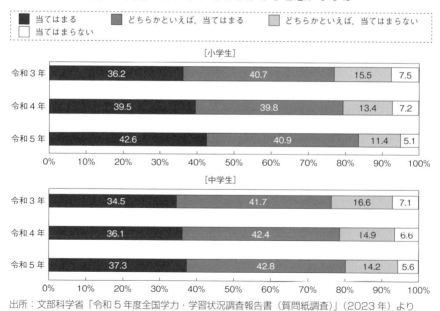

出所：文部科学省「令和5年度全国学力・学習状況調査報告書（質問紙調査）」（2023年）より

図1は、自己肯定感として「自分には、よいところがあると思いますか」の質問に対して「当てはまる」「どちらかといえば、当てはまる」「どちらかと言えば、当てはまらない」「当てはまらない」の四件法で回答を求めた結果である。

　「当てはまる」及び「どちらかといえば、当てはまる」という肯定的回答を見ると、小中学生共に令和3年以降、増加している傾向にある。近年、学校教育では自己肯定や自己有用感などを高める指導を重視している成果だと言えるかもしれない。

図2　先生は、あなたのよいところを認めてくれる×自分にはよいところがあると思う

〔小学生〕

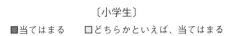

〔中学生〕

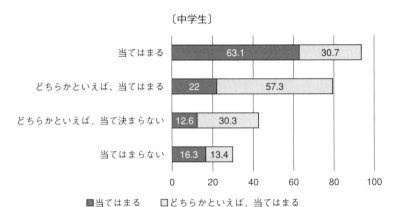

つぎに、図2では「先生は、あなたのよいところを認めてくれると思いますか」の問いに対する回答と「自分には、よいところがあると思いますか」の回答をクロスさせた結果を示すと、先生からよいところを認められていると肯定的に回答した児童生徒は自分にはよいところがある認識する傾向にあることが分かる。因果関係は証明できないが、両回答には相関関係が認められ、おそらく先生から良いところがある認められていると捉える児童生徒は自分のよさを自覚する傾向にあることが分かる。本書第4章で述べたピグマリオン効果によるものとも推察できるのである。

2 子どもの健康と体力

1◎体格

子どもたちの遊びが変化し、ゲーム機を使用した室内遊びが多くなったこともあり、現代の子どもたちは体が大きい割にはひ弱になったといわれる。その結果、様々な疾病や身体の異常が増えつつあると指摘される。

文部科学省の「学校保健統計調査（速報）」によると、戦後の子どもたちの体格は徐々によくなってきている（次頁図参照）。11歳の平均身長は、1980（昭和55）年時（親の世代）の男子142.9cm、女子144.9cmから2022（令和4）年にはそれぞれ146.1cmと147.9cmとなり約3cm伸び、同じく平均体重は、男子36.2kg、女子37.3kgからそれぞれ40.0kgと40.5kgに増えている。

2◎身体の異常・疾病

子どもたちの体の変化は身体の異常や疾病にも表れている。文部科学省の2022（令和4）年度の「学校保健統計調査」によると、子どもたちに多く見られる疾病・異常は「むし歯」である（小学生37.0％、中学生28.2％、高校生38.3％、幼稚園児24.9％）。しかし、歯科治療の浸透によって「むし歯」は毎年減少してきているのに対して、「裸眼視力1.0未満」や「肥満傾向」、「蛋白

体格の推移

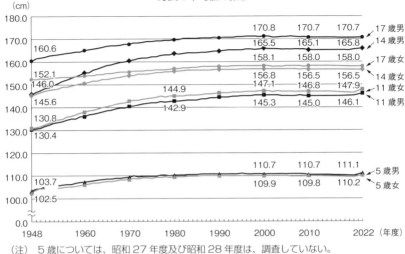

身長の平均値の推移

(注) 5歳については、昭和27年度及び昭和28年度は、調査していない。

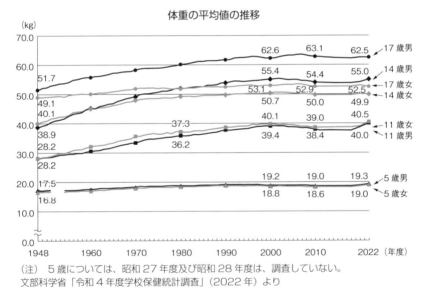

体重の平均値の推移

(注) 5歳については、昭和27年度及び昭和28年度は、調査していない。

文部科学省「令和4年度学校保健統計調査」（2022年）より

検出の者」、「ぜん息」は数こそ少ないが増加傾向にある。子どもたちには疾病等の変化が生じてきたのである。

　視力の低下（2022年現在）は、高校生に最も多く、1.0未満の者は71.6%

にも上り、中学生61.2%、小学生37.9%という実態にある。ただし、これら数値を、2012年時と比較すると高校生＋7.1ポイント、中学生＋6.9ポイント、小学生＋7.2ポイントになる。高校生だけでなく、小中学生の増加も無視できない。パソコンやゲーム機の影響が大きいと考えられる。

　次に、肥満の割合は、小学生（11歳）・男子13.95%・同女子10.47%、中学生（14歳）・男子11.31%・同女子7.71%、高校生（17歳）・男子11.42%・同女子7.45%、である。その推移を見ると、2012（平成24）年では小学生（11歳）・男子9.98%・同女子8.61%、中学生（14歳）・男子8.43%・同女子7.36%、高校生（17歳）・男子10.91%・同女子8.18%であったから、この10年間で、小学生女子以外は肥満傾向者は減少している。

3 子どもと「いじめ」

1◎いじめの実態

　文部科学省は、児童生徒による「いじめ」の実態を調査してきている。この調査の最新版では、「いじめ」を、「児童生徒に対して、当該児童生徒が在籍する学校に在籍している等当該児童生徒と一定の人間関係にある他の児童生徒が行う心理的又は物理的な影響を与える行為（インターネットを通じて行われるものを含む。）であって、当該行為の対象となった児童生徒が心身の苦痛を感じているもの」と定義し、「起こった場所は学校の内外を問わない」とされる。

　同調査によると、2022（令和4）年度のいじめの認知件数（従来は発生件数）は、681,948件（小学校551,944件、中学校111,404件、高等学校15,568件、特別支援学校3,032件）であった（次頁図参照）。1994（平成6）年の急増以来、増加傾向にあり、一時期減少したものの、再び増加傾向にあるが、2006（平成18）年度からやや減少していたが、2015（平成27）年度を過ぎると特に小学校で急増の傾向が続いている。

　学年別では、次頁の下図に示したように、2022年度時点では小学校の場合、学年進行と共に減少し、中学校1年生から高校生に至るまでで微増している。

いじめの認知件数の推移（国公私立）

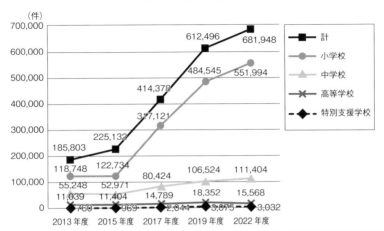

文部科学省「令和4年度児童生徒の問題行動・不登校等生徒指導上の諸問題に関する調査」（2022年）より

学年別いじめの認知件数（小・中・高・特別支援学校の合計）（2022年）

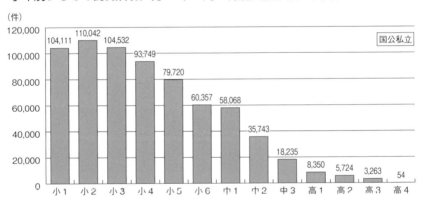

学年進行につれて減少傾向が続いている。この背景には「受験」など進路選択があるものと考えられる。なかでも、小学校低中学年（1～4年生）の件数が多いことが分かる。

　いじめには様々な内容（態様）がある。同調査は、以下のように分類している。

いじめの態様（2022年度間）

区　　　分		計	
		件数 （件）	構成比 （％）
冷やかしやからかい、悪口や脅し文句、嫌なことを言われる。	計	391,112	57.4
仲間はずれ、集団による無視をされる。	計	79,898	11.7
軽くぶつかられたり、遊ぶふりをして叩かれたり、蹴られたりする。	計	159,633	23.4
ひどくぶつかられたり、叩かれたり、蹴られたりする。	計	44,181	6.5
金品をたかられる。	計	6,231	0.9
金品を隠されたり、盗まれたり、壊されたり、捨てられたりする。	計	36,848	5.4
嫌なことや恥ずかしいこと、危険なことをされたり、させられたりする。	計	67,978	10.0
パソコンや携帯電話等で、誹謗中傷や嫌なことをされる。	計	23,920	3.5
その他	計	30,722	4.5
	合計	681,948	

（注1）複数回答可とする。
（注2）構成比は、各区分における認知件数に対する割合。

　このうち最も多いのが、「冷やかしやからかい、悪口や脅し文句、嫌なことを言われる」（全体の57.4%）で、次いで「軽くぶつかられたり、遊ぶふりをして叩かれたり、蹴られたりする」（同23.4%）である。また、数こそ少ないが、「嫌なことや恥ずかしいこと、危険なことをされたり、させられたりする」や「パソコンや携帯電話等で、誹謗中傷や嫌なことをされる」などの新しいタイプのいじめが行われている。

　しかし、校種によってその傾向は異なり、小中学校では「冷やかしやからかい、悪口や脅し文句、嫌なことを言われる」が多く、高校では「パソコンや携帯電話等で、誹謗中傷や嫌なことをされる」が相対的に多く、いじめが巧妙に行われるようになる。

　1,000人当たりの認知件数（2022年度）は53.3件であり、これを都道府県

別に見ると、最高が山形県の118.4件で、最低は愛媛県の14.4件となっている。山形県は愛媛県の約8倍になっているが、このように、都道府県による認知数の差が大きくなっている現状がある。

全国学力・学習状況調査によると、「いじめは、どんな理由があってもいけないことだと思いますか」という質問に「当てはまる」と回答した割合（「どちらかというと、当てはまる」を含まない）は、2022（令和4）年度では小学校82.5%、中学校80.0%であった。

2◎いじめの特質

いじめはストレス発散のためのゲームと化し、相手の心身の痛みとは関係なく行われている。いじめを傍観している子の多くは、「自分を守るのに精一杯」だとする自己防衛意識が働いている。そのために、いじめを見ても見ないふりをして、助けようとしないのである。

そこで、国は2013（平成25）年6月に、いじめ防止対策推進法を制定し、「いじめの防止等のための対策に関し」、①「基本理念を定め、国及び地方公共団体等の責務を明らかにし、並びにいじめの防止等のための対策に関する基本的な方針の策定について定める」こと、②いじめの防止等のための対策の基本となる事項を定めること、これらによって、③いじめの防止等のための対策を総合的かつ効果的に推進すること」が目的であることを示した。この法制定の大きなきっかけは、2011（平成23）年に滋賀県大津市で起きた中学生のいじめによる自殺事件であった。

同法は、国及び学校にいじめ防止基本方針の制定を義務づけ、地方にはそれを制定するよう努めることを求めている。そして、以下の「重大事態」が発生した場合には、学校またはその設置者は「事実関係を明確にするための調査」を実施するよう義務づけられた。

一　いじめにより当該学校に在籍する児童等の生命、心身又は財産に重大な被害が生じた疑いがあると認めるとき。
二　いじめにより当該学校に在籍する児童等が相当の期間学校を欠席するこ

とを余儀なくされている疑いがあると認めるとき。

　ただし、この法制定以後、前述したように、いじめは減少しているわけではなく、むしろ増加している実態にある。

④ 暴力行為

　文部科学省の調査では、暴力行為を、①対教師暴力、②生徒間暴力、③対人暴力、④器物損壊に分類している。これらを含めた暴力行為は、2022（令和4）年度には95,426件で、2021年度（76,441件）よりも増加している。そして、次図に示したように、小学校61,445件、中学校29,699件、高等学校4,272件となり、2019年度より小学校では増加が著しく、中学校でも大幅に増加しているが、高校では減少した。

　校内暴力が話題になり始めたのは、1982（昭和57）年から83年頃であったが、30年近く経った現在でもその問題はなかなか沈静化していない。いじめなど他の問題が複雑に絡み合うなどますます生徒指導が困難になっているの

学校内外における暴力行為発生件数の推移（国公私立）

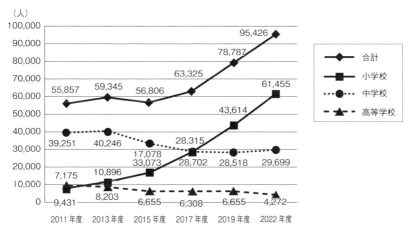

文部科学省「令和4年度児童生徒の問題行動・不登校等生徒指導上の諸問題に関する調査（2022年）」

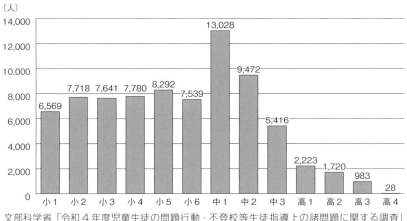

学年別加害児童生徒数

（人）

文部科学省「令和4年度児童生徒の問題行動・不登校等生徒指導上の諸問題に関する調査」（2022年）

が実情である。この問題に対しても学校が独力で取り組むのではなく、地域や関係機関と連携を図りながら対応していくことがより強く求められてきているといえよう。

　なお、暴力行為の加害児童生徒数を学年別に見ると、中学1年生で急増していることが分かる、いわゆる「中1プロブレム」の実態の一つの表れだと考えられる。中1以後は高校にかけて減少している。

5 登校拒否・不登校

1◎登校拒否・不登校の実態

　登校拒否は、いじめや非行と並んで学校が抱える大きな教育問題の一つである。それは、いじめ、非行が関係していることが問題視されている。近年、「不登校」という言い方もされるが、この言葉は「単に登校しないという状態を指すものであるから、病気や経済的な理由によって登校しない場合も含まれてしまう」ため、従来、文部省では「登校拒否」の用語を用いていた[1]が、現在の

学年別不登校児童生徒数（2022年度）

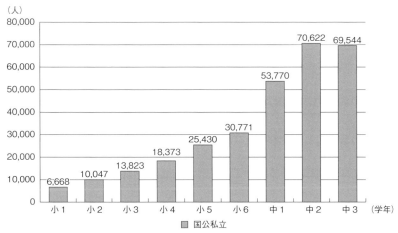

文部科学省「令和4年度児童生徒の問題行動・不登校等生徒指導上の諸問題に関する調査（小中学校不登校分）」（2022年）

不登校児童生徒数の推移（国公私立）

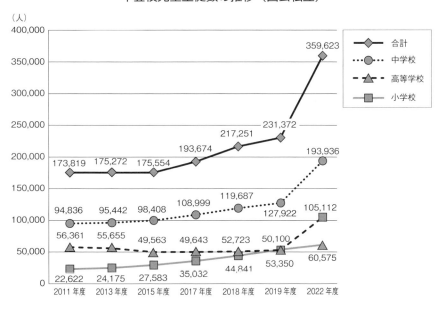

1）文部省『登校拒否問題への取り組みについて―小学校・中学校』、1997年。

文部科学省調査では「不登校」の語に統一されている。

　不登校をタイプ別に見ると、①学校生活に起因する型、②遊び・非行型、③無気力型、④不安など情緒的混乱の型、⑤意図的な拒否の型、⑥複合型、⑦その他がある。

　文部科学省調査[2]によると、2022（令和4）年度現在、不登校（年間30日以上欠席）の児童生徒数は、小学生105,112人、中学生193,936人であり、近年は急増傾向にある。いかに中学生に多いかがわかり、学年進行とともに累積的に増加する様子は、いじめの場合と異なる。その数の推移を見ると、1985（昭和60）年以降、年毎に増え続けていたが、2010（平成22）年以降、一度減少したものの、2015（平成27）年から再び増加傾向にあり、近年急増している。

　不登校の要因（「主たるもの」）を見ると、小学校・中学校・高校で共に多いのが「無気力・不安」である（小50.9％、中52.2％、高40.0％）。その他で多いのは、小学校では「生活リズムの乱れ・あそび、非行」（12.6％）及び「親子の関わり方」（12.1％）であり、中学校では「いじめを除く友人関係をめぐる問題」（10.6％）及び「生活リズムの乱れ・あそび、非行」（10.7％）、高校では「無気力・不安」（全日制38.1％、定時制46.8％）である。高校の場合、「生活リズムの乱れ」は特に定時制（24.2％）で目立っている。これらの要因は年度によって順位は異なるが、おおよそ不登校の強い要因になっているといえる。

　また、高校の不登校数がやや減少傾向にあるが、コロナウイルス禍が影響してか2021（令和3）年には急増した。

2）文部科学省「令和4年度児童生徒の問題行動・不登校等生徒指導上の諸問題に関する調査」、2022年。

教育改革年表 (1997年〜2023年)

年　　号	事　　　　　　項
1997（平成 9）年 1.24	文部省「教育改革プログラム」策定 　教育改革を、行政改革、経済構造改革、金融システム改革、社会保障構造改革、財政構造改革の5つの改革と一体となって実行するための改革計画。
27	文部省「通学区域制度の弾力的運用について」（通知）
5.27	神戸市須磨区で小学校児童殺害事件が発生 　加害者の少年は他の児童も殺害しており、その悪質さとあまりに残忍な手口が全国民を震撼させ、少年犯罪の深刻化が危惧されるようになった。これ以降、文部省が「心の教育」をきわめて重視する一つの契機になった。
6.26	第16期中央教育審議会「21世紀を展望した我が国の教育の在り方について」（第2次答申） 　大学・高校の入学者選抜の改善、中高一貫教育、教育上の例外措置、そして高齢社会に対応する教育の在り方に関する提言が示された。
1998（平成 10）年 1.28	栃木県黒磯市、市立黒磯北中学校で1年男子生徒が女性教師をナイフで刺殺 　以後、バタフライナイフによる少年事件が続発し、所持品検査やナイフ販売規制をめぐり全国的な関心の的になる。
2.24	文部大臣、完全学校週5日制の実施時期を前倒しして、2002年度から実施することを決定
6.5	学校教育法の一部改正 　中等教育学校が「1条学校」に加えられて、制度化された。
30	中央教育審議会「新しい時代を拓く心を育てるために　次世代を育てる心を失う危機」（答申） 　神戸市須磨区の児童殺害事件など凶悪化する青少年非行、薬物乱用、性の逸脱行動などを背景に、幼児期からの心の教育を重視するために、その在り方を提言したものである。
7.29	教育課程審議会「幼稚園、小学校、中学校、高等学校、盲学校、聾学校及び養護学校の教育課程の改善について」（答申）
9.1	中央教育審議会「今後の地方教育行政の在り方について」（答申） 　具体策には、市町村立小中学校の学級編制についての都道府県教委の「認可」を「事前協議制」または「届出制」に改めること、教育委員数の弾力化、教育長の任命承認制の廃止、学校裁量権の拡大のための学校管理規則の見直し、校長・教頭への民間人の登用の可能性、職員会議を校長が主宰するものとしたこと、学校評議員の設置などがある。

12.14	小学校・中学校の新学習指導要領告示（第 6 次改訂） 　「生きる力」を重視し、完全学校週 5 日制に対応させるために、年間授業時数は35週間を維持しながらも年間授業総時数を70単位時間削減した。
14	学校教育法施行規則の一部改正 　新学習指導要領の告示に伴い、小中学校における教育課程編成（「総合的な学習の時間」の新設）、各教科・領域ごとの学年別年間授業時数・総授業時数などに関する条文が改正された。

1999（平成 11）年

3.2	小渕首相、日の丸を国旗として、君が代を国歌としてそれぞれ法制化するための検討を要請
8	埼玉県所沢高校、昨年に続いて分裂卒業式を実施
29	高等学校・盲聾養護学校の新学習指導要領告示 　小中学校と同様に、「生きる力」を重視し、完全学校週 5 日制に対応させるために、年間授業時数は35週間を維持しながらも年間授業総時数を70単位時間削減（高校は卒業に必要な最低単位が 6 単位削減）した。
8.13	「国旗及び国歌に関する法律」制定 　国旗・国歌の位置づけを法的に明確にすることを目的に、「国旗は、日章旗とする」「国歌は、君が代とする」ことが明記された。 8 月13日公布・施行。
9.17	文部省「学校における国旗及び国歌に関する指導について」通知 　前月成立した国旗・国歌法を契機に、学校で国旗・国歌の意義に対する正しい理解が一層促進されるよう通知。
12.16	中央教育審議会「初等中等教育と高等教育との接続の改善について」（答申）

2000（平成 12）年

1.21	学校教育法施行規則の一部改正 　職員会議については、「1.小学校には、設置者の定めるところにより、校長の職務の円滑な執行に資するため、職員会議を置くことができる。2.職員会議は、校長が主宰する」と明記され、校長の補助機関だと性格づけられたことになった。
3.27	小渕首相の私的諮問機関として教育改革国民会議が発足 　小渕首相の死後、森首相が国民会議を引き継いだ。
4.1	学校評議員制スタート
17	中央教育審議会「少子化と教育について」（報告） 　少子化が教育に及ぼす影響には、①子どもの切磋琢磨の機会の減少、②親の過保護・過干渉、③子育ての経験や知識の伝承の困難、④学校行事や部活動の困難、⑤良い意味での競争心が希薄になることがあると指摘した。
12.22	教育改革国民会議「教育を変える17の提案」（最終報告）

2001（平成 13）年

1.6	中央省庁再編により、文部省は文部科学省に

これに伴い、文部大臣の各種諮問機関の多くは中央教育審議会に統合され、分科会に位置づけられた。

25 文部科学省「21世紀教育新生プラン」発表
　　教育改革国民会議の「最終報告」の提言を受けて教育改革のための具体的な施策や課題をとりまとめたもの。

5.25 文部科学省「学校における国旗及び国歌の指導について」（通知）

6.8 大阪教育大学付属池田小学校に不審者が乱入し、児童8人を刺殺
　　学校の危機管理の徹底が重視されるきっかけになる。

7.11 地方教育行政の組織及び運営に関する法律の一部改正
　　指導力不足教員への対応に関する規定が定められる。

2002（平成14）年
1.17 文部科学省「確かな学力の向上のための2002アピール―学びのすすめ」公表
　　学習指導要領が最低基準であり、また、学習指導要領にない事項も「発展的な学習」として指導するよう明記するなど、学力向上のための方針を示した。

2.21 中央教育審議会「今後の教員免許制度の在り方について」（答申）
　　①教員免許制度の総合化・弾力化、②教員免許更新制の可能性の検討、③特別免許状の活用促進について審議した結果を公表。ここでは、○他校種による小学校専科担任を理科と数学への拡大、○現職教員の隣接校種免許状の取得促進、○指導力不足教員等に対する人事管理システムの構築、○免許状取り上げ事由の強化、○教職10年経験教員に対する研修の実施、○学校評価システムの確立、○特別免許状の活用の促進などを提言。

4.1 完全学校週5日制実施
小学校および中学校の新学習指導要領が全面実施

7.4 文部科学省「夏季休業期間等における公立学校の教育職員の勤務管理について」（通知）
　　この通知は、夏季休業期間中の教職員の勤務管理の徹底を図り、その間は各種研修や教育活動、授業研究に充てるよう促す。これによって教員の夏季休業中等の学校勤務が常態化された。

2003（平成15）年
3.20 中央教育審議会「新しい時代にふさわしい教育基本法と教育振興基本計画の在り方について」（答申）

29 「小学校設置基準」、「中学校設置基準」制定
　　保護者等に対する情報提供を学校の義務とし、自己点検・評価を学校の努力事項と定めた。

10.7 中央教育審議会「初等中等教育における当面の教育課程及び指導の充実・改善方策について」（答申）

2004（平成16）年
1.20 中央教育審議会「食に関する指導体制の整備について」（答申）

	栄養教諭の創設を提言。
3.4	中央教育審議会「今後の学校の管理運営の在り方について」（答申）
	地域が運営に参画する新しいタイプの公立学校（地域運営学校）の設置、さらに公立学校の管理運営の包括的な委託について提言した。その後、地方教育行政の組織及び運営に関する法律が一部改正され、学校運営協議会の設置による地域運営学校の法的位置づけがなされた。
6.1	長崎県佐世保市で小学校6年生の女子児童がチャットで不仲になった同級生を殺害
11.17	奈良市で小学校から帰宅途中の1年生女子児童が新聞店員に誘拐され殺害
2005（平成17）年	
9.8	全国市長会「義務教育制度検討委員会」が義務教育費国庫負担制度の廃止を提言
10.18	中央教育審議会、義務教育費国庫負担制度を維持する考えを賛成多数で決定
26	中央教育審議会「新しい時代の義務教育を創造する」（答申）
	知事代表などからなる地方6団体が強硬に廃止を求めた義務教育費国庫負担制度を堅持する考え方でまとめられた。
11.22	広島市で小学校1年生女児が放課後、外国人によって殺害
30	政府・与党が三位一体改革の中で、義務教育費国庫負担制度を堅持するが、国の負担割合を2分の1から3分の1に減じる案を決定
12.1	栃木県今市市で、小学校1年生女児が放課後、何者かによって殺害
	以後、校外の安全パトロール活動が全国で展開されるようになった。
6	文部科学省「登下校時における幼児児童生徒の安全確保について」（局長通知）
2006（平成18）年	
2.23	犬山市長が2007年実施予定の文部科学省全国学力・学習状況調査に不参加の意向を表明
3.29	小中学校等の県費負担教職員の国庫負担額を現行の2分の1から3分の1に減額することが参議院で採決
6.9	認定子ども園設置に関する法案成立
7.11	中央教育審議会「今後の教員養成・免許制度の在り方について」（答申）
9.12	東京・神奈川・埼玉・千葉の教育長が文部科学省に高等学校の日本史必修化を連名で要望
21	東京地裁は、入学式等で国旗・国歌の扱いを具体的に義務づけた通達が不当だとする事件で、その通達と職務命令が違憲に当たり、違法だと判決

10.2	北海道滝川市で教室で首つり自殺をした女児がいじめを受けていたにもかかわらず、教育委員会はいじめの事実は把握できなかったと発表
	この市教育委員会の対応が各方面から非難され、教育委員会はいじめがあったことを公表し、謝罪。同様な事件が福岡県筑前町でも生じていた。
10	教育再生会議の設置を閣議決定
12.15	教育基本法改正案が衆議院本会議で可決、成立

2007（平成 19）年

3.10	中央教育審議会「教育基本法の改正を受けて緊急に必要とされる教育制度の改正について」（答申）
29	中央教育審議会「今後の教員給与の在り方について」（答申）
4.1	文部科学省「放課後子どもプラン」スタート
24	文部科学省「第1回全国学力・学習状況調査」実施
	愛知県犬山市は不参加。
6.20	学校教育法、地教行法、教育免許法等の改正案が成立
9.4	中央教育審議会部会、中学校で「武道」と「ダンス」を必修化する案を了承

2008（平成 20）年

1.17	中央教育審議会「子どもの心身の健康を守り、安全・安心を確保するために学校全体としての取組を進めるための方策について」（答申）
	中央教育審議会「幼稚園、小学校、中学校、高等学校及び特別支援学校の学習指導要領等の改善について」（答申）
	新学習指導要領の改訂方針がまとまる。小学校の外国語活動が高学年で実施、「総合学習」の時数が削減。
31	教育再生会議「社会総がかりで教育再生を」（最終報告）
3.28	「小学校新学習指導要領」、「中学校新学習指導要領」、「幼稚園教育要領」告示
4.1	教職大学院発足
	期待ほどの人気なく、定員割れの大学が目立つスタート。
18	中央教育審議会「教育振興基本計画について―「教育立国」の実現に向けて」（答申）
6.18	学校保健法一部改正により学校保健安全法に改称（2009年4月1日施行）
	インフルエンザ等の伝染病が「感染症」に改められる。

2009（平成 21）年

2.3	文部科学大臣「「心を育む」ための5つの提案」公表
3.9	高等学校新学習指導要領・特別支援学校新学習指導要領告示
4.1	教員免許更新講習制スタート
9.16	民主党連立政権誕生、鳩山氏首相に

	教員免許更新制廃止案、全国学力・学習状況調査は悉皆から抽出法で実施、高校授業料無料化、子ども手当支給などのマニフェストが注目される。
11.17	教育再生懇談会の廃止を閣議決定
2010（平成22）年	
4.2	文部科学省『生徒指導提要』公表
28	最高裁、熊本県天草市立小学校で起きた体罰事件について、下級審を取り消し、逆転判決。教師による体罰を否定
12.1	文部科学省、平成21年度における「学校給食費の徴収状況に関する調査の結果について」発表
	この調査により、約55.4％の学校において学校給食費の未納があり、児童生徒数では未納が約1.2％であることがわかった。
2011（平成23）年	
1.18	2010年9月に、埼玉県行田市で小学校教諭がクレームによる精神的被害を受けたとして、保護者を訴えたことが報道され話題に。
31	中央教育審議会「今後の学校におけるキャリア教育・職業教育の在り方について」（答申）
3.11	東北地方太平洋沖地震発生。わが国観測史上最大のマグニチュード9.0
2012（平成24）年	
3.21	中央教育審議会「学校安全の推進に関する計画の策定について」（答申）
8.28	中央教育審議会「教職生活の全体を通じた教員の資質能力の総合的な向上方策について」（答申）
	①教職課程の期間・内容等の充実、教職大学院の在り方の検討、課程認定の厳格化など、②教員免許制度の見直し、現職研修の充実、免許更新制の検証と在り方の検討など、③関係機関や地域が一体となって教員を育て支援する環境づくり、多様な人材の登用などを提言。
2013（平成25）年	
1.21	中央教育審議会「今後の青少年の体験活動の推進について」（答申）
6.14	第2期教育振興基本計画閣議決定。平成25年度～平成29年度間の計画
26	障害を理由とする差別の解消の推進に関する法律制定（平成28年4月1日施行）
28	いじめ防止対策推進法制定
12.13	中央教育審議会「今後の地方教育行政の在り方について」（答申）
	教育委員会の責任の在り方を問題視し、教育委員会廃止も視野に入れた提言も一つの案として盛り込んだが、結局はその後、教育委員会制度を存続させ、教育委員会委員長（教育委員長）と教育長の一体化と、首長が主宰する総合教育会議を設置することになった。

2014（平成 26）年		
	10.21	中央教育審議会「道徳に係る教育課程の改善等について」（答申）

2014（平成 26）年

10.21　中央教育審議会「道徳に係る教育課程の改善等について」（答申）

　　「道徳教育の充実を図るためには、道徳の時間を教育課程上「特別の教科　道徳」（仮称）として新たに位置付け、その目標、内容、教材や評価、指導体制の在り方等を見直すとともに、「特別の教科　道徳」（仮称）を要として道徳教育の趣旨を踏まえた効果的な指導を学校の教育活動全体を通じてより確実に展開することができるよう、教育課程を改善することが必要」だと提言した。

12.22　中央教育審議会「子供の発達や学習者の意欲・能力等に応じた柔軟かつ効果的な教育システムの構築について」（答申）

　　小中一貫教育の意義を示し、その推進方策について提言した。

2015（平成 27）年

10.28　中央教育審議会、教職員定数に係る緊急提言

　　財務省側による教員削減案に対して、これに反論する姿勢で、「教職員定数の機械的な削減ではなく、多様な教育課題や地域のニーズに応じた確固たる教育活動を行うために必要な教職員数を戦略的に充実・確保すべきである」と提言した。

12.21　中央教育審議会「チームとしての学校の在り方と今後の改善方策について」（答申）

　　生徒指導や特別支援教育等を充実していくために，学校や教員が心理や福祉等の専門家（専門スタッフ）や専門機関と連携・分担する体制を整備し，学校の機能を強化していくことが重要である」とし、このような体制を「チームとしての学校」と呼んだ。

　　21　中央教育審議会「これからの学校教育を担う教員の資質能力の向上について　〜学び合い、高め合う教員育成コミュニティの構築に向けて〜」（答申）

　　初任者研修，十年経験者研修の実態やニーズを踏まえて，制度や運用の見直しを図るよう提言した。この結果、免許更新講習と時期が重なる十年経験者研修を中堅教員（ミドルリーダー）研修に転換し、時期の弾力化を図るよう求めた。

　　21　中央教育審議会「新しい時代の教育や地方創生の実現に向けた学校と地域の連携・協働の在り方と今後の推進方策について」（答申）

　　コミュニティ・スクールの導入の努力義務化を提言するとともに、学校支援地域本部を発展させた地域学校協働本部（仮称）との一体的運用についても一つの在り方として示した。

2016（平成 28）年

5.30　中央教育審議会「個人の能力と可能性を開花させ、全員参加による課題解決社会を実現するための教育の多様化と質保証の在り方について」（答申）

　　質の高い専門的職業人養成のための「新たな高等教育機関」として、学士課程相当の「専門職業大学」「専門職大学」などを、そして短期大

学士課程相当の「専門職業短期大学」「専門職短期大学」などの創設を提言した。また、「生涯学習による可能性の拡大、自己実現及び社会貢献・地域課題」についても提言した。

11.28	教育公務員特例法等の一部を改正。十年経験者研修を改めた中堅教諭等資質向上研修を創設することになった。
12.21	中央教育審議会「幼稚園、小学校、中学校、高等学校及び特別支援学校の学習指導要領等の改善及び必要な方策等について（答申）</br>　2020年度（小学校）以降に改訂予定の新学習指導要領の在り方を提言した。たとえば、小学校「外国語」の時数増、高校新科目「公共」の導入などとともに、各校種においてはアクティブ・ラーニングの視点から授業改善を図るよう求めた。

2017（平成29）年

1.4	内閣府は獣医学部を開設可能な事業者として加計学園（今治市）を選定。同学園理事長と安倍首相が友人関係であったことから5月には、総理の「ご意向」に従った選定ではないかという疑問が提起。
2.17	衆議院予算委員会で、安倍総理は森友学園に関する私学設置認可や国有地払い下げに関して、「私や妻が関係していたということになれば、首相も国会議員も辞める」と述べた。同学園による小学校の名誉校長には安倍総理の夫人の昭恵が就任していた。
3.23	衆議院予算委員会で森友学園の籠池理事長（当時）の証人喚問。</br>　森友学園と加計学園は併せて「モリカケ問題」と称され、総理など権力者の意向を汲み取って行動することを「忖度（そんたく）」という言い方で広く用いられるようになった。
31	地教行法一部改正により学校運営協議会（コミュニティ・スクール）の導入が教育委員会の努力義務に。同時に社会教育法一部改正。
4.1	改正社会教育法施行により、学校支援地域本部を改めた地域学校協働本部事業の開始。地域学校協働活動が推進される。
10.22	改正公職選挙法施行後初の衆院選実施。18歳と19歳が初の投票。
28	中央教育審議会「教職員定数に係る緊急提言」を公表し、「教職員定数の機械的な削減ではなく、多様な教育課題や地域のニーズに応じた確固たる教育活動を行うために必要な教職員数を戦略的に充実・確保すべきである」と述べた。
12.21	中央教育審議会が以下の3答申が文部科学大臣に提出</br>「新しい時代の教育や地方創生の実現に向けた学校と地域の連携・協働の在り方と今後の推進方策について」</br>「これからの学校教育を担う教員の資質能力の向上について　～学び合い、高め合う教員育成コミュニティの構築に向けて～」</br>「チームとしての学校の在り方と今後の改善方策について」

2018（平成30）年

3.19	スポーツ庁「運動部活動の在り方に関する総合的なガイドライン」

	策定
6.15	「第3期教育振興基本計画」を閣議決定
10.16	文部科学省生涯学習政策局を総合教育政策局に改組。
12.21	中央教育審議会答申「幼稚園、小学校、中学校、高等学校及び特別支援学校の学習指導要領等の改善及び必要な方策等について」。学習指導要領改訂の在り方を提言。
	中央教育審議会答申「人口減少時代の新しい地域づくりに向けた社会教育の振興方策について」
2019（令和元）年	
1.25	中央教育審議会答申「新しい時代の教育に向けた持続可能な学校指導・運営体制の構築のための学校における働き方改革に関する総合的な方策について」。これまでの学校業務を整理して示した。文部科学省が「公立学校の教師の勤務時間の上限に関するガイドライン」を策定。
5.1	皇太子徳仁親王殿下が天皇即位、令和時代になる。
28	川崎市で男に児童や保護者20人が刃物で襲われ、うち2名が刺殺された。死傷者は計19人。
7.18	京都アニメーション放火で36人死亡。
12.5	「安心と成長の未来を拓く総合経済対策」を閣議決定。義務教育段階の全児童生徒に一人一台の端末機を配布など。
19	文部科学省「GIGAスクール実現推進本部の設置について」決定。
2020（令和2）年	
2.27	新型コロナウイルスの蔓延により、首相が独自判断で全国の学校を3月2日から春休み終了までを一斉休校にした。
3.24	東京オリンピック・パラリンピックの延期を発表。
4.1	小・中学校の学習指導要領全面実施。
7	緊急事態宣言始まる。新型コロナウイルス蔓延のため、4月7日から5月6日までを緊急事態措置期間とした。
10.1	日本学術会議の新規会員候補者のうち6人を任命拒否したことが明らかにされた。
2021（令和3）年	
1.5	文部科学省「大学等における新型コロナウイルス感染症対策の徹底と学生の学修機会の確保について（周知）」
3.23	旭川女子中学生いじめ凍死事件。数人の男女からいじめを受け続けた女子生徒が公園で凍死した状態で発見された。
31	小学校全学年で35人学級化を盛り込んだ「公立義務教育諸学校の学級編制及び教職員定数の標準に関する法律の一部を改正する法律案」が成立し、2021年度から35人学級が段階的に適用されることになった。
4.1	学習指導要領が、中学校でも2021年4月に全面実施

5.27	全国学力・学習状況調査が2年ぶりに実施された。
7.21	義務教育9年間を見通した教科担任制の在り方について　（報告）
23	東京オリンピック開催（〜8月8日）
8.24	東京パラリンピック開催（〜9月5日）
2022(令和4)年	
4.1	高等学校「新学習指導要領」実施。
7.1	教員免許更新制の廃止
9.1	文部科学省「学校における働き方改革推進本部」が2023年度以降、休日の部活動を段階的に地域移行していく方向性を示す。
12.6	「生徒指導提要−改訂版」約12年ぶりの改訂。
19	中央教育審議会「令和の日本型学校教育」を担う教師の養成・採用・研修等の在り方について〜「新たな教師の学びの姿」の実現と、多様な専門性を有する質の高い教職員集団の形成〜（答申）。
27	スポーツ庁・文化庁「学校部活動及び新たな地域クラブ活動の在り方等に関する総合的なガイドライン」を公表。2023年度から2025年度までの3年間を改革推進期間として地域連携・地域移行に取り組み、地域の実情に応じて可能な限り早期の実現を目指すよう求めた。
2023(令和5)年	
4.1	こども基本法施行（2022年6月22日公布）
1	内閣府の外局として「こども家庭庁」が発足。
1	民法改正により18歳、19歳が成年となる。
5.8	新型コロナ／コロナ「5類」へ引き下げ
22	文部科学大臣「『令和の日本型学校教育』を担う質の高い教師の確保のための環境整備に関する総合的な方策について（諮問）」。学校における働き方改革や教師の処遇改善の在り方、そして学校の指導・運営体制の充実の在り方などを検討事項として中央教育審議会に諮問。
6.16	「第4期教育振興基本計画」閣議決定
7.4	文部科学省「初等中等教育段階における生成AIの利用に関する暫定的なガイドライン」公表。
10.4	文部科学省「児童生徒の問題行動・不登校等生徒指導上の諸課題に関する調査結果について」を発表。小中学校における不登校の児童生徒数が過去最高になる。
12.22	こども基本法に基づく「こども大綱」が閣議決定。

索　引

[あ]

ICT ……………………………………111
アウストラロピテクス属……………………20
アクティブ・ラーニング …83,91,98,111
新しい学力観…………………………26,96
生きる力………………………………54,87
異質編制方式………………………………152
いじめ…………………………………241,244
いじめ防止基本方針………………………244
いじめ防止対策推進法……………………244
一斉教授法…………………………………93
逸脱行動…………………………………79,135
委任政令……………………………………211
ヴァージニア・プラン……………………69
ヴィゴッキー………………………………102
営利企業等の従事制限……………………179
エミール……………………………………31
OECD（経済協力開発機構）………88,219
OECD 生徒の学習到達度調査 …………88
横断的・総合的な学習……………………81
往来物………………………………………66
OJT…………………………………………188

[か]

外国語科……………………………………82
外国語学習…………………………………81
外国語活動…………………………………74
外国語教育…………………………………82
外的事項……………………………………201
開放講座……………………………………226
学業指導……………………………………126
学芸員………………………………………232
学習社会……………………………………222
学習者中心教育課程………………………69
学制…………………………………………40,42
学年会………………………………………154
学年経営……………………………………154
学年主任……………………………………154
学問中心教育課程…………………………69
課題予防的生徒指導………………………124
学級活動・ホームルーム活動……………77
学級経営…………………………………150,153
学級指導……………………………………153
学級担任制…………………………………153
学級編制の方式……………………………152
学級崩壊……………………………………106
学校運営協議会……………………………169
学校関係者評価……………163,164,165
学校管理規則………………………………212

学校（教育）制度…………………………36
学校教育目標………………………………150
学校行事……………………………………78
学校経営……………………………………146
学校経営診断票……………………………162
学校経営評価………………………………162
学校支援地域本部…………………………234
学校支援ボランティア ……………192,193
学校組織……………………………………154
学校知………………………………………70
学校のスリム化……………………54,191
学校の働き方改革…………………………186
学校評価……………………………161,169
学校評価基準………………………162,165
学校評議員…………………………………169
学校理事会…………………………………171
完全学校週 5 日制…………………………87
完全習得学習………………………………109
観点別状況評価……………………………109
カント………………………………………32

機関委任事務………………………………205
危機管理……………………………………137
議決機関説…………………………………159
基準教育課程………………………………67
規制作用……………………………………202
規則 …………………………………211,212
義務教育学校………………………57,185
義務教育の無償制…………………………49
義務教育費国庫負担金……………………215
義務教育無償の原則………………………38
キャリア教育………………………………138
キャリア・パスポート ……………………140
キャリアプランニング能力………………139
休憩時間……………………………………181
休息時間……………………………………181
給与特別措置法……………………………180
教育委員……………………………………208
教育委員会…………………………………208
教育委員会規則……………………209,211
教育委員会法………………………………50
教育改革国民会議…………………………55
教育課程の基準……………………………72
教育研究革新センター（CERI）…………219
教育振興基本計画…………………………57
教育長………………………………………209
教育勅語……………………………………45
教育に関する勅語…………………………45
教育評価……………………………………107

教育目標 ……………………………………27
教育予算案の議案作成 ……………………216
教員免許更新講習 …………………………190
教員免許更新制 ……………………………191
教科外課程 …………………………………75
教科課程（活動）curriculum ……………75
教科カリキュラム …………………………70
教科書 …………………………64,65,185
教科書使用の義務 …………………………185
教科担任制 …………………………………153
教科用図書 …………………………………65
教科用図書検定審議会 ……………………66
教義問答書（カテキズム）………………66
強行規定 ……………………………………72
教材中心教育課程（教科カリキュラム）
…………………………………………69,70
教授 …………………………………………92
教授＝学習過程 ……………………………105
教職調整額 …………………………………180
行政委員会組織 ……………………………208
行政事務 ……………………………………205
キルパトリック ……………………………95
勤務時間の割り振り ………………………180
勤務評定 ……………………………………176

ぐ（虞）犯 ………………………………136
クラブ活動 …………………………………77
訓育 …………………………………………25
訓告 …………………………………132,183
訓示的・指導助言的規定 …………………72
訓令 …………………………………………211
訓練 …………………………………………121

ケイ …………………………………………95
経験カリキュラム …………………………69
形式陶冶 ……………………………………25
形成 …………………………………………23
形成的評価 …………………………………108
携帯電話の取扱い …………………………122
系統学習 ……………………………………98
系統性 …………………………………39,40
刑法犯 ………………………………………136
下構型学校系統 ……………………………41
健康・安全指導 ……………………………126
顕在的カリキュラム ………………………68
研修等に関する記録 ………………………188
厳選 …………………………………………87
検定制 ………………………………………66
県費負担職員 ………………………………175

コア・カリキュラム運動 …………………69
「公共」 ……………………74,76,111

公共事務 ……………………………………204
高等教育 ……………………………………51
高等女学校 …………………………………46
高等専門学校 ………………………………51
校内研修 …………………………188,190
後法優先の原則 ……………………………213
公民館 ………………………………………233
公民館長 ……………………………………232
校務 …………………………………155,158
校務掌理権 …………………………………156
校務分掌 ……………………………………158
校務分掌組織 ……………………155,156
国際理解教育 ………………………………81
告示 …………………………………85,211
国定教科書制 ………………………………66
国定制 ………………………………………66
国民皆学思想 ………………………………43
国民学校 ……………………………………48
心の教育 ……………………………………79
個人学習 ……………………………………230
個性を生かす教育 …………………………87
5段階評価 …………………………………108
国家統治権 …………………………………197
こども基本法 ………………………………34
子どもの発見 ………………………………31
個別指導 ……………………………………130
コミュニティ・スクール ……170,172,234
コメニウス …………………………………66
婚姻開始年齢 ………………………………30
困難課題対応的生徒指導 …………………124

[さ]

最高意思決定機関説 ………………………159
35人学級 …………………………………151

シーケンス …………………………………68
シェマ ………………………………………102
時季変更権 …………………………………181
自己指導能力 ……………………119,143
自己評価 …………………………163,164
自主研修 …………………………188,190
司書 …………………………………………232
自治事務 ……………………………………204
市町村教育委員会 …………………………208
市町村組合教育委員会 ……………………208
市町村固有職員 ……………………………175
実学主義 ……………………………………42
しつけ ………………………………………26
実施作用 ……………………………………202
実質陶冶 ……………………………………25
実践教育課程 ………………………………67
児童会活動・生徒会活動 …………………77

指導改善研修 …………………………189
児童虐待………………………………33
指導行政 ………………………………200
児童生徒理解 ……………………129,153
児童の権利に関する条約 ……………33,53
指導要録 …………………………109,185
師範学校………………………………44
諮問機関説 ……………………………159
社会教育 ………………36,223,228
社会教育関係団体 ……………………232
社会教育施設 ………………………36,233
社会教育主事 …………………………232
社会教育主事補 ………………………232
社会教育職員 …………………………231
社旗教育制度…………………………36
社会中心教育課程 ……………………69
社会に開かれた教育課程 ……84,115
社会福祉士 ……………………………195
就学義務………………………………203
集合学習 ………………………………230
自由発行・自由採択制………………65
住民自治 ………………………………204
授業時数………………………………85
出席停止 ………………………………134
生涯学習 ………………218,221,227
生涯学習社会 …………………………221
生涯学習推進体制……………………37
生涯学習体系への移行 ……………220
生涯学習の基礎づくり ………87,224
生涯教育 ………………………218,221
小学校令………………………………66
条件附採用期間 ………………………188
上構型学校系統 ………………………41
少年非行 …………………………135,137
情報モラル ……………………………126
条例制定権 ……………………………205
職員会議 ………………………………159
職業指導 ………………………………128
職専免 …………………………………178
職専免研修 …………………………188,189
触法 ……………………………………136
職務研修 ………………………………188
職務上の義務 …………………………177
職務に専念する義務 …………………177
職務命令 ………………………………177
助成作用 ………………………………202
初任者研修 ……………………………188
自立活動………………………………68
進学指導 ………………………………128
人事委員会 ……………………………179
診断的評価 ……………………………108
新日本建設の教育方針 ………………49

新・放課後子ども総合プラン …………235
信用失墜行為の禁止 …………………178
進路指導 …………………………122,128

スクール・カウンセラー ……130,192,194
スクール・ソーシャルワーカー
　　　　　　　　………………130,192,195
スコープ…………………………………68
スペンサー……………………………93
スモール・ステップの原理 …………100

生活指導 ………………………………121
生活綴方 ………………………………121
制限列挙主義 …………………………204
政治的行為の制限 ……………………178
政治的中立性の原則 …………198,199
青少年教育……………………………230
成人教育 ………………………………230
精神保健福祉士 ………………………195
生徒指導主事 …………………………130
生徒指導提要―改訂版―………118
生徒に対する体罰禁止に関する教師の心得
　　　　　　　　………………………132
成年……………………………………30
絶対評価 ………………………………108
設置者管理負担主義 …………………148
選考 ……………………………………176
全国学力・学習状況調査 …………237
潜在的カリキュラム……………………68
戦時教育令……………………………48
全体の奉仕者 …………………………182
選択教科………………………………75
専門的教育職員 ………………………232

総括的評価 ……………………………108
争議行為の禁止 ………………………179
総合学習 ………………………………112
総合教育会議 …………………………209
総合的な学習の時間 ……68,74,80,112
総合的な探究の時間……………………81
総授業時数……………………………86
相対評価 ………………………………108
その他特に必要な教科 ………………75

[た]
第1次米国教育使節団報告書 …………49
第3回成人教育推進国際委員会 ……219
第3次小学校令 ………………………46
第三者評価 …………………………164,165
第2次小学校令 ………………………45
第2次中曽根内閣 ……………………52
対外的自治の原理 ……………………204

対内的自治の原理 ……………………………204
体罰 ……………………………………………185
単位制高等学校 ……………………………53,226
段階教授法 ……………………………………94
段階性 ………………………………………39,40
短期大学 ………………………………………51
男女共学 ………………………………………49
単線型学校体系 ……………………………40,41
団体委任事務 ………………………………204,205
団体自治 ………………………………………203

地域学校協働本部 …………………………234
地域教材 ………………………………………81
地域コーディネーター ………………………235
地域子ども推進教室事業 ……………………235
地域未来塾 ……………………………………236
チームとしての学校 …………………………161
知の循環型社会 ………………………………223
地方教育行政組織 ……………………………207
地方公共団体の事務 …………………………204
地方公共団体の法規 …………………………212
地方自治の本旨 ………………………………203
地方分権 ………………………………………199
地方分権主義 ………………………………198,199
地方分権推進計画 ……………………………199
中央教育行政組織 ……………………………206
中堅教諭等資質向上研修 ……………………189
中高一貫制 ……………………………………54
中等教育学校 ………………………………39,54,185
中等教育段階 …………………………………39
昼夜開講制 ……………………………………226
懲戒 ……………………………………………183
超過勤務の上限の目安時間 …………………187

ティーム・ティーチング ……………………113
停学 ……………………………………………132
庭訓往来 ………………………………………66
帝国大学 ………………………………………44
適性処遇交互作用 ……………………………104
デューイ ……………………………………32,95
寺子屋 …………………………………………66

動議づけ ………………………………………106
登校拒否 ………………………………………246
同質編制方式 …………………………………152
到達度評価 ……………………………………108
道徳性 …………………………………………78
道徳性指導 ……………………………………126
道徳の時間 …………………………………72,80
陶冶 ……………………………………………25
陶冶と訓育の過程 ……………………………105
登録博物館 ……………………………………233

特別活動 ………………………………………76
特別区教育委員会 ……………………………208
特別支援学級 …………………………………151
特別支援学校 ………………………………55,185
特別の教科　道徳 ……………………………80
特別非常勤講師制度 …………………………192
特別法犯 ………………………………………136
特別法優先の原則 ……………………………213
図書館 …………………………………………233
図書館司書 ……………………………………231
都道府県教育委員会 …………………………208
飛び入学 ………………………………………54
ドルトン・プラン ……………………………95

[な]

内閣 ……………………………………………207
内申 ……………………………………………176
内的事項 ………………………………………201
内容知 …………………………………………70
ナトルプ ……………………………………28,94
2学期制 ………………………………………55
任意設置職員 …………………………………174
人間中心教育課程 ……………………………69
認定こども園 …………………………………57
認定こども園制度 ……………………………57
年間授業時数 ………………………………81,85
年間総授業時数 ………………………………85
年次有給休暇 …………………………………181

[は]

パーカスト ……………………………………95
博物館 …………………………………………233
博物館学芸員 …………………………………231
博物館相当施設 ………………………………233
発見学習 ……………………………………69,100
発達指示的生徒指導 …………………………123
発達の最近接領域 ……………………………103
ハロー効果 ……………………………………107

ピアジェ ………………………………………102
ピグマリオン効果 ……………………………107
PISA …………………………………………88
PISA2022 ……………………………………88
必修教科 ………………………………………75
必修クラブ ……………………………………72
必置職員 ………………………………………174
必要事務 ………………………………………204
PBL（Project Based Learning）…………99
秘密を守る義務（守秘義務）…………………178
開かれた学校 ………………………………192,225
開かれた学校づくり …………………………191

フォール委員会報告書 ……………………222
部活動…………………………………………78
副校長 ……………………………………56,148
複式学級 …………………………………151
複線型学校体系 …………………………40,41
服務監督権 ………………………………176
婦人教育 …………………………………230
不登校 ……………………………………248
不利益処分 ………………………………183
不良行為 …………………………………136
ブルーナー ……………………………69,100
ブルーム …………………………………109
プログラミング教育 ……91,112,114,115
プログラミング的思考 …………………114
プログラム学習 …………………………100
プロジェクト・メソッド…………………95
文化的行事 …………………………………78
分岐型学校体系 …………………………40,46
分限 ………………………………………182
分離独立主義 ……………………………198,199

ペスタロッチ …………………………31,93
ヘルバルト…………………………………28
ヘルバルト学派……………………………93

放課後子ども教室推進事業 ………………235
放課後子ども総合プラン …………………235
放課後子どもプラン ………………………235
放課後児童健全育成事業 …………………235
放課後児童対策パッケージ ………………235
包括授権主義 ……………………………204
法定受託事務 ……………………………205
法による行政 ……………………………198
法の外面性・道徳の内面性…………………78
方法知 ………………………………………70
法律主義 …………………………………198
法律上位の原則 …………………………213
法令および上司の命令に従う義務 ………177
補助機関 …………………………………206
補助機関説 ………………………………159
補助教材 ………………………………65,185
ホモ・エレクトゥス………………………20
ポルトマン…………………………………22

[ま]

学びのすすめ………………………………88
学びの地図 ………………………………115
マネッジメント・サイクル ………149,161
身分上の義務 ……………………………177,178
身分保障 …………………………………176
民間情報教育局（CIE）……………………49
民主化の原則 ……………………………198
無意図的教育作用…………………………23
免職 ………………………………………183
目標に準拠した評価 ……………………108
森有礼 ………………………………………44
問題解決学習………………………………98
文部科学省 ………………………………206
文部科学省所管予算 ……………………216
文部科学大臣 ……………………………206

[や]

ゆとり ……………………………………54,87,110
ゆとり教育 ………………………………56,87
ゆとりの時間………………………………72
ユネス」 …………………………………218
余暇指導 …………………………………127
予算原案送付権 …………………………216
予算支出命令権 …………………………216
余裕教室 …………………………………225

[ら]

ラングラン ………………………………219
リカレント教育 …………………………219
理数探究 ……………………………………74
理数探究基礎 ………………………………74
リスク・マメジメント …………………137
立身出世主義 ………………………………42
臨教審 ……………………………………221
臨床心理士 ………………………………194
ルソー ………………………………………31
Layman control and Professional leadership
………………………………………………208
レディネス …………………………………101
6・3・3制 …………………………………49

◆著者紹介

佐藤 晴雄（さとう　はるお）

帝京大学教育学部長・教授　大阪大学大学院博士後期課程修了　博士
（人間科学）大阪大学
現在、早稲田大学講師・放送大学客員教授を兼任。日本学習社会学会
常任理事（元会長）。日本大学教授、大阪大学・九州大学・筑波大学
大学院の講師を歴任。

単著『教職概論　第6次改訂版』学陽書房、2022年
　　『生涯学習概論　第3次改訂版』学陽書房、2023年
　　『学校を変える　地域が変わる』教育出版、2002年
　　『生涯学習と社会教育のゆくえ』成文堂、1998年
　　『学習事業成功の秘訣！研修・講座のつくりかた』東洋館出版社、
　　　2013年
　　『コミュニティ・スクール―増補改訂版―』エイデル研究所、
　　　2019年

編著『校長入門』『教頭・副校長入門』共に教育開発研究所、2011年
　　『コミュニティ・スクールの全貌』風間書房、2018年
　　『最新行政大事典―第3巻』ぎょうせい、2010年
　　『学校支援ボランティア』教育出版、2005年
　　『地域社会・家庭と結ぶ学校経営』東洋館出版社、1999年

共編『学校と地域でつくる学びの未来』ぎょうせい、2001年
　　『教育のリスクマネジメント』時事通信出版局、2013年
　　『生徒指導と教育相談』エイデル研究所、1996年
　　『教師をめざす人のための教育学』エイデル研究所、1986年
　　『学校教育法実務総覧』エイデル研究所、2016年

監修『新・教育法規「解体新書」ポータブル』東洋館出版社、2014年
　　『地域連携で学校を問題ゼロにする』（中野区立沼袋小学校編）
　　　学事出版、2008年
　　『「保護者力」養成マニュアル』時事通信出版局、2006年　ほか

現代教育概論［第6次改訂版］

1999年 5月10日　初版発行
2003年 9月25日　第1次改訂版初版発行
2008年 4月 5日　第2次改訂版初版発行
2011年 4月10日　第3次改訂版初版発行
2017年 2月22日　第4次改訂版初版発行
2021年 3月25日　第5次改訂版初版発行
2024年 4月11日　第6次改訂版初版発行

著　者　佐藤　晴雄
発行者　佐久間　重嘉
発行所　学陽書房

〒102-0072　東京都千代田区飯田橋1-9-3
電話 03-3261-1111　http://www.gakuyo.co.jp/

装丁・佐藤博
印刷・加藤文明社
製本・東京美術紙工

©Haruo Sato 2024　Printed in Japan
ISBN 978-4-313-61156-6 C1037
乱丁・落丁本は送料小社負担にてお取り替えいたします。
定価はカバーに表示してあります。

JCOPY ＜出版者著作権管理機構　委託出版物＞
本書の無断複製は著作権法上での例外を除
き禁じられています。複製される場合は、
そのつど事前に、出版者著作権管理機構
（電話 03-5244-5088、FAX 03-5244-5089、
e-mail : info@jcopy.or.jp）の許諾を得てくだ
さい。